# 汽車とレコード

## Essays on Rail & Records

速水 融

慶應義塾大学出版会

扉写真
室蘭本線を行くD51／カバー写真レコードの箱

# まえがき

八十歳になった。いやこの場合、八十歳になってしまったというべきだろう。ところが、「傘寿」だというのに誰もお祝いしてくれない。考えてみると当たり前のことで、統計によれば日本人の男性の五七パーセントが八十歳まで生存し、八十歳になっても、まだ平均余命は八年もある長寿国になった。つまり、八十歳になることは、むしろ当たり前のことで、特別のことではなくなったのだ。「古希」と呼ばれる七十歳は、もう「希」とは言えず、八十歳ですら「希」ではなくなった。誰も当り前の事に、わざわざお祝いをしようとしないのは、極めて「当り前」であろう。

しかし、自分にとっては、八十歳は人生の一つの節目だし、ひょっとすると、最後の節目かもしれない。また、七十歳になったときには、八十歳の自分と、その通りであったかどうかは別として、八十歳までの過程も見通せた。けれども、八十歳になってみると、九十歳の自分、九十歳までの道程は見通せない。途中で何が起こるか分からないという事もあるが、昨今の自分の肉体的衰え、記憶力や思考力の低下を考えると、この先は今までとは違った世界を歩むことになるかもしれない。

そういう思いも重なり、「傘寿記念出版」を考え、慶應義塾大学出版会に相談を持ちかけたところ、快く引き受けて下さった。しかも、学問研究に関するものと、この随筆集の二冊である。恥を世に曝すことになりかねないが、一個の人間としての生き様を、研究ばかりでなく、その周辺や趣味の世界に属するものまでを含んで公開することになった。

随筆を集めたこの巻は、旅・乗りものと、音楽・レコードなど、趣味に関するエッセイを収録した。一九七〇年代後半から数年前までの間、書き散らかしたものである。旅のなかの「贋作阿房列車」は、尊敬する内田百閒先生から二重に借用したわけだが、私にはホンモノの文筆力はないから、比較にならないことは当然である。その後半の海外編は、一九六三―六四年に海外留学に際して立ち寄った中近東の旅で、いまほど物騒な時代ではなかった。もっともイラクでバース党によるクーデタがあり、せっかく佇もうと思ったチグリス・ユーフラテスの流れは、見ずじまいだったし、レバノンとイスラエルとの国境に近い遺跡は訪れることができなかった。それからまた、この時、私はエジプト・ギザのピラミッド登頂をしている。当時は禁止されていなかった。現在では厳禁であり、読者が面白そうだと試みられたら処罰されかねない。どうか、それだけは止めて戴きたいものである。

音楽・レコードに関しては、いくつか書き加えたいところもある。現在の私は、フルトヴェングラー、それも彼の振るベートーヴェンにほれ込んでいて、「第九」だけでも十三種の音源すべてが揃い、それが異なるマスタリングにより、その曲だけで五十枚近くになってしまった。フルトヴェングラー・センターの一員ともなり、レクチャー・コンサートにも出席し、講師の桧山浩介氏との文通も始まり、氏から第四楽章のシラーの詩にではなく、そのメロディーの出どころに注目する必要を教えられた。このことは、ベートーヴェンの音楽に造詣の深かったロマン・ロランも指摘している。[*1] 一昨年三月にパリを訪れた際、CD店を探し廻り、最後に行った凱旋門近くの店（FNAC）で、目的とするメユール（Etienne Méhul）「進軍の歌」（Chant du départ）の入ったCDと、[*2] シェルビーニ（Luigi Cherubini）「ロドイスカ」（Lodoïska）のCD[*3]を見つけた時は、レコード・コレクターの喜びを久しぶりに味わったものだ。[*4]

なお、フルトヴェングラーには戦中から縁があって、私の家にはなかったが、友人の家で聴くことができた。敗戦間近のある晩、新宿にあった彼の家で、一九三七年録音のベートーヴェンの第五交響曲を聴いた。その演奏はそれまで聞いたこの曲のどれとも違って重く心に突き刺さった。時代背景がそうさせたのかもしれない。ところがその晩遅くの空襲で、その友人宅も焼け、それこそ運命的な第五となってしまった。また、前後するが、当時月に何回かドイツからの放送がJOAKから流されていたが、これがドイツからの放送の最後でしょう、というアナウンサーの言葉の後、もはやベルリンから放送ができず、ハンブルグからです、という断りがあり、ベートーヴェンの第五交響曲の第二楽章が流れた。多分フルトヴェングラー指揮、ベルリン・フィル演奏だったと思うのだが、今となって確かめようがない。どなたか教えていただければ幸いである。

最後に「リリー・マルレーン」。これには後日談があって、替え歌の作詞者、ハミッシュ・ヘンダーソン氏（Hamishi Henderson）に、事もあろうに、「Dデイ・ダジャース（D-Day Dodgers）」

(二七五ページ以下参照)を讃える手紙を出した。氏から返事は戴かなかったが、二〇〇二年、氏が亡くなったあと、伝記が出版されることになり、その著者のニート氏(Timothy Neat)から、私の書いた手紙の転載の許可を求める書簡が届いたのには一驚した。もちろん承諾の返事を出し、出版された氏の伝記には、私の手紙の一部が掲載されている。「慶應義塾大学の速水融教授は、リリー・マルレーンのもとの歌詞は他愛もないものだが、ヘンダーソン氏の〝Dデイ・ダジャース〟は芸術です、と書いている」と。[*5] はしなくも、スコットランドの一詩人の伝記に名前を刻印する事になってしまったが、これも三十年前に、リリー・マルレーンにうつつを抜かした結果なのだろう。

こういった事から分かるように、私は決して生真面目な勉強まっしぐらなタイプではない。むしろ趣味過剰気味に生きてきた気がする。東京商大を卒業間際に飛び出し、京大の西田幾多郎の門下生となった父親は、戦前にはどこの専任ともならず、好きな著述や室内競技をして暮らしていた。父親が年中家にいるという事は、物心ついてきた子どもにとって時に重圧となるのであるが、酒を飲み、碁会をやり、「遊んでいる」父親を見ていた者として、その遺伝子を引き継いだのかもしれない。

なお本書に収録するに当って、元原稿の一部を手直ししたところもある。大部分は表記法の統一であり文意に変更はない。

＊1　『ロマン・ロラン全集25　ベートーヴェン研究Ⅲ』みすず書房、昭和四十三年（第三刷）、七八頁。

＊2　"La Marseillaise. Musiques de la Révolution Française." EMI 7243 4 76767 2 7。

＊3　2 CD. SONY SM2K 93126。

＊4　ただし、自分で見つけたのではなく、Avenue de Friedland にあるＦＮＡＫのクラシックＣＤ売り場で、車いすの店員さんがこちらの探しているものをいち早く理解し、その場所へ案内してくれた。彼はおそらくロマン・ロランを読んでいたのだろう。海外のＣＤ店でこのような親切に遭遇したことはない。感謝とともに忘れられない思い出である。

＊5　Timothy Neat, *Hamish Henderson. A Biography.* 2 vols. Edinburgh, 2007. 1, p.154.

# 汽車とレコード　目次

# 第一部　私の阿房列車紀行

（速水融・画）

# 贋作 阿房列車

## 乗り換え乗り換え九州行き　その一　出発まで

某年晩夏*、その年はまだ海を見ていないことに気づいた。本籍地が紀州熊野海岸だからか、夏は磯の香りをどうしてもかぎたい。伊豆や房総、三浦半島だってかまわないのだけれども、久しぶりに阿房列車を運転することにした。ただし、私にはヒマラヤ山系君もいなければ、見送亭夢袋さんもいない。お酒も飲めないが、朝は早く起きる。どう考えてもニセ阿房列車である。まあいい、好きな事をやるのに気にすることもなかろう。

さて、どこへ行こうか。海の傍を走って風景を楽しむ路線は沢山ある。知っているだけでも、北海道の噴火湾沿いの函館・室蘭本線、冬の日本海を強烈に印象づけてくれる五能線、羽越本線、黒潮の香りを満喫させてくれる紀勢本線、いずれも秀逸だが、今回は山陰本線の各駅停車に乗って「窓より海を眺めつつ」行くことにした。

九州と信州の諏訪にそれほど大事ではない用件をつくる。この辺がニセモノのニセモノたる所以で、百閒先生ならば、用件はむしろあってはならない。しかし、やんぬるかな筆者は大学の禄を食んでいて、半自由職業人かもしれないが、文芸の道に生きる方々と違って、完全自由職業人ではない。その辺りの舵取りは結構難しい。特に最近の大学はやたらに委員会だの試験だのが増えて、講義だけやっていればいい時代ではなくなってしまった。しかし、とにかく拘束時間は、通常の企業に働く場合に比べれば少ないし、私の研究は、人文社会系なのでマイペースでできる。働くのも、怠けるのも自由というわけである。そういう人種が阿房列車を運転するのは多少気が引ける。それでとにかく二か所に用件を無理してつくった。これで、阿房列車運転の大義名分はできた。

東京から信州の諏訪、九州は地図の上でこそ直線がひけるが、鉄道はそうは走ってくれない。乗り換え乗り換え九州行きとなる。ここで、しばらく時刻表と首っ引きとなる。これが何とも言えず楽しい。

もともと私は時刻表のマニアで、小学生のころから愛読した。読むだけでは足りなくなって自分で書いたものだ。どこか狂っていたのかと思っていたら、日頃から尊敬しているW大学のK名誉教授が、子供の頃時刻表を自分で編纂されたことを何かに書いておられるのを読んで大いに安心した。もし何か事が起こって、牢屋に入れられたら、どの列車時刻表でも、或いは、飛行機の時刻表でもいいから差し入れてくれと、普段から周囲に言ってある。

今回はだいぶ時間がかかった。苦労したというより、マニアにとっては、楽しんだという表現の方が正しい。山陰本線の海岸風景が一番いいのは、その西半分で、昔で言えば石見《いわみ》の国に入ってからである。山々が断崖になって海に落ち、トンネルと海岸沿いが交錯する線路が続く。カーヴが多く、いちばん後ろの車窓から見ると、先頭の蒸気機関車が、懸命に力を振り絞ってトンネルの前の坂を喘ぎながら駆け上がっている姿がよく見える。その昔、自分が煤で真っ黒になるのを構わず感動に浸ったのも確かここだった。何としてもこの区間を昼間に走りたい。

もう蒸気機関車の時代は終わったけれども、電気機関車やディーゼル機関車の牽く客車列車は走っている。何としてもそれに乗り、窓を開けて海の香りを吸い、かつ走っている自分の列車の姿を見たい。となると選択は限られてくる。というのは、最近では各駅停車の列車は、ほとんどが区間運転となり、昔のように東京から長崎まで、山陰線なら京都から下関まで、いわんや大阪から青森まで、延々二晩かけて通して走る普通列車はなくなってしまった。すこしでも多く客車列車を見つけ、上手に乗り継いで行かなければならない。普通列車も気動車が多くなったが、気動車は自分がエンジンを持っているので、勝手にどこかへ走り出しかねない。それに、エンジンの音が旅の興をそぐこと著しい。

これに対して客車は、うるさいエンジン音をたてることもなく、排気の臭いに悩まされることもなく、忠実に機関車に引っ張られてガタンゴトンと気だるそうに走ってくれる。「旅」に浸るにはこちらの方がはるかに優れている。しかるに、この頃客車列車はだんだん姿を消してきた。

時刻表を見ると、列車番号にDやEの記号のついた列車が増えて、客車はどこかへ行ってしまったようだ。使われることの少ない線路に、ついこの間まで活躍していた「特ロ」(戦後日本で颯爽と登場したリクライニング座席の当時の特別二等車)が数珠つなぎになってスクラップ化を待っている様は何とも哀れで、祇園精舎の鐘の一つでもついてやりたい。

いま使われている客車は、長距離を行く特急用のものを除けば、「オハ」とか「スハ」という分類符号で始まる昔の三等車である。なかには戦前製のものもあったり、甚だしいのは、大正時代のものを再生させたものもある。「引かれもの」はかえって長持ちするのかもしれない。とにかく、一方では客車は主要幹線から追われ、他方、本当のローカル線は最初から気動車だったこともあって、行き場がなくなってきた。時刻表で探すと、客車列車は、北海道、奥羽地方の北部、日本海沿いの各線、南九州ではまだまっとうな時間に走っているが、それ以外では、通勤・通学時間に集中していて、どうやら混雑緩和に動員させられているらしい。通勤時の混雑を、用もないのが乗ることで迷惑をかけたくはなし、やはり昼間走っている山陰線こそ阿房客車列車にとって格好の場所である。

どうもこの列車は発車に時間がかかる。読者の中には、いらいらしてもう読むのを止めた、と言われる方も出てきそうである。しかし発車前の点検は十分しておかないといけない。途中でボルト一つ落としても大変なことになる。とにかく行先と、昼間走るべき線は決まった。問題は、そこへどうやって行き着くかである。東京からならば、寝台特急の「出雲一号」か「出雲三号」

が直通で山陰まで走っている。一号は浜田行、三号は出雲市行である。いずれにしても、昼前には着くから、それから先、ゆっくり各駅停車に乗り換えて楽しめる。しかし、これに東京駅から乗ってしまうと、余りに簡単に着いてしまって、折角の阿房列車の名が泣くというものだ。

それで、信州諏訪に用事をつくって、まっすぐには行かないことにした。日頃、私は教室で大学新入生に、「一般経済史」という経済史の入門講義をしているが、まず第一時間目に「経済」とは何か、人間の「経済的行動」とは何かを説くことにしている。そのとき、一つの例として、二地点間を移動する時に、諸君はほとんど無意識に、最大の効用、つまりこの場合には、最短の時間と、最少の費用の組み合わせを選んで移動している。今朝、このキャンパスに来るのにどういう経路で来たかを考えてみよ、それが「経済的行動」で、現代の人間は、個人的にも集団的にも、こういう「経済的行動」をとるから経済法則が成立し、その法則を探る経済学も存在し得るのだ、と説いている。その自分が、目的地へ行くのに、なるべく長い時間をかけ、若干高い費用を払って移動をするのだから、これはどう見ても「経済的行動」ではない。経済学部に身を置くものとしては失格かも知れない。

けれども、ちゃんと抜け道は用意してあって、講義でも、「だが、人間は多元的な価値観の持ち主だから、必ずしも経済的価値だけで行動するとは限らない」と但し書きをつける。「他の政治的、法律的、宗教的、美的価値や伝統は、必ずしも経済的価値と一致しない。ある場合には非経済的、あるいは反経済的ですらあって、現代社会は、経済的価値が重要になって来たとはいえ、それらの錯綜の中でわれわれは生きている」とやる。そう言っておかないと、阿房列車運転の正当性がなくなってしまう。

信州諏訪（実際には茅野だが）にゆくのは、さすがに単純に新宿を朝出る中央線を使うことにした。百閒先生だったら、前の日の午後出て、どこかで泊まって一献傾けたに違いないが、このニセモノは滅法早起きで、一番列車とて厭わない。問題は茅野から先である。茅野から東海道線のどこかへ出て、特急「出雲」を摑えるのは三つの方法がある。東京へ戻ることまで入れると四つだが、これは論外として、第一は、塩尻へ出て、中央西線（正式の名前ではないらしいけれども）で名古屋へ出るコースである。時刻表を繰ると、接続時間もまあまあの列車があって、名古屋で乗り込めばいい。

第二のコースは、茅野から少し先の辰野まで行って、飯田線に乗り換え、豊橋へ出るコースである。実は、私はこの線の眺めの愛好者である。南アルプスと中央アルプスに挟まれた天竜川沿いの風景は、中央線沿いの景色より優れている。ただ、難点はひどく時間のかかることである。そもそもこの線は、三つの私鉄からなっていたのが、戦時中、国鉄に組み入れられたので、恐らく線路規格も高くないのだろうか、特急はもちろん走っていない。辰野から豊橋まで通して走る電車は、ほんの数えるほどしかないが、六時間を要する。駅の数がやたらに多く、全線一九六キロの間に九四駅あり、平均駅間距離は二・一キロ、そのせいで全国路線図でも、この線は異彩を放っていて、駅を示す白丸が文字通り目白押しになっている。国鉄も、使い古しの車両をここで使うので、一部のマニアにとってはメッカである。

第三の選択は、茅野から甲府まで戻り、身延線を通って富士に出るコースである。身延線も買収線で、駅の丸印が結構詰まっている線である。八八キロの間に三十九の駅があるから、平均駅間距離は二・三キロで、飯田線と変わらない。ただし、風景は第一、第二に劣る。

さて、どれを選ぼうか。ほとんど忘我の境地で時刻表を繰り、風景を思い出す。一つ問題なのは、特急出雲の停車駅と接続時間である。また、茅野での用事が終わってどっち向きにしろ走り出せるのは午後の四時頃である。日が暮れるまで二時間あまりしかない。大体日本の標準時は東経一三五度線がよぎる明石あたりが基準になっていて、そうなると、その線から東、日本のほとんど三分の二は、春分の日や秋分の日でも六時以前に陽が落ちてしまう。ヨーロッパから来た友人が、日本はなぜこんなに早く日が暮れるのだ、と文句を言ったものである。ヨーロッパ大陸では、各国の標準時間を決める東経一五度線は、大体ドイツとポーランドの国境、ウィーン、シシリー島あたりを通っているから、西ヨーロッパの大部分は、標準の経度より西になり、それだけ日の暮れるのは遅いのである。加えて、そのほとんどは、東京より高緯度にあり、さらに決定的なのは、日本では夏時間制をとっていないから、日暮はヨーロッパでは日本より遥かに遅い。このことは、仕事を終えてからの生活のあり方にも影響して、日本とヨーロッパの大きな違いの原因ともなっている。

とにかく九月ともなれば、車窓から景色を眺める時間は限られてくる。そうなると、一番景色のいい飯田線は今回はあきらめざるを得ない。第一、飯田線を直行する急行電車は、辰野駅を一四時五一分に出てしまい、それに間に合わせるためには、茅野駅を一三時二七分に乗らなければならない。これでは、茅野での仕事ができなくなる。それならば、中央線はどうか。確かに都合のいい列車があるのだが、名古屋で「出雲一号」が発車する時間が、二三時一六分で、これは早起きの私にとっていささか遅きに失する。朝早いのは構わないのだけれども、夜一一時過ぎに夜行列車に乗って、興奮して暫くは寝付けないに決まっているから、寝不足は必至である。折角の絶景をうとうとしながら走るのでは阿房列車でなくて、阿呆列車になってしまう。何かいい方法はないものか。

＊　昭和五十四年のことである。

## 乗り換え乗り換え九州行き　その二　電笛一声新宿を

第三の選択、つまり身延線廻りを考えてみる。身延線には甲府発一八時〇三分の「富士川一〇号」があって、これは静岡までは急行だが、二〇分ばかり停車したあと列車番号も変わって各駅停車となり、浜松まで行く。浜松着は二三時一一分である。ところが、やんぬるかな「出雲一号」は、三〇分前に出てしまっている。

そもそも「出雲一号」が、静岡に停車しないのがいけない。いやしくも静岡は県庁所在地であり、昔から「駿州一の大都会」と唄われている。山陰方面に行くお客はどうするのだろうと思ったら、後続の「出雲三号」が停車する。それに乗ればいいのだが、これだと静岡発がかなり晩くなり、さらに、時刻表の後ろの方に出ている列車編成一覧を見ると、一号と三号とでは大分サーヴィスが違う。一号の方は出雲市までだが、食堂車が付いている。また、普通寝台車も一号の方は、二段式だが、三号は三段式である。仕事で乗るのなら何でもいいのだが、折角の阿房列車で、カイコ棚に窮屈な思いをして乗ることもない。何としても「出雲一号」を摑えたい。朝食を食堂車で食べたい。こうなると「出雲一号」に乗るのは一種の執念になった。

翌日の睡眠不足を覚悟するなら、茅野発一七時一三分、塩尻乗り換えで特急「しなの一八号」で行きさえすれば、名古屋で「出雲一号」に十分間に合う。呻吟すること何分かで、名案が浮かんだ。新幹線を利用する手である。新幹線が走り出してから十五年以上になるのだが、ついぞこれを阿房列車に利用することは考えなかった。あまりに几帳面で、画一的で、到底趣味の対象とはならないからである。しかし、うまくできたもので、静岡発二一時〇四分の「こだま二九九号」に乗ると、浜松に二一時三一分に着き、そこで「出雲一号」に追い付く。これで決まった。ことのついでに「出雲一号」に付いている個室寝台に乗って見よう。行きは一等、帰りは三等というのがそもそも阿房列車の条件ではないか。

行きつけの旅行社に行って切符を求める。何しろヒマラヤ山系君がいないので、自分で走り廻らなければならない。茅野―甲府間は折り返しになるが大した距離ではない。年来昵懇の旅行社の人は別に変な素振りも見せず、しかし、また始まったという顔をして、切符を手配してくれた。

九月になってもまだ真夏のような暑い日曜日の朝、バス、国電と乗り継いで新宿駅に向かう。出発の日を日曜にしたのは、朝八時発「あずさ三号」に乗るのに、通勤時間帯の混雑を避けるためである。用もないのが混んだ電車をいよいよ混ませて迷惑をかけるのは宜しくない。その辺はちゃんと心得ている。七時半過ぎ新宿駅に着く。もう「あずさ三号」はフォームに入っている。なぜか中央線の列車は早くフォームに入ってお客を待つのが多い。中には一時間も前から待っているのもある。フォームに入るのは早すぎても遅すぎても困る。早すぎると乗った人は出発までいらいらさせられるし、見送りに来た人との出発間際の短かかるべき会話の時間を持て余してしまう。遅すぎるとせわしなくて落ち着かない。一五分から二〇分ぐらいが適当なのだろう。中央線の新宿駅の場合、三鷹や小金井の車庫から回送してくる時間の制約からか、やたらに早く入線して待っている。

出発時刻が来てベルがこれまた一分近く鳴り、「八時ちょうどの『あずさ』三号」は動き出した。「電笛一声新宿を、はやわが列車は離れたり」である。「高層ビルに入り残る、月を旅路の友として」と行きたいところだが、月はない。すでに朝八時ともなれば、陽は高く、高層ビルが白く映えてまぶしい。夏休みの名残りをただよわせ、車内は結構混んでいる。幸い指定席をとってあったのでよかったが、一つ気になることを発見した。普段利用する機会の多い東海道線は、新幹線であれ在来線であれ、東京発の下り列車は先頭が一号車である。ところが新宿発の列車は逆で、最後尾が一号車である。あとで分かったことだが、上野発の列車も同様である。上野発の場合は、フォームがターミナル式になっているから、理由は分からなくもないが、新宿駅はターミナル式ではないのになぜなのだろう。下り列車は先頭を一号車と決めればいいのに、と思ってしまう。こういうのを「下らない」悩みというのだろうか。

その「下らない」悩みを抱える客を乗せた下り「あずさ三号」は松本・白馬行きで、つい先日まで「あずさ二号」と呼ばれ、歌にもなった有名列車である。その方には至って弱いのだが、聞いたところによると、男女の別れを歌ったものの由である。朝八時の別れというのは一寸早過ぎる感があるが、朝帰りなのかもしれない。俗に「ゴー・サン・トウ」と呼ばれる昭和五十三年十月の国鉄の全国ダイヤ改正に合わせて、特急列車の名称は、下りが奇数番号、上りが偶数番号となり、「あずさ二号」は甲府発の上り列車となって、歌にそぐわなくなった。合理化はだいたいが野暮に通ずる。

山手線の下をくぐって、国鉄で距離が一番近いといわれる大久保駅を左に、新大久保駅を右に見ながらのろのろと進んで行く。それもそのはずで、数分間隔で、しかも中野から先は各駅に止まる国電の間をそろりとまいらないと追突してしまう。

「あずさ三号」は、東中野にさしかかる。ここは思い出の地なので、緩行線に電車が走っていないよう祈る。というのは、東中野駅のすぐ南側にあった踏切こそ、私を鉄道好きにさせてしまった魔の場所だからである。幼稚園の頃、東中野駅の近くに住まいがあって、午後は毎日ここで、通過する電車や列車を見た。もう四十年も前のことだが、たしかタールで塗った古枕木の柵が踏切りの横にあって、そこが私の指定席だった。あるいは、そうだったと思い込んでいるのかもしれない。目の前をまだその頃は三両編成くらいの省線電車が行き来し、四時頃になると、新聞電車と呼ばれていた夕刊を積んだ一両の電車がやって来て新聞を降ろす。それから四時半過ぎに、新宿発塩尻行きの列車が電気機関車に引かれて通過するまで頑張ったものだ。あの頃のことは、他は全部忘れたが、不思議にそれだけは覚えている。ついでのことに、その近くにあったバスの折り返し場で、ばあやがこぼれていた油に滑って転んで、かすりの着物を台なしにしてしまったことまで覚えている。というわけで、ここを通る度に、自分の幼時体験をかみしめることにしている。幸い今日は邪魔されることなく、といっても一瞬のことだが、その場所を確認できた。

次の通過駅は中野だが、その前に神妙に北の方を向いてしばし黙禱する。上高田のK寺に百閒先生のお墓がある。いつか教え子のT君とお詣りしたことがあった。私はお墓参りは、滅多にしたことはないのだが、百閒先生の崇拝者であったT君と墓前に花を供え、しばし百閒について語り、そのうち阿房列車を運転しようといって別れたきりになってしまった。

この中央線というのは、いわくつきの線である。明治の昔、東京と関西を結ぶ鉄道として、当初計画されたのは、旧中仙道沿いだった由である。その理由は、東海道沿いだと、海岸に近過ぎて、敵の攻撃を受けやすいということからであった。そのルートは、建設の費用が嵩みすぎる、ということで、急遽今の東海道線のルートに変更されたと聞く。だが笑ってはいけない。何しろ、維新政府は鉄道敷設に当たって必要物資を輸入しなければならなかったが、品名リストにバラストとあるのが何か分からず、船一杯輸入してみたら砂利だった、という時代からいくらも経っていない頃の話である。

それに、このことは、太平洋戦争の末期に現実の問題となった。浜松が艦砲射撃をくったのである。鉄道に被害はなかったかもしれないが、天竜川の鉄橋にでも命中して橋が落ちていたらどうなっていただろう。当時浜松にいた人の思い出を聞くと、艦砲射撃は空襲より怖かったそうである。実は、私も敗戦の直前に東京から紀州熊野へ往復したのだが、中央線廻りで塩尻で乗り換え、名古屋に出た。口コミで、東海道は危ないと聞いたからである。

それから、中央線は、新宿のちょっと先から立川の手前まで、二五キロ前後を東西一直線に走っている。人口密度の低い北海道以外では、こういうところは他にない。今はもう立て込んでしまったが、明治・大正の頃は、武蔵野の林を切り拓いた線路の上を、長い煙突のさきから煙と火の粉を吐き出す蒸気機関車に引かれた汽車が、一所懸命走り抜けていたはずで、その情景が目に浮かぶ。

最後に、この中央線というのは妙な線でもある。それは、時刻表を見ると新宿（厳密には中央線の起点は東京駅だが）から甲府、塩尻方面行きが下りであるのは当然であるとして、塩尻から中津川を経て名古屋までは、名古屋からが下りとなっている。そうすると、塩尻駅では、同じ中央本線の下り列車が出会うことになる。首都とされている場所、今は東京から出て行く方向が下りで、東京へ向かうのが上りというのは、世界共通の呼び方であるが、厄介なのは、東京を頂点とすると、三角形の底辺になるような場合である。新幹線ができる前、東京から多治見あたりへ行く人は、名古屋経由で行っただろうが、木曾福島だったら塩尻経由だったに違いない。下り列車、上り列車にさっきからこだわり過ぎていると思うが、阿房列車の運転にとっては大事なことで、こういうことをきちんと決めておかないと、下り列車どうしが正面衝突するという珍事が起こりかねない。

結局、これは塩尻駅の構造が然らしめているのではないだろうか、と考えた。塩尻駅は、新宿方面から来た列車と、名古屋方面から来た列車が同方向に入る。そのため、もし中央線を新宿から名古屋まで通して走る列車があるとすると、塩尻で進行方向が逆になる。だから、塩尻を終点として考えればいいのかもしれないが、両方を同じ中央本線と呼ぶからおかしなことになってしまう。新宿・塩尻間を中央東線、塩尻・名古屋間を中央西線と呼ぶか、それぞれを、中央本線、中仙道線とでも名づけていてくれれば、こんな心配はしなくて済むのにと思う。時刻表を繰っても、新宿・甲府方面から名古屋方面に直通する列車は一本もない。昔の時刻表には、まさに五歳の頃私が見送った塩尻行きの列車に、甲府から名古屋行きの客車が連結され、塩尻からは別の列車に編成されて名古屋に向かうのがあった。その昔は野麦峠を越えて諏訪に働きに来ていた人びとが利用したのだろうか。そんな事を考えているうちに、ようやくスピードも上がり、いつの間にか八王子を過ぎて小仏《こぼとけ》トンネルにさしかかる。

## 乗り換え乗り換え九州行き　その三　目の前を「出雲」が

トンネルを出ると相模湖である。旧相模国はすべて今の神奈川県に含まれているのだから、当然神奈川県に入っているのだけれども、いつもこのトンネルを越えると、関八州を出てしまったように錯覚する。つまりもう甲州に入ったように思ってしまうのである。実際には、神奈川県津久井郡が県の北部に出っ張っていて、相模湖と、つぎの藤野の二つの駅は神奈川県にある。

「あずさ三号」はそんなことにお構いなく、くねくねと桂川沿いを走って行く。山並みに近いところを走るので、遠景は見えない。大月を過ぎると川は渓流となり、勾配も急となってスイッチバックの駅を力を出して、といっても電車だから、あまりその実感もなく走破して、笹子のトンネル（明治三十五年開通、翌年供用）に飛び込んだ。中央線のトンネルは、掘られた年代が古いためか、小仏も笹子も建築限界いっぱいに造られているようで、窓のすぐそばをトンネルの壁が流れる。手を伸ばしたら届きそうだが、特急用の車両は窓が開かないようになっているから、そんなことは勿論できない。

トンネルを抜けしばらく山裾を走ると、カンカン照りの甲州盆地に出た。甲府の駅を発して間もなく渡る釜無川の鉄橋から武田信玄の造った水防設備、霞堤が見えると誰かに言われ、いつも眼をこらすのだが、今回も判別できずに橋を渡ってしまった。やはり降りもしないで観察をしようなどという不精者にはこういう探索は無理なのだろう。韮崎を過ぎると、フォッサ・マグナに沿って、上り勾配に設置されたスイッチバックの駅をいくつか通過する。

中央線はこれが多いからだろうか、ずっと後まで客車は軽量のナハ二二系の二重屋根の木造車が多く使われていた。東海道線の大形鋼鉄製の客車に乗り慣れている者からすると、中央線の客車は背凭《せもた》れも板張りで、窓は四人がけボックスに一つ半、つまり、二ボックスに三つという配置で、進行方向に向かって専用の窓側席を確保するのに苦労したものである。その窓も開こうとするとストンと下まで落ちてしまうので、全開するか、閉め切るかしかなかった。日除けは木製のよろい戸で、開閉は窓と同じだったし、夜になると本も読めないような薄暗い電燈がパラパラと数個、天井から寂しげにぶら下がっていた。

考えてみるとひどい客車だったことになる。しかし今になってみると、そういう客車にゴトゴト揺られ、夏の暑いさなかに、汗にまみれ、煤で真っ黒になりながら、駅では窓を開けて、フォームの弁当屋さんから駅弁やマッチ箱のような容物に入れたアイスクリームを買ったのがつい先日までの旅だったし、結構楽しかった。今、こうやって窓から顔も出せない、冷房のきいた明るい特急で中央線を走るなど、誰が予想できただろう。

八ヶ岳は霞んで頂上まではよく見えないが、垣間見る裾野にひろがる光景は雄大である。小淵沢駅から分岐する小海線の線路もそれにふさわしく悠然とカーヴをきって北の方へ伸びている。定時に茅野到着、用件も無事済ませることができた。

茅野から数時間まえに来た甲府まで戻る。急行「アルプス一〇号」六四一〇M、新宿行きである。列車番号に詳しい人なら、この列車は臨時の電車であることにすぐ気がつくはずである。戦後、運転本数もふえたせいか、列車番号のつけ方も乱れたが、六千番台の列車は定期列車ではない。中央線の臨時急行には、ときどき横須賀線型の車両を使っていて著しく旅の興をそぐ。通勤用には三つドアの車両の方が便利なのだろうが、「旅」をするには落ち着かない。というわけで油断も隙もできないのだが、幸い「アルプス一〇号」は東海型の旧車両、つまり車輌の両端に出入り口があって、もうひとつドアを開かないと中へ入れない、客車に近い構造の編成であった。

といっても、臨時急行は結構飛ばして一時間たらずで甲府着。乗り換えの身延線発車まで一時間一寸ある。身延線の弁当が期待できないので、駅前食堂で晩飯にする。このニセモノは、百閒先生と違って晩酌もやらず、至って粗食に耐えられるようにできている。酒飲みで、食いものにやかましかった親父から、お前は舌の味蕾《みらい》が少ないのだ、と引導を渡されたものである。とにかくカツ丼の大を胃に入れて、つまり、甲府の駅前で大喝を喰って、夕暮れの駅ですることもなく行き来する列車を眺める。

ようやく時間がたって、中央線と比べるとかなり見すぼらしいが、ターミナル型の身延線のフォームに、一八時三分発、四両編成の浜松行急行といっても、急行として走るのは静岡までの「富士川一〇号」列車番号四七二〇Mが入った。この頃は急行列車ともなると、かならず列車名がついている。戦前には、東海道・山陽を走る特急にしか名前のついた列車は走っていなかったのだから大変な変わりようである。さすがの鉄道好きも覚え切れないが、身延線の急行はすべて「富士川」で、あまり面白くない。「釜無」とか「笛吹」、「白糸」というような沿線の固有名詞に因んだ名前をつけてもいいのに、と思ってしまう。

やがて外も見えなくなるだろうが、癖で窓側の進行方向に向かう一等席をとる。電車は東海型なので、そわそわすることもない。案の定、甲府盆地を出て、これから景色のよくなるところで夕闇となり、停る駅ごとに客の数も減って、ひどく揺れること二時間たらず、二〇時ちょうどに富士駅に着いた。甲府から乗り通した客はほんの数えるほどになっていた。

富士駅から東海道線に入ると、さすがに線路状態もいいのかスピードも上がり、二〇時三六分、定刻に静岡到着。ここで新幹線に乗り換えるのだが、待てよ、一寸すると浜松から乗る「出雲一号」が通過する筈である。自分の乗る列車の走りっぷりを見ておくのも悪くない。フォームの一番端、東京よりで待つこと数分で、「ピョーッ」とでも表したらいいのか、百閒先生のいう、ゴヤの描いた按摩の笛の音よりも、ドップラー効果ではるかに甲高くなった警笛が聞こえ、列車が近づいたと思う間もなく、二つ目玉のヘッドライトをこうこうと光らせてつけた電気機関車EF六五に牽かれて、「出雲一号」がやって来た。目の前を轟音とともに、スピードを緩める素振りも見せず、静岡駅を小石のように黙殺して走り抜けていった。

最近になって静岡駅の高架化の工事も完了し、余計な線路もなくなったためか、大層なスピードで通過する「出雲一号」に追いつけるのか多少不安になったのと、やはり、特急の静岡駅通過にこだわっているのか、これでいいのだろうかと余計な心配をしているうちに、五分あとに雁行して走っている「あさかぜ一号」が、遅れてならじと天地を引っくり返すような勢いで通過していった。折角新しくなった静岡駅のフォームがふてくされているような感じだった。

いつまでもそんな感傷に浸っていることはできない。何しろこっちは、「こだま」を捉えて「出雲」を追いかけなければならない。新幹線の無機質なフォームへ移って待つこと数分で、これまた無機質の「こだま」が入って来て、かなりのお客を降ろしたので、文字通り「空気」を運んでいる「こだま」になっ

静岡駅を黙殺する「出雲」（実は「あさかぜ」！）

て、浜松まで二十五分は速いという以外に何の感興も湧かない。

浜松駅は、まだ高架化が済んでいないので、在来線のフォームには昔の面影が残っている。国電区間ではないので、フォームは低いし、線路のあたりは鉄錆で赤いのが夜目にもわかる。昔は、機関車つけ替えのため、停車時間も長く、よく争って鰻飯を買った。今も売っているのだろうか。待つことしばし、轟音とともに静岡駅を飛ばしていった「出雲一号」が、今度は静々と、さっきは申し訳ありませんでしたというように神妙な顔をして、ゆっくり入って来た。

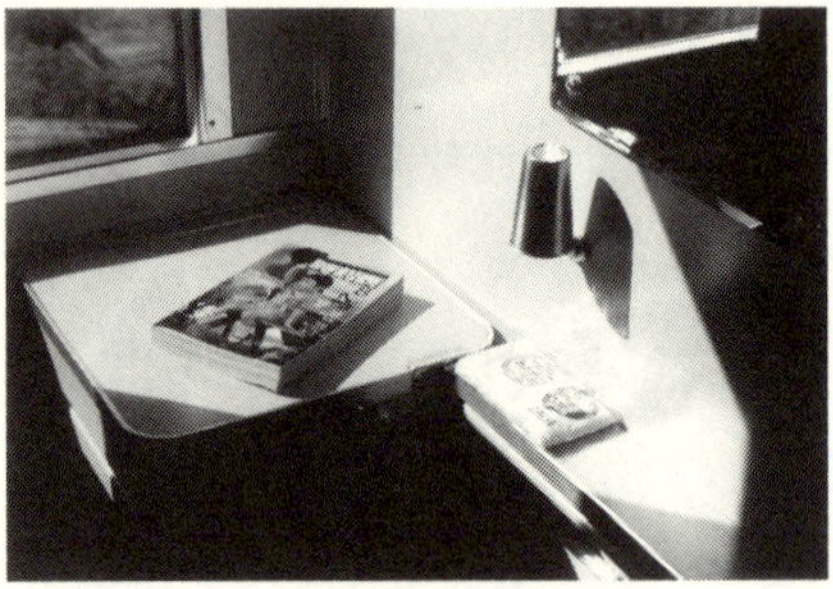
個室寝台の内部

目指すA寝台個室は一号車で、先頭の荷物車の次である。始発駅でないから百閒先生のように、編成を全部見て乗るわけには行かないのが残念だが、時刻表では調べてある。食堂車は八号車なので、たどりつくには随分歩かなければならないが、一献やるわけでなし、早々に備えてあるゆかたに替えて寝台に転がる。

A寝台個室は二度目だが、ヨーロッパの国際列車のワゴン・リッツなどに比べるとだいぶ見劣りがする。ベッドと窓のところにふたが小机になる洗面台があるだけで、まだ入ったことはないけれども、監獄の独房を彷彿とさせる殺風景さである。置いてあるタオルにしても、各特急列車のマークを刷ってあるお子様向きのもので、威厳がないこと甚だしい。そういうのに乗って喜んでいるのは、余程の鉄道ファンなのだと当局は認めていただきたい。

日本の国鉄の在来線は狭軌で、制約は多いのかも知れないが、技術的には国際的水準に達していることは認めるけれども、効率が最優先で「ゆとり」がない。新幹線にしても然りで、座席の配置にしてからが、なるべく多くの客を運ぼうとする設計思想が丸出しである。

折角乗ったA寝台個室にケチをつけることもないのだが、今の日本で最高のサーヴィスを提供する寝台車に、とても００７やポアロには乗って戴けそうにないなあと、何の変哲もない天井や、およそ装飾といえるもののない新建材の壁をにらみながら、すぐに寝てしまった。

目を覚ましたのは「浜坂」という駅名を呼んでいる声が聞こえた時なので、昧爽《まいそう》四時五二分である。時刻表の上での停車駅、名古屋、福知山、豊岡、城崎は知らずに六時間半という私の最適睡眠時間を寝たことになる。停車駅を「時刻表上の」と断ったのは、京都で電気機関車からディーゼル機関車につけ替えるために停車しなければならないからである。東京から一気に走って来たＥＦ六五も、電化されていない山陰線は、惰力でせいぜい数キロ走れるぐらいだろう。いくら高い技術を誇る国鉄でも、走りながら機関車をつけ替えるという離れ業はやれない。京都は真夜中になるので、停車扱いにせず、フォームか待避線で列車を止めてつけ替えるに違いない。京都駅の線路は分岐が複雑で、東海道線から山陰線へどう渡るのか興味があったのに、浜松の次に止まった名古屋も白河夜舟では話にならない。

浜坂で目を覚ましたものの、外はまだ暗いし、食堂車も開いていない。百閒先生のまねをして又寝をする。ただし、昼前までというわけにはいかない。それでも次に目が覚めた時は六時半を回っていたから、鳥取、倉吉は寝ている間に通ってしまったことになる。洗面台を開けて朝の手水を済ませ、服に着替える。この辺はさすがに個室寝台の有り難さで、十分な睡眠とともに、昨夜の悪口はどこへやら、今度は感謝したくなるから節操のない話である。

## 乗り換え乗り換え九州行き　その四　明るい山陰の海

服を着替えて食堂車へ行く。食堂車は出雲市で切り離す編成に含まれているので、ずっと後ろの8号車である。1号車から揺れる廊下をかなり歩かなければならない。連結部のところでよろよろしながら、本で読んだある状景を思い出した。第二次大戦の末期にアメリカにいて心労激しかった経済学者のケインズのことである（このときケインズは戦後の世界経済の枠組みともいうべきブレトン・ウッズ協定の設立や戦時中のアメリカとの借款問題の解決のため、しばしばアメリカを訪れていた）。彼が、東海岸を走る列車の食堂車に行くのは「人生において……最大の苦悶であった」、という箇所である。

本というのは経済学者ハロッドの書いたケインズの伝記（『ケインズ伝』東洋経済新報社、塩野谷九十九訳、全三冊）だが、筆者の好きな著作の一つである。ケインズは、すでに第一次大戦の時にも政府の財政政策にかかわり、大戦勃発の日が日曜日（一九一四年八月二日）だったので、ケンブリッジからロンドンへ行く列車が午前中はなく、義弟のオートバイに乗って向かったことも書いてあって、英国らしく休日の鉄道の話が出てくる。

ともかく、食堂車に着いて席に座ったが、この食堂車もまた、何とも殺風景な造りで、空いていることもあり、ガラーンとした感じである。天井がやたらに高く、戦前製の食堂車の方がよっぽど風格があった。機能本位に造られたのだろうが、食事の味まで無機的になってしまう感じがする。

ガラーンとした食堂車

食堂車にこだわるが、私はお酒も飲まないのに食堂車へ行くのが好きで、なるべく食堂車付きの列車に乗ることにしている。最近、そういう列車が減ってきたのは嘆かわしい。よほど長距離を走る特急の一部にしか付いていなくなった。利用客の数と採算のせいなのだろうか。お客は、専ら乗る前に買い込むか、車内売りの弁当を食べるはめになる。食堂車でゆっくり、という時間の使い方がすたれてしまったのだろう。

戦前の時刻表を見ると、結構食堂車をつないだ列車が走っていた。特急や急行には殆ど全部食堂車が付いていたし、中距離の行楽地行きの列車、例えば上野・日光間、姫路・鳥羽間の快速列車にさえ、和食堂車を意味するお茶碗の印が付いているし（）、東京・大阪間、山陽線の夜行普通列車にお茶碗印がいくつか付いている。

子どもの頃、よく親に連れていってもらったのは、特急「つばめ」の洋食堂車（）、「さくら」の和食堂車である。食事時間が決まっていて、車内で予約をとりに来た。何を食べたのかまではよく覚えていないが、たった一つ家では食べられなかったものに、「じゅんさい」があった。お澄ましのなかにあのヌルッとした独特の感触を持った不思議な食べ物という記憶が残っている。

最近の食堂車は、洋・和の区別がなくなり、専らハンバーグ定食、エビフライ定食になってしまった。食堂車愛好者にとっては嘆かわしい極みである。いつかヨーロッパの友人たちと国内を旅行した時、食堂車で彼らが選んだのは「うな重」だった。ともかく明らかにサーヴィスの低下であり、ますます利用者が減るという悪循環に陥っているのではなかろうか。国鉄たるものよろしく食堂車を復活させ、食事は食堂車でするという慣習をつくってほしいものである。

そんな文句も言いたくなるのだが、他に選択の余地もなく、「洋朝食」を注文。食堂車の食事の味については、百閒先生と全く同じで、走っている状態でのと、動かない地上のレストランでの味とを比べて云々することは公平さを欠く。ただし、これは食堂車に限ったことではないのだけれども、日本の「洋朝食」にはなぜサラダが付くのだろう。それも刻んだキャベツが大部分の。

まあこれが、日本型の洋朝食なのだといってしまえばそれきりなのだが、サラダは本来は肉料理と対になっているので、外国から友人が来ると説明に窮する。

外は快晴で陽が家々の屋根に映えてまぶしい。これも、不世出の雨男ヒマラヤ山系不在のなす業と感謝する。列車は大山《だいせん》の麓を走っているが、肝腎の海には距離があるので見えない。米子では六分間の停車である。向こうの線路には、沢山客車が停っていて、この線ではまだ活躍中であることが充分窺える。食堂車からの帰りになったので、フォームへ出て初めて「出雲」の編成を最後尾まで見届けることができた。

コンパートの空間はいかにも狭く、片付けられたベッドの固い長椅子に腰かけていると、百閒先生ならずとも息が詰まりそうになる。今回はまだ進行方向に向かった席であったが、この前、日豊線を「富士」で都城まで行った時は逆向きで、外を見るのに首がねじれてしばらく痛かった。

列車は宍道《しんじ》湖と中海をつなぐ水路沿いに走って行く。これは川と呼ぶべきなのかどうか分からないが、海ではない。小さな船がもやっていて、朝の仕事の準備をしている。煙や蒸気がたなびいて、鄙びた光景を満喫することができた。松江を過ぎると今度は対岸に島根半島の低い山並みを眺めつつ、宍道湖のほとりをしばらく走る。窮屈さも忘れて、首を九〇度まげて移り行く外の風景に見入る。

八時一六分、定時に出雲市到着。この駅名も気にいらない。以前の出雲今市で、出雲大社の門前町であることが歴然としていた。戦後ここは出雲市という行政単位になったから、駅名も出雲

七両編成になった「出雲一号」最後部

市になったのだろうが、伊勢神宮の所在地の山田が伊勢市になったり、旧神宮所在地は「出雲」とか、「伊勢」とか、国の名を表す地名に変わってしまった。旧国名は、国という領域を示す名として由緒があるのだから、そのままとって置いてほしかったのにもう遅い。

その出雲市の駅では、東京から十一両プラス荷物車一両で走って来た「出雲一号」の後部五両が切り離され、ここから後は七両編成で、食堂車もなくなる。折り返しの上りの東京行き「出雲二号」は、今日の夕方、同じ編成にここでなるのだから、切り離さなくてもいいようなものだが、大部分の乗客は降りてしまい、また、フォームの長さも短くなる関係からであろう。停車時間を利用して、切り離し作業を見に行く。連結器を外し、ホースを何本か切り離し、浜田まで行く方の客車の最後部のドアを閉めると、赤い「出雲」の標識が出て、あっという間に「出雲一号」は身軽な七両編成になった。

ここから先がいよいよ目的の日本海の海沿いのコースである。といっても、特急列車の窓は密閉されているから、潮の香りはせず、隔靴掻痒の感は拭えない。隔窓無香というべきか。しかし、ともかく海を間近に見た。いつも思うのだけれども、晴れた日の日本海の色は、明るい平和なコバルトブルーである。それが冬になると鉛色になり、白い波濤が立って一段と凄さを増す。太平洋岸は晴れていても曇っていても濃紺で、誰が付けたのか「黒潮」という名にふさわしい。海を北側から見るのと、南側から見るのでは、光線の反射が違うのかもしれない。誰かに聞いてみたい。

今日の日本海は「波高シ」には程遠く、さざなみが岸辺を洗っている。DD五一型のディーゼル機関車に引かれた「出雲」は、身軽になったにもかかわらず、線路状態のためか、もう急ぐこともないやというアンダンテ調で石見国に入り、大田市という、これまた奇妙な名前の駅に停って、いよいよがらがらになり、最後の区間にさしかかる。このあたりから、海辺の村々の家の屋根が茶色で光沢をもった石州瓦で揃ってくる。何か規制があるのだろうか、同じ茶色の屋根が並んでいる。東京の文字通りの目茶苦茶ぶりと較べると、整然としていて美しい。ふと、イタリーのフィレンツェを思い出した。あそこの町並みは、同じ色の屋根瓦で統一されている。こういった景観は是非そのまま保存してほしいものである。

そうこうしているうちに「出雲一号」の終着駅浜田に近付く。江川《ごうがわ》（江の川）の鉄橋を渡って、ラストスパートと行きたいところだが、相変わらずの時速六〇キロのペースで、定時の九時五四分、ブレーキの音とともに浜田駅のフォームに到着。時刻表の上では三分の接続で、五二五列車石見益田行きに乗り換えである。青色とセピア色の混ざった六両編成の列車が待っている。跨線橋を百閒先生にならい悠々と慌てずに渡って、最後尾の客車の進行方向海側の席をとる。この列

今は山なか今は浜……

車は、出雲市仕立てなのでそれほど汚れていず、車内も通勤通学時間帯を過ぎていて四割ほどの乗車率である。国鉄が赤字なのもむべなるかなであるが、この客車はオハフ三三型で、戦前製だからもう三十年以上使われていることになり、減価償却は十分済んでいる筈である。いよいよこれからが今回の阿房列車の本番で、窓をいっぱいに開いて外気を入れる。

浜田を出るとしばらく海から離れるが、やがて海岸線に沿って走るようになる。家々の瓦はいよいよ茶一色になり、ちょっとした塀や門まで茶色の帽子を被っているようで、日本では珍しい光景である。人影や走っている船の姿がほとんどないのは、島根県が全国でも屈指の過疎県だからなのだろうか。海は底抜けに明るく、陽に輝いて、およそ「山陰」という文字が程遠い。よく嵐の時に波をかぶって不通にならないものだ、というくらい海の傍を走るので、潮の香り、海草の匂いを満喫できた。すぐ後ろのドアを開けると、連結部の空間からいま通って来た線路に青空が映えて、レールの光沢までが青く、錆色の枕木や砕石といいコントラストをしている。

駅に五つ六つ停る間に、車内はいよいよ空いてきて専用車のようになる。沖に見えるのは見島だろう。日本海には意外に島が多く、目を楽しませてくれる。海岸から離れ、しばらく平坦部を走ると、この列車の終着駅石見益田である。ここから分かれ、津和野、山口を通って山陽線の小郡に出る山口線は峠越えもあり、これから走る海岸沿いの今の山陰線より先に開通した線で好きなコースだが、今回は見送りである。

フォームの逆側に五五七D列車、長門市行きが待っている。もちろんDが付いているからディーゼル列車である。三両編成でボックスシートでない車両もあり、興をそがれる。案の定ゴーッというエンジン音が足元から聞こえて来て、さっきまで乗って来た静かな客車を尻目に走り出した。エンジンの回転が切れて惰性で走る時は客車と同じなのだが、海岸には、浜の切れめで坂の上り下りがあって、そのたびごとに音が気になる。

窓外は絶景が続き、水平線に出てきた雲を借景に、やがて島根県が終わって、山口県つまり、長門国に入る。石州瓦の家並みはいつしか不揃いになり、灰色の瓦も混ざってくる。しかし、結構バランスはいいし、原色の建材を使ってないのが救いである。

## 乗り換え乗り換え九州行き　その五　いざ九州へ

益田から先は、文字通りの白砂青松、昔の唱歌通りの、そして、昔あった三本松の汽車時間表の表紙通りの風景を走る。あまりにもまとまり過ぎていて、文章にならない。萩の町は東萩と萩の間を大きくカーヴし、よけて通るので、遠景しか眺められなかった。午後になって時間もかなり経ったので腹が減ってきたが、車内売りはないし弁当を売っている駅もない。ただひたすらにゴトゴト走るのみである。

自分で計画した阿房列車に退屈しているようでは情けないが、ついウトウトしてしまった。長門市到着は一三時三一分。乗り換えの時間は約四十分あるので、駅前食堂でカレーライスをかき込む。この長門市駅だが、つい先日までは正明市《しょうみょういち》といった。長門市となったのは、そういう行政名の市ができたからなのだろう。これも気にいらない命名だが、正明市は、正明という市を指して付けられたのではなかった。

長門市駅からは、美祢線が山陽本線の厚狭《あさ》と結んでいる。結構トンネルもあり、まだ蒸気機関車のころ、この線に乗って煤煙で真っ黒になった。沿線には炭坑があり、石炭をたっぷり焚いたのだろうか。厚狭で乗り換えた山陽本線の寝台車の枕カヴァーを真っ黒に汚してしまったこともあった。それはそれとして、ここには一つ解せないことがある。それは、この駅から美祢線とは逆の方向に、一駅先の仙崎まで鉄道が走っていて、それが山陰本線と呼ばれている。仙崎はこの辺りの中心漁港で、そこまで鉄道が敷かれていることは分かるが、何故それが山陰本線と呼ばれるのかは分からない。山陰本線は、延長六七〇キロを超す日本で二番目に長い線だが、それに区間距離わずか二・二キロの虫様突起線がぶら下がっている格好である。

よく時刻表をくると、同様な例はいくつかある。大垣から美濃赤坂までは、途中に駅もある堂々たる線なのに、東海道本線と名付けられている。赤坂は昔の中仙道の宿駅だというのに、立派に「東海道」本線の終着駅である。兵庫・和田岬間も山陽本線と呼ばれている。この他、事情は一寸異なるが、Y字形をした「線」に、室蘭本線（長万部、室蘭、苫小牧を起点とし、東室蘭で結ばれている）、成田線（佐倉、松岸、我孫子を起点とし、成田で結ばれている）がある。この他、国電区間やこの美祢線にも虫様突起線がくっついていて、「線」の定義から外れているのである。こういった事態は何故起こったのか、知りたいものである。

長門市発一四時一五分八四七列車門司行は、新しい赤がかった溜色の客車五両編成である。DD五一型のディーゼル機関車に引かれて、電気機関車と同じような曖昧模糊とした発車の合図と共に発車した。お客はほとんどが高校生である。学校でおとなしくしていた分を取り返さんばかりの勢いでおしゃべりに夢中になっている。

駅を出るとすぐ上り勾配にかかる。ゴトンゴトンと速度も落ちて機関車があえいでいるのが最後尾の席まで伝わってくる。ところが坂の途中で、さらにスピードが落ち、ガクンガクンと進行が心細くなったと思ったら、プシューというブレーキの音と共に停ってしまった。こんなところ

「オーイ　故障だァ」

に、列車のすれ違い場所でもあるのかな、と反対側を見たがその様子もない。シーンと車内は静まり返り、蟬の声が賑やかに聞こえてくる。やがて機関士らしき人が降りてきて線路脇の電話で何か話を始めた。どうやら機関車の故障らしい。

私は、幸い今まで鉄道で大きな事故や故障に巻き込まれたことはない。一度だけ、敗戦直後、当時の紀勢東線で、紀伊長島から伊勢へ越える荷坂峠の連続千分の二五勾配をＣ一一の引く列車が登り切れず、荷坂トンネルのなかで停ってしまい、しばらく煙の中で息を整えた後、後進で紀伊長島の駅まで下った経験がある。戦争直後のせいか、その時はそれほど怖いとは思わなかったが、今よく考えて見ると、恐ろしい限りである。機関士や助手は必死だったに違いない。蒸気機関車ファンだなどといっているが、こういう苦労があることを見落とすべきでない。しかし、今回は、ディーゼル機関車だしトンネルでもない。好奇心が湧いてくる。怪力の持ち主なら後ろを押してやりたい。事態はかなり深刻のようで、電話の回数も増え、声も大きくなってきた。多分、機関区の技術担当者や駅の運行担当者とのやりとりなのだろう。

結局、長門市の駅から救援の機関車が来ることになった。停車から一時間一〇分、ようやく救援機関車が到着。後押しの格好でゆっくり走り出した。次は黄波戸《きわど》という面白い名前の駅である。

故障がなければ、七分で着くところを一時間半かかってたどり着いた。上り線には、さらにもう一つ先の長門古市ですれ違うはずだった上り下関発米子行八二八列車が大あくびをして待っている。単線の悲しさで、一時間一五分ほどこの駅で待っていてくれたことになる。この上り列車の米子到着は二三時五五分だから、遅れがこのままだと、到着は午前一時を過ぎてしまう。山陰線にはこういう長距離を走って、終着駅に夜更けに到着する列車が多い。その最たるものが、先程浜田の手前ですれ違った門司発五時二〇分、福知山着二三時五一分の列車で、五九五・一キロ、一二七の駅を全部停って一八時間三二分かけて走る。時速三二・二キロというスピードである。これは、汽笛一声新橋を発車した全通当時の東海道線の列車と等しい。

　黄波戸駅で待っていてくれた列車もこの種の列車の一つで、浜田まで乗ってきたのと同じ戦前製の客車が、結構暑いなか、半分ほどの乗客を乗せてうだっていた。こちらが着くや、すぐ発車していったが、こちらの列車はそれから機関車をつけ替え、さらに一五分ほど遅れてようやく発車した。

　新しくつけ替えた機関車は順調で、なおしばらくは海沿いを走る。「阿川」駅で、阿房列車好きの阿川弘之さんを思い出し、おそらく地元の人以外は誰も読めそうにない「特牛《こっとい》」駅で、うーんとうなずいているうちに、車内は専ら高校生でいっぱいになる。このあたりでは、通学列車ともなる。彼らは一時間半も待たされたのに、ふくれっ面もせず、むしろおしゃべりを楽しんだ風情で乗り降りしていった。窓が真西に向いたせいか、傾き始めた陽がまぶしくなる頃には、列車は海岸から離れて、本州の最西端部分を南下する。

山陰本線は下関の一つ手前の「幡生《はたぶ》」までで、そこからは山陽本線を一区間走ることになる。この区間は実際には操車場で、たくさんの貨物列車が編成され、本州や九州の各地への出発に備えている。客車列車も隅の方だが何編成か並んでいる。一時間半の遅れは取り戻せなかったが、それ以上遅れることもなく本線を走る。もう六時だというのに、ここは一三五度線より西にあるから、まだ陽は落ちていない。このまま乗っていれば、関門トンネルをくぐって、門司に着き、鹿児島本線の列車に乗り換えることになる。それでも十分なのだけれども、まだ陽は暮れていない。何かやることはないか。そこで、名案が浮かんだ。

本州と九州の間は、一九四二年という大変な年にトンネルが開通して列車が直通するようになったが、その前は古くから関門連絡船であった。この連絡船は、区間が短いこともあってか、初めから三等のみである。東京から一等車にふんぞり返ってきた顕官も、九州へ渡る一〇分間は、三等客と一緒だったはずである。ただし実際にどうなっていたのかは知らない。

その関門連絡船は、トンネル開通後も何故かしばらく続き、つい先日まで、四〇〇トン級の結構大きな船が国鉄によって運行されていた。今は民営の連絡船に代わっている。関門海峡を船で渡って九州に上陸するのもこの九州行き阿房列車の掉尾を飾るのにふさわしいと思い付く。そう決心する間もなく下関駅に着いた。駅は昔の位置から変わったのか、近くに船らしい姿はなく、やむを得ずタクシーで、船の出る唐戸桟橋へ行く。

桟橋には連絡船には程遠い小さい巡航船クラスの門司行きの船が出港間際で揺れていた。かつての関門連絡船の追体験はできなかったが、やがて暮れなんとする海峡を渡る間に海の香りは満喫できた。関門橋や、もやっている大型の船は近代の産物だが、うず巻く海峡の流れは壇の浦の昔から変わらない。そこを横切って僅か数分で対岸の桟橋に着く。

着いたところは、鹿児島本線の起点門司港駅の前である。かつての九州の玄関門司駅は、トンネルの開通によってその名も今の門司港駅となり、本州から行く人々には忘れ去られてしまったが、なかなかどうして戦前の風格を持った駅舎である。残念ながらあちこちつぎが当たっていて、見るからに痛々しいが、その昔は、鹿児島本線、それから別れる長崎本線、日豊本線の列車の始発駅であった。日本には珍しいターミナル形の駅で、旅客は階段を上り降りせずに列車に行けるのも、連絡船の乗り換えを考えてのことなのだろう。こういう駅は何とか「近代化」せずにそのまま保存しておいて欲しいものである。

現在も“健在”の門司港駅（2010年4月撮影）

フォームに待っている一八時三四分発一三五九M列車、長崎・佐世保行は交流式の電車で、車体は常磐線のと同じ色をしている。夕闇迫る九州路を走り出した。新宿を出たのが昨日の朝八時、三十四時間以上になるが、ほとんど乗り続けである。長いと言えば長いが、明治の昔ならまっとうにきてももっとかかっている。それを思えば、この阿房列車も十二分に楽しんだというべきなのだろう。

電車は、普通列車だがこうこうと明るい八幡製鉄所の灯を見ながら鹿児島本線を気持ちよく走って行く。車内には電灯が点り、今回の阿房列車もフィナーレに入った。腹の減ってきたことも忘れて、久々の快挙にしばし酔いしれる。

## 中近東一人旅　その一　レイクテイスティング

イランが王制だった時分、ペルシャと呼びたい頃の話である。どうしてもそこを訪れたくなった。ペルシャと聞いただけで、エキゾティックな気分になって、旅心をかきたててくれる。歴史をかじる者にとって、かつての都、ペルセポリスを訪れ、ダリウス大王の栄華を偲んだり、イスラム文化の古都イスファファンやシーラーズの街を逍遥したり、もうちょっと専門的には、イラン高原に掘りめぐらされたカナート灌漑の地下水路をこの眼で確かめたい気持ちが湧いてくる。しかし、これらは言ってみれば旅を正当化してくれるオモテの理由であって、実際にはあまり人には言えない理由があった。それは荒唐無稽で、誰も認めてくれそうにないから黙って出かけた。

今だから明かすけれども、私にはどうしてもカスピ海が塩辛いとは信じられなかった。地図を見るとカスピ海は内陸深くにあり、海とはつながっていない、従って潮の香とは縁のない淡水湖に違いないと思った。流れ込んでいるヴォルガ河にしても、塩辛い水を運んでいるわけではないだろう。けれども、どの文献にもカスピ海は塩辛いと書いてある。こうなったら自分で確かめるより他はない。イランを訪れる機会はめったにあるまい。ペルセポリス訪問はオモテの理由にして、実はカスピ海テイスティングに出かけた。

この頃はあまり書かなくなったけれども、だいたいカスピ海は漢字で書くと「裏海」である。これは中国名であるが、残念ながら今では簡体字になって「里海」と書くそうである。誰が元の「裏海」と名づけたのか分からないが、イラン旅行のウラの理由がそこへ行くことなので、こんなうまい地名はない。

カスピ海といえば、食通はもちろんキャビアを思い出すだろう。しかし、キャビアを取り出すチョウザメは、北の方のヴォルガ河の河口に近いところに生息しているらしい。イランの側でさずかるかどうかは分からない。

あと、カスピ海と日本を結びつけてくれるものはあまりない。昔よく歌われたステンカラージンの唄は、北の方に住むコサックが、ペルシャの姫を奪ったことに端を発した物語だったと記憶するが、南北一二〇〇キロにも達する路程は簡単に渡れなかったはずである。何しろカスピ海艦隊が浮かんでいるほど広いのである。湖面というのか海面というのか分からないが、表面の面積は三十七万平方キロ、つまり北海道を除く日本の国土に匹敵する。昔は、アジアとヨーロッパの境にあると書かれたものだが、この文章を書いている時点（一九九三年）では、イラン、アゼルバイジャン、ロシア連邦、カザフスタン、トルクメニスタンと五つの国が取りまいている。

まだ羽田が国際線の出発空港で、生まれて初めて乗った飛行機、エールフランスのボーイング七〇七は、離陸したあと、途中、香港、プノンペン、バンコック、ニューデリー、カラチと愛想よく着陸した後、真夜中のテヘランに着いた。テヘランは初めて訪れる異国の町なので歩き回ったが、歴史遺産はあまり見るところなく、三晩泊まって目的地へ行った。ペルセポリスやイスファファンは南の高原にあって、鉄道は行っていない。空路訪れたので、ここでは省略しよう。ただ、ペルセポリスの巨大さと同時に、その徹底した破壊されぶりに圧倒されたことだけは書いておきたい。この膨大なエネルギーを投入して造られた都も、僅か百年しか生き永らえなかったのだ。

実は、カスピ海へも、行きは鉄道ではなく、自動車で行った。テヘランで泊まったホテルの食堂マネージャー、アリ氏がイスラム暦の新年で、カスピ海沿岸の家族のもとに帰るというので乗せてもらった。テヘランとカスピ海の間には、主峰は五六七一メートル、全体的にも富士山を越える高さのエルブルズ山脈が壁のように立ちはだかっている。テヘラン自身も高地にあり、道路はそんなに高いところを通るわけではないが、相当の上りである。車は、尾鰭が大きく張り出した五十年代末から六十年代初めにかけてのアメリカらしい、全盛期のGMを代表するキャデラックで、派手な赤色である。随分燃費を食うのだろうが、多分ガソリンは安いに違いない。ぐいぐいと力強くつづら折りの坂を登り、峠で一休みした。

峠からの眺めは雄大で、抜けるような青天がすぐ近くに感じられ、傍には雪が積もっている。イランというと暑い砂漠の国と思うのは間違いで、国土の大部分は高地にあり、テヘランの標高も一二〇〇メートルである。緯度も日本と同じくらいであり、訪れた二月はむしろ寒かった。峠からの下りは、海抜マイナスのカスピ海まで、標高差千メートル以上を一気に駆け降りることになる。長いトンネルをくぐって、雪景色のエルブルズ山脈から、アリ氏の家族の住むチャルースに夕刻到着した。

アリ氏は早速私を家族に紹介してくれたが、奥さんが二人なので大いにまごつく。一種のカルチャーショックである。一夫一婦制が普遍的な婚姻形態だと思っているこちらが間違っているのだが、本で読むのと、実際にその場に居合わせるのとではやはり違う。百聞は一見に如かずである。しかし、イスラムの人達から見れば、私を含めて大部分の日本人がそうである無宗教性というか、不信心さには驚くだろう。

陽が暮れたので、断食中だったアリ氏のところで、軽い食事をいただくことになった。日本からの客人は珍しいのか、いつの間にか近くの人々が集まってきて、いろいろ日本のことを聞かれる。この辺りは稲作地帯なので、日本から除草機を入れたいのだがどうすればいいのか、などと突拍子もない質問に答えるはめになった。しかし、アリ氏を始め、土地の人達は実に親切で、人なつこく、アリ氏を通じて私の質問にも遅くまでつき合ってくれた。

ところが、新年の休みのせいか、ホテルはどこも満員で、近くの町の土地の人の泊まる小さな宿に、運転手君と同室することになった。それは一向構わなかったのだけれども、運転手君、夜中に隣の部屋に来ているお大尽の女性一行の一人を部屋に連れ込んで来たのには大いに閉口した。一流ホテルに泊まっていたのでは到底できなかった経験をした一日だった。

翌朝、すぐ隣のモスクのスピーカーからの声で起こされる。お祈りに人々が集まってくる。八時に宿を出て赤いキャデラックでカスピ海沿いの道を東に向けて走り出す。三〇分ばかり行ったところで、砂浜に出たので、車を停めてもらう。いよいよカスピ海！　空は曇天で、テヘランやペルセポリスの青空とは全く違っている。北から冷たい風が吹きつけカスピ海には白い波頭が立っている。まさしく「海」のように見えるが、果たして塩辛いか。運転手君が怪訝な顔つきで見ているのを構わず、波打ちぎわまで行き、波の来る隙を見て手ですくって味見をする。結構塩辛い！　カスピ海は淡水湖ではなく、「海」であることが実証された。しかも、「海」面下二八メートル、私のそれまでに経験した最深部である。潮の干満もなく、おそらく潮流もないのだろう。しかし、世界最大の内海ということは、つながっている世界中の海全部に次ぐ「海」なのである。

冬のカスピ海は寂しく広がっていて、いたずらに波頭が砕けている。降りたところが砂浜で、天気も悪いせいか、あまり風情はない。船影もないが、土地の人が頭の上に大きな籠を載せて浜を歩いているのに出会った。このあたりの風習なのだろうか。感慨ひとしおに佇んでみたものの、余りにもの単調さと寒さに早々に車に戻る。

これで目的は達したので、すれ違う車もほとんどない海岸沿いの道を時速百キロ以上の猛スピードで、一番近い鉄道の駅へ飛ばす。途中の藁葺き屋根の農家や水田が昔の日本の農村風景に似ているので、異国という感じは薄い。こういった地域と日本の比較研究をすれば面白いだろう。

正午前に、シャヒという駅に着く。駅舎はなかなか立派だが、前もって調べておいた時刻表では、一日に通る列車は上下二本ずつしかない。しかも一本は夜行である。幸い十二時二十五分発テヘラン行きに間に合った。駅で切符が買えるか心細かったが、身ぶり手ぶりも交えてテヘラン行きの二等切符を手にすることができた。片言の英語で二日間つき合ってくれた運転手君と別れをつげ、生まれて初めて外国の鉄道の客となる。

線路とあまり変わらない低いフォームで待つことしばし、バンダルシャー発テヘラン行き急行第三列車が入ってくる。大きいディーゼル機関車の三重連で、懐かしい暖房車のあとに三等車五両、食堂車、三等車二両、二等車二両、荷物車、それに貨車二両をつなぐ計十四両の長大編成である。プレートにはドイツ製と書いてあった。本物の標準軌の列車も初めてである。日本でも標準軌の関西の私鉄にはたびたび乗ったが、レールのゲージは標準軌でも、車両は狭軌の国鉄と同じである。だが、本物の標準軌の客車は、幅も広いし天井も高く、日本のとは断然違う。

二等車はコンパートメントで、六人掛けである。発車してみると空腹であることに気づいた。

車両を通り抜けて食堂車へたどり着く。途中の三等車もやはりコンパートメントだが、椅子は板張りで、硬席車という表現がぴったりである。

ボーイに案内されて食堂車の席につき、メニューらしきものを見て愕然とした。すべてアラビア文字のペルシャ語で書かれている。多分右から読むのだろうけれども、要するに一字も分からない。メニューを睨んでいる内に一案が浮かんだ。飲食物らしきアラビア文字の右側に、数字が書いてある。いわゆる算用数字は、別名アラビア数字というように、アラビア起源であり、5を小さく0と書くのを除けば似ている。少なくとも判読できなくはない。それで、値段の上から、これは食べるもの、これは飲むものと解釈し、ボーイに知ったかぶりをして、手まねで三品ばかり注文した。

## 中近東一人旅　その二　レイクテイスティング（続き）

やがて食卓に揃えられたものは、何とホンモノのシシカバブ、米飯、お茶である。これでサラダが付いていれば満点だが、さすがにそこまではこなかった。味も結構いけて、ホテルのコースに食傷した腹にはちょうどいい。食器は粗末で、ナイフもフォークも軽くてゆがんでいるが、味には関係ない。

列車はエルブルズ山脈を越えるところでゆっくり上って行く。カメラを構えていたら、食堂車のボーイが親切に、今度はこっち側がいいぞと身ぶり手ぶりで教えてくれる。ずっと後になって、たとえばフィリピンで乗った列車の体験も加わるが、総じて鉄道関係の職員は、どんな途上国に行っても親切である。欧米の鉄道職員の態度からは強靭なプロフェッショナリズムを感じるし、ひとり日本のみが、個人差はもちろんあるが、中途半端なのはどういうわけだろう。

山脈越えを堪能してコンパートメントに戻ると、途中の駅から乗ったのだろうか、父子づれと同室になった。思い切って英語で話しかけてみると、こちらよりはるかに流暢な英語が帰ってきた。

開口一番、お前は幸運だという。何かと思ったら、私が食堂車に出掛けている一時間あまりの間に、座席の上にほうり出しておいた別のカメラバッグを盗まれなかったからだ、という。今しがた鉄道関係の人は皆親切で大いに感心したばかりだったが、乗客のなかには、荷物を失敬するのもいるらしい。何処でもあることだが、確かに無人のコンパートメントの座席に、明らかにカメラが入っていることが分かるバッグをほうり出したまま留守にしてしまったのでは、どうぞ持っていってください、というに等しい。以後注意することにしよう。

相客となった父子づれは、イラン陸軍の軍医さん父子で、親父さんはイギリスで教育を受けた由である。子供は小学校三、四年生くらいで、実に可愛らしい。テヘランのキリスト教系の学校へ通っているとのことであった。イランというと、シーア派のイスラム教を信じ、ペルシャ語を話す単一民族を想像しがちであるが、とんでもない間違いで、宗教や言語は、他のイスラム諸国、南アジア、旧ソ連南部と同様非常に複雑で、そのことが、一方でこの地域の歴史や文化を多様なものにし、他方で社会を不安定にさせる要因にもなっている。

今朝までつき合った人々は間違いなくイスラム教徒だったが、たまたま相席になった二人は、何派かは聞きそびれたが、キリスト教徒である。日本のことについて、世界情勢、鉄道のことなど、大いに会話がはずんだ。彼らも日本人は初めてだったらしく、いろいろ聞かれたが、さすがに知識階級の人なので、的外れな質問はこなかった。軍医氏の話のなかで、イランには外国の軍隊はいない、という言葉が印象的である。コンパートメントは、こういう会話を楽しむには絶好の場所である。夕食は荷物番の関係から、交代で食堂車へ行き、今度は軍医氏が頼んでおいてくれたので安心して食事を済ませることが出来た。

山脈を越えて、平地に出た列車は一向スピードをあげる気配もなく、悠々と走っている。窓の外には、イラン高原のカビル砂漠が広がっている。日本のように、平地がほとんどすべて、耕作地か、居住地、工場や事務所に使われているのとは大違いで、要するに何にも使われていない。日本の風景に慣れた者の眼から見れば勿体ないような気がするが、世界全体を考えれば、日本の方が異常なのかもしれない。

住居も木材のないせいか、土をかためた煉瓦を積み上げたもので、おそらく耐震性は低いに違いない。このあたりは地震の多いところだが、報道される地震の規模に対して、被害、とくに人的被害が大きいのは、そういった建物の材料や構造にあるのだろう。

テヘランに帰着したのは、午後九時一〇分、シャヒの駅から約九時間、距離は東京・名古屋間と同じ三六〇キロくらいだから、平均時速四〇キロということになる。軍医さん父子との会話はまともな内容だったから、阿房列車ではなく、いささか「真面目列車」に近かったが、駅で別れを告げて、ホテルに向かう。

このように書いてくると、イランでは、いい思いばかりしたように聞こえるが、必ずしもそうだったわけではない。なかで傑作に近いのがテヘランの街角でイカサマ師にやられ損なった話である。

ある朝、ホテルを出て二、三分もたたないうちに、向こうからやって来た男に英語で話しかけられた。「お前は中国から来たのか」、「いや、日本だ」、「おれはトルコから来た。日本人に会ったのは初めてだ」。ここまではよくある会話で、どうということはない。ところが「まだ日本の貨幣を見たことがない。持っていたら見せてくれ」。ここいらで、ハハーンこいつは怪しいと勘が働く。「日本の貨幣はホテルに置いて来たから持っていない」、「じゃあドルは持っているか」、「持っている」、「ちょっと見せてくれ」。

これで彼氏は、ほぼ偽札をつかませるイカサマ師であることが確実となった。こうなったら騙されたふりをしてどこかでバレさせてやろう、ついでに手口も拝見と、恐怖心より好奇心が先に立ったのも、若さのなす業で、今なら到底できない。

何枚かの一ドル札を渡すと、彼氏巧妙にそれを自分の持っているドル札の下の方に入れ、上の札を返そうとする。もちろん偽札に決まっている。「お前、たくさんドル持っているじゃないか」と語気を荒めていうと、答に窮したのか、手元が狂って手にしていた札束を道にバサッと落として一目散に逃げてしまった。それを拾ったものの、たくさんの偽札を思惑通り（？）摑まされて、御用になるのはかなわないし、始末に困る。ホテルのフロントでかくかくしかじかのことがあって、これだけドルがあるのだが、このなかに偽札はあるか見てくれと差し出したら、私の財布から出たドルの二倍ほど以外は全部偽札だという。その言葉を信じて、偽札としてどけてくれたものを、皆があっけに取られている前で破いて、屑籠に抛り込んだ。

結局、この戦いは数ドル、イカサマ師が損をしたわけだが、彼の側の必要経費だと割り切って、捜して返すのはやめた。後で考えると、あり金全部を巻き上げる凶悪犯だったかもしれず、汗がどっと吹き出した。しかし、そのイカサマ師も新前なのか下手くそで、よくもまあ、私のようなカモの前でドジを踏んだものである。

ところで、イランはその後、政治的激変を経験したことは誰でも知っている通りである。欧米寄りの近代化路線を強引に推し進めたパーレヴィ王朝は一九七九年に倒され、ホメイニ師を頂点とするイスラム国家が成立し、イスラムの原点に返るべく、政教非分離型の国家の誕生を見た。

私の乗った列車の出発地、バンダルシャー（王の港）は、バンダルホメイニと改名されたのは勿論である。

さらに一九八〇年から八年間も続いたイラン・イラク戦争。さらにごく近くで勃発した湾岸戦争。正直いって、今、イランで阿房列車を運転する雰囲気はない。最近のトマス・クックの時刻表では、私の乗ったエルブルズ山脈越えの列車も日に一本になってしまった。それにも増して、あの軍医父子はどうしただろう。父親の方はもう引退の年齢だが、子供の方は働き盛りの年頃になったはずである。あのままエリートコースを歩めたとは思えない。気になるところである。


イラクで勃発した政変*の結果、せっかく東京のイラク公使館で、メソポタミアを訪れるのは歴史を学ぶ者の光栄であるといってとったビザも無効になってしまった。今回の旅行で、本人が外交公館に赴いて頂戴したビザはイラクだけで、あとは旅行社が代行してくれたので惜しいが、一国の政治は、一旅行者の個人的希望などには構ってはくれない。このままテヘランで国境の開くのを待っている間に、先日のイカサマ師に仇をとられないとも限らない。フライトを変更することにした。

当時は、パンアメリカンが世界一周便を飛ばしていて、テヘランからベイルート行きが出ていた。何故かアリタリアを勧めるホテルの旅行社を口説き落として、ＰＡＡに変えさせた。テヘランからダマスカス行きはないので、レバノンのベイルートへ飛び、シリアに戻ってダマスカス、アレッポと旅して再びベイルートへ出て、カイロへ行くことにした。

早朝テヘランから飛び立ったパンナムDC8機は、次第に高度を上げて、カナートの配列も見分け難くなる。航路はイラクの北部をかすめ、シリアを横切って、レバノンへ入るのだろう。延々と広がる大地は褐色で、農業や林業が盛んとは到底思えない。やがて、蛇行する河川とその流域にわずかながら緑色が広がり始めた。

上から見ただけでは何ともいえないが、この「肥沃な三日月地帯」と呼ばれる地に人類最古の文明といわれるメソポタミア、シュメールの都市文明が、紀元前三五〇〇年ころ、つまり今から五五〇〇年前という遠い昔に誕生したのである。現在の工業先進国は、その頃、採取経済を営む原始的状態にあったのだから、歴史の歩む道は変転に満ちていて険しい。

砂漠の上をしばらく飛んだ機が高度を下げ、大きく旋回すると、突然眼下に紺碧の海が広がってきた。いうまでもなく地中海である。配色の妙ここに窮まれり、と思う間もなく、ドスーンとベイルート空港に着陸した。

＊　一九六三年二月の社会主義バース党の政権奪取。最近のイラク戦争において捕えられ、処刑されたサダム・フセインがその最後である。

## 中近東一人旅　その三　ベイルート行き国際列車

破壊される前のベイルートは美しく、また、私の訪れた頃のレバノンは、イスラエルとの国境付近にこそ近付けなかったが、不安定な中近東諸国のなかの緩衝地帯というか、アジールというか、ともかくキリスト教徒とイスラム教徒が一応平和的に共存し、経済的にも繁栄する国であった。先般、テレビに私の泊まったホテル・ノルマンディの無残な姿が映って愕然とした。有為転変を感ぜざるを得ないが、住んでいる人々にとっては命懸けのことで、映像で感傷に浸っているのは場違いの贅沢というべきであろう。

レバノンではタクシードライヴァーと仲良くなり、市内のあちこちを案内してもらってから、シリアとの国境に近いバールベックの遺跡を訪れ、三時間かけてみてまわり、大抵の人は一時間なのにお前は三時間掛けたと誉められ（あるいは文句を言われたのかも知れないが）、国境まで連れて行ってもらった。イラク政変の影響で、検査はレバノン側もシリア側もさすがに厳しく、第三国人にしか開かれていない国境をやれやれの思いで越える。シリアの土を踏んだものの、公共の交通機関は動いておらず、立往生となってしまった。タクシーを呼んで貰うしかないな、と多少心細くなったところへ、軍のジープがダマスカスへ行くので乗らないかと言われ、渡りに船ならぬ車と便乗、二人の将校の間に挟まれ、捕虜になったスパイのような格好で、時々身体に当たる拳銃に怯えながら揺れること約一時間、ダマスカス到着、親切にもホテルまで送ってくれた。

将校の一人は英語を話すなかなかの好人物で、当たり障りのない話を交わすことができた。

ダマスカスでは、モスクの華麗とバザールの雑踏に圧倒され、そこここを歩き回って二泊した後、朝早くアレッポへ向かうべく飛行場へ向かう。危ういところで国際線のゲートへ行ってしまったが、古いＤＣ４型の客となる。機内は宗教関係者が多い。ユダヤ教のラビと覚しき人、十字架を下げた何派だかは分からないがキリスト教の聖職者、それにイスラム教の指導者、トルコ帽をかぶった人などまさに一神教を奉ずる人達が呉越同舟である。不信心の極東の民は、隅で小さくなっているしかない。

昨日は、ダマスカスでここそイスラムの中心と思ったが、よく考えれば、この地方は、三つの宗教の発祥地である。自然までが、海あり、緑の山あり、白雪を頂く峰あり、そして一木一草もない砂漠ありで、実に多様で神秘的でさえある。

アレッポはぜひ訪れてみたい歴史都市だったが、街並は意外に近代的に整っていた。生憎ここでは博物館は火曜日が休みで開いていない。街を歩いていると、四人連れの青年達に話しかけられた。聞けばここで学校の先生をしているという。午後は一緒に行動することにした。彼らは大変親切で私の次の目的地がベイルートだというと、いま鉄道が動いているかどうか分からないから駅へ行って確かめようと、市電に乗って駅へ連れて行ってくれた。そこで分かったことは、要するにその日にならないと分からない、ということである。駅で同じようにベイルート行きの列車を待っているアメリカ人に会った。彼ももうここで三日も足止めされたので、明日動かなければ車を調達してベイルートへ向かうという。お前も来ないか、と言われ、明日の朝、列車の出発三〇分前にとにかく駅で落ち合うことにして別れる。

四人組の行くレストランで一緒に昼飯を食べる。ただし、一人は断食中で一切口にせず、申し訳ない気がした。それは辛いぞと言われてクレソンに似た野菜を口に入れたときは、みんな私の顔をある種の期待をもって眺めたが、おろしたてのわさびよりは遥かにマイルドで、涙を流すには至らなかった。皆で映画を見ようということになり、食事は向こうのおごりだったから、映画はこちら持ちにした。何とチャップリンのモダンタイムスで、腹を抱えて笑う。

皆と別れてホテルへ戻るが、夕食は街頭レストランで済ませる。唐辛子の効いた辛い料理で、滅法安いが、今日は辛いものばかりだった。夜、絵葉書を出しに通りを歩いていたら、先の四人組の一人とまた出くわした。ぜひ自分の家に来いという。夜はすることもなし、もうひとり英語の話せる友人を見つけ、郊外の家に行く。親爺さんは四人の奥さんを持つ名望家で、子供は十何人かいて、ここへ私を連れてきたのは一番若く、法律を勉強しているという。今度はゆっくりイスラム社会のことを聞いてみようと頑張ったが、結局、それが国家的統一のためにはどうしても必要なのだ、ということは分かったものの、それ以上はこちらの勉強不足で分からずに終わったのは残念。むしろ向こうの質問に往生する。とくに日本の宗教については、自分でもよく分かっていないので、説明に窮する。十一時に辞してバスで帰る。大分旅なれてきたと思う。

翌朝、七時過ぎにアレッポの駅へゆく。幸い今日からベイルート行きは運転再開である。

アレッポ駅の国際列車「タウルス」

フォームに入ると、向う側に日本の九六〇〇型に似た蒸気機関車に引かれて、バグダッド発ハイダルパサ（イスタンブールの対岸）行き国際列車「タウルス」号が入って来た。バグダッドを前々日の夜八時半に出た列車で、アレッポでベイルート行きと接続している。ここからさらに約三十六時間走って終着駅に着く。丸三日の旅である。乗りたかったが時既に遅し、いつか実現させたいものである。ただし、トマス・クックの時刻表によれば、「タウルス」号は、週二回運転するのみである。バグダッド・ハイダルパサ間は約二五〇〇キロだから、時速三五キロというスピードである。その列車の編成は、ワゴン・リッツの一等寝台車、一・二等合造車、三等車と客車は三両で、そのあとに貨車が十両ほど付いている。日本流に言えば、混合列車である。スピードの出ないのもむべなるかな、と思った。

政変後の再開一番列車だからなのだろうか、三等車は敗戦食後の日本の列車並の混みようで溢れんばかりに客が乗っている。アレッポに着いてやれやれと、沢山の人が降りて来てフォームは賑やかである。

さてこちらの乗るベイルート行きは、トマス・クックに従えば一・二・三等のディーゼルカーである。食堂車を意味するナイフとフォーク印が付いていないのが気になるが、さぞかし豪華な国際列車と予想していた。ところが、指示されたのは、ローカル列車とばかり思っていた一両のディーゼルカーである。もう一度驚いたのは、その一両が、荷物室、一等、二等、三等と四つの部分に隔壁で分かれていて、十二人から三十人分くらいの座席がそれぞれある。念のために確認したら、トイレも各等にそれぞれ、つまり三つあった。日本流の記号では、キイロハニと、とてつもない長さになる。

一等を張り込んだのだが、客室は件のアメリカ人と、その友人と、三人だけだった。三等室はすし詰めである。コンパートではなく、日本の客車のようにオープン形式だった。

ところで、アレッポ・ベイルート間には直通列車はもう一本、夜行が走っていて、ハイダルパサから来た「タウルス」号から客車を分割して直通するようになっている。スピードはともかく、なかなかうまくできた列車接続である。ところが、さらにもう一本、アレッポをお昼に出る列車もあって、これが国境を越え、レバノンのトリポリまで行っている。この列車はそこで何と夜一一時に出た夜行に追い付かれてしまう。計算すると、アレッポ・トリポリ間約三〇〇キロを十六時間かけて走る、つまり時速二〇キロ以下という超鈍足列車である。昨日アレッポの駅で見た三等車二両に貨車が一〇両あまり付いて、蒸気機関車が引いてゆっくり発車して行ったのがそれだったに違いない。日本流に言えば準混合列車で、混合列車よりさらに貨物列車に近い。この頃は日本で準混合列車は姿を消したので、国際準混合列車に乗る手もあったのに惜しいことをした。

予定通り発車したキイロハニは、時速五〇キロという中近東の列車としては速いスピードで一路南下する。白い帽子のような屋根を深く被ったユニークな家が密集した集落、ゆっくり、おそらくは何百年も同じペースで回り続けている大きな水車など、車窓は被写体に尽きない。写真を撮るのに夢中になっていたら、暇を持て余している件のアメリカ人がやって来て、カメラ談義になる。ようやく日本のカメラが、世界商品として認められるようになった時期で、その時私の持っていたのは、出たばかりのキヤノンの一眼レフだったが、使い易さも性能も、それまで愛用していたフォーカルプレーンシャッターのキヤノン4Sbに比べて抜群だった。

カメラの話を機に、結局彼らと向かい合わせに座って話しながら行くことになった。二人ともベイルートにあるアメリカン大学の教授で、一人は五年前に日本にも来たことがあるとの由である。同業のよしみで大いにしゃべる。丁寧にこちらの英語の間違いを直してくれたのは大助かりである。

一人がアンリ・ピレンヌを読んだか、と尋ねてくる。その『マホメットとシャルルマニュ』こそ私の枕頭の書だから、大いに面目をほどこした。このイスラムの地で、マホメットなければシャルルマニュなし、を論じたのは不思議な縁である。

一二時半に国境駅着、シリア側はパスポートの提出だけだが、二、三分走ったレバノン側はかなり厳重で、カメラ二台や八ミリカメラを持っていたので、何のかんの聞かれたが、職業柄ということで漸く放免になった。

レバノンに入ると、窓外はそれまでの褐色から緑色に変わる。車内で売りにきたパンとコカコーラで昼飯とし、二時近くになる頃、地中海が見えてきた。下車駅トリポリはほど近い。キイロハニは、ごうごうと音を響かせながらラストスパートをかけたようである。

## 中近東一人旅　その四　ピラミッドとアレキサンドリア

午後四時一〇分、エジプト航空ヴァイカウントは、満員の客を乗せてベイルートを離陸、地中海上を二時間ばかり飛んで、カイロ空港に着いた。途中旅客どうしの喧嘩があり、機が大きく揺れたのは、機長の機転（？）だったのだろうか。

カイロの税関は今までで一番きつく、カメラや8ミリを説明するのに苦労したが結果はＯＫ。また、エジプトは外貨管理が厳格なので、持っている外貨、ＴＣを数えて申告する。空港から出たとたんバクシーシの声がかかるのも今までとは違う。やっとの思いでタクシーにたどり着いて予約の電報を入れておいたホテルへ向かったが、満員で断られた。そこで紹介してもらった次のホテルもだめ、聞けば断食月明けで旅行のシーズンの由である。よく調べないで来てしまったこちらがいけないのだが、イスラム暦は陰暦だから、陽暦はもちろん、陰陽暦である日本の旧暦とも異なり、いつが断食月かを知るのはなかなか難しい。気の毒がったタクシーの運転手がやっと夜十二時から一部屋空くという小さなホテルを捜してくれた。カイロ市内のどの辺になるのかさっぱり分からなかったが、ともかく荷物を預け、それまで四時間ばかり、そのタクシーの臨時運転助手を務めることにした。戦前の東京のタクシーには、時々助手が乗っていてドアの開閉や、荷物の積み降ろしを手伝ったものである。今では、人件費が上がり、ドアは運転席から操作できるようになり、大荷物を持って移動する人が減って、助手は全く姿を消した。それだけ合理化されたわけだが、日本のタクシーは、荷物の積み降ろしは手伝ってくれないし、不便極まりないときもある。

さてカイロでのこの助手は、何しろ言葉は分からず、初体験で、できることといえばせいぜいドアの開閉くらいだが、運転手は結構英語を話すギリシャ系の人でお客のいない時はあちこち回ってくれ、面白かった。夜なので、はっきりは見えないが、ナイルも何度か渡った。晩飯は彼の行く小さなレストランで、ギリシャ系の人が集まって一種の社交場となっている。賑やかにワインを飲んだりおしゃべりをしている。皆に紹介してくれたが、中に一人、まさにギリシャ人形を彷彿とさせるすらりとした十七、八歳の別嬪さんがいて英語を話すので、専ら彼女としゃべることになる。健康な男子の証拠である。

ところが、この人、日本のことをいろいろ訊くのはいいのだけれども、ゲイシャとは何かを説明する段に及んで、大汗をかいた。何しろこちらはよく知らないし、普通外国でゲイシャという と、売春を職業とする者と考えられている。現在のゲイシャは、そうでないことを、花も羞らう年頃のギリシャ美人に片言の英語で説明するには、並々ならぬ努力がいる。しかし、この人、なかなかませていて、こちらのいわんとするところを、先にいってくれ、まずは助かった。エジプトも、イスラム一色ではなく、ギリシャ正教を信ずる者もいて、彼らの社会を構成していることを知った。

ようやく真夜中の十二時を過ぎてホテルにチェックインした。助手をさせてもらった謝礼をいくらか払って、古い建物の部屋数一〇あまりの小さなホテルに入った。

ピラミッドの底辺

エジプトは訪れたいところが沢山ある。実際いくつかは実現したが、ルクソールへ行けなかったのは残念の極みだった。夜行列車で訪ねるべく、旅行社の人に切符や宿の手配を頼み、彼も引き受けてくれたのだが、肝腎な時に逃げられ諦めざるを得なかった。旅行のピークシーズンということもあり、まだお金を取られないで済んだことを感謝すべきなのかもしれない。カイロ市内と郊外をゆっくり訪ねることにする。

郊外の第一は、何といってもギザのピラミッド群である。残念ながら鉄道はないので、バスを乗り継いで二度出かけた。

二度目のギザ行きは、ピラミッド登頂を目差して、それなりの格好を整え、九時半に着いた。私の訪れた頃は登頂は禁止されていなかったので、何人かが登っていたが、現在では厳しく禁止されている。申し訳ないが、この文を読んで登ろうと思う方がいても、絶対に登らないで頂きたい。

バスを降りると前の日に見ておいたピラミッドが、朝の陽光に映えて一段と大きく聳え立つ。底辺にうごめく人々がいかにも小さな存在に過ぎないかのようである。歩き出すや否や、ガイド達が寄って来て口々に案内をするといって取り囲む。こちらは案内して貰おうとは思わないので、何とかその包囲網を突破して第一、つまりクフ王のピラミッドの底辺にたどり着いた。

ピラミッドは縦横一×二メートルくらいの石を積みあげたもので、底から見上げると青い空のどこまで続いているか、気も遠くなりそうである。石は何千年の間にかなり風化して、表面は滑らかではなく、ちょうど手足をかけるには手頃なくぼみができている。エイッとばかり、適当な場所を見つけて登頂を始めた。

三基あるギザのピラミッド群では、クフ王のピラミッドが、規模において最大であるばかりでなく、崩れ方が一番少なく、そのゆえに最も有名である。ものの本によると、クフ王のピラミッドは原形よりちょっと小さくなったものの、底辺は二二〇メートル、高さ一三七メートルとのことである。

五二度の角度を持った斜面を登って行くうちに、周囲の風景が大きく広がってくる。ナイル河の流域の緑野に点在する家々が段々小さくなっていく。目が回るといけないので、真下は見ないことにしたが、ふと目がいくと、白衣を翻して案内人が一人追って来るではないか。捕まるのはごめんとスピードを上げて頂上を目指す。

勾配はかなり急だし、足を踏みはずしたら最後、ピラミッドから転がり落ちて即死という事態になりかねない。四五〇〇年前にこのピラミッドに埋葬されたクフ王の亡霊が出て来て、足を引っ張るかも知れないと思うと冷や汗が出てきた。

登頂途中の筆者

登ること一五分で頂上へ到達。頂上は一〇メートル四方ほどの広場になっていて、何人かの先客がいる。件の案内人も息をはずませ到着、こちらは逃げ場がなくなり、やんぬるかないくらかのコインを渡してお引き取り願う。経済的には引き合わない商売だと思うが、機会費用の低い国では致し方ないのだろう。

頂上からの眺めはまさに絶景である。ひょっとしたら、ピラミッドは、古代エジプト人が高所からの眺めを楽しむために造ったのではないか、とさえ思った。この眺めを文章に綴るのは至難に近い。

頂上で初めて分かったのだが、ピラミッドは、ナイル流域の緑野と、遠くモロッコまで続くサハラ砂漠の区分線上に造られている。つまり、片側は緑色、逆側は薄茶色である。砂漠の方は、ところどころで砂塵が巻き起こり、地平線ははっきりしない。そして、緑色と薄茶色との分界上には、他のピラミッドがずうっと遠くまで立ち並び、壮麗なことこの上ない。中には崩れかけたものもあるが、それがまたこのピラミッド群の何千年の歴史を物語っている。ここまで来ると、底辺でうごめいている客引きの喧騒も聞こえず、吹く風さえ涼しく別世界に来た感である。

たたずむこと何分かで、やはり職業意識が湧いてきた。まず、これらのピラミッドは、紀元前数千年の太古に造られたわけだが、何の実用的価値も持っていない。現在でこそこの国の重要観光資源で、旅人を引き付け、案内人や交通業者に生活の糧を与えているが、建設者はそんなことを考えていたわけではない。まぎれもなく、これは王家の墳墓なのである。墓棺は、これまた厳密な幾何学的設計のもとに、ピラミッド最奥部に設置され、スフィンクスの巨像が、この神聖な墓所を守るべく配置された。

クフ王のピラミッドの場合でいえば、一個の石材の重さは二・五トン、それが二百数十万個使われているという。つまり、単純に計算して、総重量五百万トンに達する。この石材を、切り出し、運送し、正確な設計に従って積み上げるという作業は、現在の最新技術をもってしても、量的にも質的にも高度で大量の作業を必要とする。いわんや、人力と畜力しか利用できなかった当時、このような建築物の設計、建造は、それを考えたこと自体驚くべきことである。

当時、このピラミッド建設には、計画と準備に十年、建設に二十年、計三十年を要した由である。建設に徴発された労働力も想像を絶するものがある。それにこの正確な設計ぶりや建設の困難を考えると、この王様のお墓という何の実用性もない建造物の築造に膨大なエネルギーをつぎ込んだ社会は、どうみても現在の人々の持つ価値観では理解することのできないものである。

ピラミッドの頂上で大きく歴史を考える羽目になった。どうも、先日来見てきた古代社会の大建造物は、社会の支配者が、精神的・物質的人間生活すべての面の支配者であって、まさにオールマイティつまり神と思われていた者が造り上げたとしか考えられない。そこでは、被支配者との間に質的な違いがあって、その落差こそ人間業とも思えない、このような実用的価値を持たない巨大建造物を作り出すエネルギーとなったのではないか。そうすると、古代社会とそれ以降の社会との間には、大きな断絶があって、歴史は単純に、古代—中世—近代というように連続的に展開したのではないのだ、簡単にいってしまえばそういうような「悟り」を開いた気持ちになった。

今までの自分の持っていた歴史観ががらがらと崩れ、根本的に問い直さなければならないと感じたのである。

頂上に一時間ばかりいただろうか。その間に私の歴史への視角は大きくゆらいでしまった。未だ新しい史観が出てきたわけではないが、少なくも今までのものとは決別したのである。

## 中近東一人旅　その五　ピラミッドとアレキサンドリア（続き）

ピラミッドのてっぺんで興奮したせいか、その夜は寝つけず、朝も早く目が覚めてしまった。寝不足のはずだが、気分爽快、こういうのを、「眼から鱗が落ちた」というのだろう。考えてみれば、今まで講義をしてきた「一般経済史」が、苦しかったはずである。歴史に対し、自分の枠組もなしにこの講義をすると、他の人はいざ知らず、私は先達の枠組に乗っかってやるか、個々の事実を並べてお茶を濁すか、一番単純な、歴史の単線的発展説で片付けるか、のどれかになってしまう。他にやりようもないので、大抵は最後の説に従って、古代奴隷制、中世封建制、近代資本主義というように並べるのだが、どうも納得が行かなかった。近代資本主義のあとに、社会主義が来るというに至っては、ロシアも中国も、資本主義が未発達の社会であり、これだけは、自分の周辺にあって、直接観察できるから、そういう考えには同調しかねた。

こういう単線的発展説の難点は、実際にそのような軌跡をたどった社会が一つもない、という単純にして明快な事実である。ピラミッドの頂上で得たものは、歴史の展開が複線的であり、少なくも、古代社会と、（ヨーロッパの）中世社会とはつながらない、という頂門（頂上？）の一針であった。では、どういう枠組を造ればいいのか、ここカイロの小さなホテルの一室で、一日考えたところで解答は出ないだろう。そういった教訓は大事にしまって置くことにして、折角来たのだから、阿房列車を運転することにした。

行先はアレキサンドリアである。アレキサンダー王に由来するこの地は、かつてのヘレニズム文明の一大中心であり、ギリシャ文明は、本国よりもここに移され、他の世界へ伝播していったことは知っている。とにかく、その地へ行って、歩き回りたい。

トマス・クックの時刻表を見ると、カイロ・アレキサンドリア間約二〇〇キロは、二時間半から四時間で結ばれ、列車の本数も十五往復ある。こんな短い区間を六時間かけてゆっくり走る夜行列車があるのには驚いたが、ともかく利用者が多いのだろう。

中央駅を朝八時に出るのが、途中ワンストップで一番早い。これに乗ろうと、朝飯も食わずに駅にタクシーを飛ばした。漸くの思いで切符を買って、三両編成のディーゼル列車に乗り込む。一等車が真ん中に来る配置になっていて、片方の先頭車両は半分機関車といった構造である。車両はかなりの年代もので、座席は豪華な布地だが、ところどころ痛んでいる。しかし、車内の調度、壁や天井、照明器具等、万事落ち着いていて、日本ではお目にかかれない一等車である。英国の支配力が強かった頃の車両で、ヴィクトリア朝風というのは、こういうのを指すのかと思った。壮大な建築のカイロ中央駅を定時に発車、郊外にさしかかるとがぜんスピードを上げる。距離が短いせいか、座席はすべてオープン形式で、コンパートメントはない。朝食は一等車についているビュッフェでとることができた。

アレキサンドリアへの鉄道は複線で、左側通行である。英国の影響なのかもしれない。窓からの景色は、いかにもナイルの沃野といった感じのする、木立に囲まれた集落、堤防から人が船を引っぱっている水路、そこからの揚水設備、可動橋、飼っているアヒルの群れ、ヤシの並木の続く道路と、のどかな田園風景が続いている。真夏は暑くなるのだろうが、二月末はちょうどいい季節である。

一〇時三五分、定時にアレキサンドリア駅到着。この駅も立派なドームつきである。今までのイスラム圏の鉄道駅に共通するのは、列車本数の少ないわりに、駅舎が立派なことで、日本とは全く違っている。日本の場合、駅に発着する列車の本数も、乗降客の数も桁違いに多いが、建築物として目立つものは少ない。東京駅にしても、戦災にあってからは、屋根がいかにも貧相になってしまった。

ともかくここで一番有名なグレコ・ローマン博物館を訪れる。ところが、何と休館日！　アレッポといい、どうも今回の旅は博物館についていない。やはり、何かを訪れるというのは、阿房列車の趣旨に反するらしい。やむを得ずブラブラ歩いていると、ローマ時代の円形劇場の跡に出た。たしかに古代ローマの遺跡で、それなりの規模もあり、精巧な地下通路などに感心したが、何しろ昨日のピラミッドの印象が強過ぎて、いささか神経が麻痺してしまったのか、いま一つ感興が湧かない。

海岸に近づくと、二階建ての市内電車が走っていたので、早速乗り込んで二階の一番前に陣取り、一時間ばかりかけて端から端まで往復した。これぞ阿房電車である。アレキサンドリアの街は、少なくとも電車通りに関するかぎり近代的である。ここで「古代」に出会うのは無理なのかなあ、と思った。

海岸で降りると、入江の向こうに有名な要塞が見える。ガイドブックによれば、この要塞は、紀元前三世紀のころ、プトレマイオス一世のもとで、建造が始まったファロスの大灯台のあとに建設されたものであるという。灯台は高さが一三五メートルあったというから、現在の灯台としても途方もなく高いものである。因みに、ニューヨーク港口の自由の女神像が、台座を入れても高さ九三メートルである。古代エジプトの建造物の巨大さにはほとほと感心するが、ヘレニズム時代ともなると、王家のお墓とは違って、灯台という万人の役に立つものになって、ほっとする。

歩いているうちに、映画「モロッコ」に出てくるカスバのような、小さな店や家がひしめきあったところに入り込んでしまった。独特のにおい、人いきれ、やはりイスラム世界なのである。すごい人出で、道端でトランプをやったり、大道芸人がいて何か叫んでいる。シシカバブをバタバタあおぎながら焼いている屋台を見付け、昼飯にする。野性味があって結構うまかった。コーヒーも清潔とはいえないが、独特の土くさい味がして、結構いけた。観光客も来ないせいか、客引きもいず、店を冷やかす余裕も出てくる。

ところで、アレキサンドリアは、ヘレニズム時代の一大文化中心で、当時人口百万を越えたといわれている。輩出した学者のなかには、ユークリッド、プトレマイオスらが著名であるが、アルキメデスもここで学んだ由である。こういった自然科学者以外にも、ホメロスの文献学、アリストテレス研究も有名で、今日に伝えられる古典ギリシャの学問も、すべてこの地経由で伝えられた。

こういった知的活動は、この地に建てられた古代社会最大の図書館を抜いては語れない。プトレマイオス二世（在位前二四六～二二一年）によって建設が始まり、三八九年にキリスト教の異教文化否定によって破壊されるまで、約六百年間、知識の中心であり続けた。蔵書数は、十万のオーダーであったとのことで、現在のような印刷術のない時代、パピルスに書き写された文書をこれだけ集め得たのは、やはり古代社会の支配者の持つ力の大きさなのだろう。

アレキサンドリアを訪れたのも、職業柄、一体その図書館跡はどうなっているのだろうという好奇心によることは事実である。しかし、大図書館は、ガイドブックによれば、現在どの位置にあったかはっきりしていないとのことである。山手のセラピス神殿に一本だけポツンと残っている柱が、図書館のあとだという説もあるらしいが、他の説では、図書館はもっと海岸よりにあったとのことである。街全体をひっくり返せば何か出てくるかも知れないが、そんなことはできないので、おそらく不明のままで過ぎそうである。

ところが、私には一つ思い込みがあって、アレキサンドリア図書館には、八角塔があったに違いない。これは、完全に三田の図書館の八角塔が、脳細胞に刻み込まれているからなのだが、それが分かっていながら八角塔を探してアレキサンドリアの街をしばらく歩くはめになった。

これも、当の三田図書館の館長室があった八角塔に構えていらした故野村兼太郎教授の遺徳かもしれない。何しろ教授には、八角塔で散々叱られた。しまいには、怒ることがない、といって怒られたほどである。図書館の整理室をつっきって、八角塔へ入るのだが、館員の方々が、気の毒半分、好奇心半分という目付きで、恐る恐る部屋に入る私たちを見送ったものである。この中近東旅行は、筆者の師であった教授の没後数年の頃だから、よほど図書館と八角塔が結び付いていたのだろう。この文を書いている今では叱る人も少なくなってしまって、世の中がたるんでいるが、自分の信念に基づいて叱ることは、やはり必要なのだろう。

八角塔を求めて歩いているうちに、カタコンブへ出た。キリスト教時代に入ってからの築造である。十歳を越えたか越えないかの子供に煙草をねだられる。アレキサンドリアに来て初めての物乞いである。

さすがに歩き疲れた。地図ではここはサハラ砂漠に近く、第二次大戦の分岐点となった、彼のエル・アラメインの戦場も五〇キロと離れていない。だが、到底そこまでは行けそうにない。あきらめて駅へ引き返し、五時一五分発のカイロ行き列車に乗り込んだ。

明日は中近東の旅を終え、ルフトハンザでここを離れる。カイロの宿で荷物をつめ替えていたら、煤煙ならぬ、砂漠のにおいがした。

# 各駅停車の客車の窓から

各駅停車の客車列車には格別の郷愁がある。走っているときは、電車やディーゼルカーのようにやかましくないし、現代人が忘れてしまった「暇」がある。新幹線や在来線でもやたらに特急が増えて、何か旅はせわしなくなってしまった。ゴットンと駅に停まって、その地の色々な人が乗り降りする。見ているだけであきない。窓も開かない特急では経験できない面白さがある。

列車の時刻改正があるたびに客車列車、とくに各駅停車の列車は淘汰されて行く。早く乗っておかないとなくなってしまう。観光客向けの、時には蒸気機関車が引く列車も走っているが、どうも乗る気がしない。つまり、それは「日常」ではないのである。私の乗りたいのは、日頃普通の人が利用している列車であって、特別に誂えられたものではない。

また時刻改正があるとのことで、今度こそ純粋阿房列車を運転する機が熱した。時刻表を繰ると、悲しいかな各駅停車の客車列車は、本州の北端と、山陰線を走るのみである。しかも、山陰線の列車は、豊岡・米子間で通勤時に運転されている。昼間まっとうに走っているのは、東北線の一ノ関、羽越線の村上以北に限られている。まさに消える寸前の状況にあることが分かった。それで時間をやりくりして、景色のいい羽越線の列車に乗ることにした。

そう思って時刻表を取り出すと、一番長い時間乗っていられるのが、村上発一三時四三分の秋田行き八三九列車で、終着秋田には一八時四七分到着だから、五時間以上楽しむことができる。

この区間には特急が走っていて、現にわがその八三九列車が酒田駅で二四分停車している間に追い抜いて行ってしまう。この忙しい世に、わざわざ追い抜かれに行くのは、とあきれられる向きは、もうここから先は読んで下さらなくてもいい。

春というには未だ早く、冬ともいえないある閑日に出かけた。村上からの列車を捉えるのには、流石に上越新幹線を使った。その昔、百閒先生は上越線に戦後初再開された急行「越路」に乗って名文を書いているが、当時の東海道線の列車と違って、編成も短く軽快なことから、列車のリズムをソナタに譬えている。しかし上越新幹線は、ソナタでも第一楽章を聴き終わらないうちに新潟に着いてしまい、あっけないことこの上ない。

新潟から村上までも、特急「いなほ七号」に乗った。各駅停車でもどうにか間に合うのだが、ディーゼル列車だし、周遊券で特急料金の要らない権利を行使したかったからで、我ながら節操がない。列車は新発田まで白新線を走る。長い阿賀野川の鉄橋を渡り新発田からは羽越線に入る。蒲原平野を縦断するような形で北進する。どんよりと曇って、今にも降ってきそうだが、暖かいから雪にはなるまい。

そうこうするうちに村上に着いた。小和田家の出身地で最近有

本州最北の客車列車

名になったが、駅前は何の変哲もない。そばをかきこみ日本最長の運転時間を持つ秋田行八三九列車に乗るべく再び駅へ引き返す。フォームには先頭に電気機関車をつけた四両編成の客車列車が止まっている。オハ五〇型という比較的新しい車輌でちょっとがっかりする。本当は、戦前製の、私の一番の好みであるスハ三二型か、せいぜいオハ三五型を期待してきたのだが、考えてみると彼らは現役でいたとしても還暦に近いわけで、引退していて当然である。だが、この新しいオハ五〇型は、始めから通勤用にできていて、入口の近くは長椅子で、吊り皮までついている。始めから立った人まで定員に入れているけしからぬ客車である。トイレはデッキから入るようになっているが、洗面所はない。どう考えても、長距離向きではない設計である。やんぬるかな、と思いつつ、最後部の車輌のボックス席に陣取る。

一車輌十人と乗っていない客車を従え、列車は不鮮明な発車の警笛とともに発車した。ご機嫌も直って久しぶりの阿房列車にご満悦である。長椅子席だったら、子供のように、靴を脱いで窓向きに座っていたかも知れない。

長い新潟県も北端の岩船郡に入ると、平坦部から離れ、やがて海岸に出た。雲はいよいよ黒く、低く立ちこめ、冬の日本海らしく鉛色の海に所々白波が砕けている。村上の次の間島駅から先、小波渡《こばと》駅まで、五三キロあまりは浜沿いとトンネルの交錯する典型的な沿岸風景である。例によって、沿岸の集落には人影や船影もまばらで、並行する国道七号線も走っている車は僅かなものである。東海道・山陽沿いとは違って、過疎地帯なのだろう。停車駅で乗り降りする人も多くないが、駅前の店のなかには、閉めているところさえある。日頃見慣れている風景とはだいぶ違っていて、日本も広いものだなあ、と思ってしまう。

桑川とか今川という駅名は聞き覚えがある。天気が良ければ、沖に粟島が見えるのだが、ヒマラヤ山系ご不在にもかかわらず外は雨になった。このオハ五〇型の最後部は、車掌室付きで、だからオハフ五〇となる。昔の客車の最後部は、両側のドアは閉まっていても、後ろが吹きさらしで危なかったが、写真をとるのにはよかった。このオハ五〇型では、ドアも自動開閉だし、最後尾の部分のドアは鍵で固く閉ざされている。安全第一ということでこういう構造になったのだろうが、昔の客車の味はしなくなった。しばらく最後尾の汚れた窓から風景を見る。

オハ 50 の車内

この羽越線は、単線区間と複線区間が、ほとんど一駅ごとに混じっていて、長編成の貨物列車が待っていたりする。せっかく複線電化を始めたのに、輸送量が落ちてしまい、中途半端で終わっている感じである。

鼠《ねず》ケ《が》関《せき》から旧出羽国に入る。だから関所があったのだろうが、「念珠関」をなぜ鼠ケ関と書くようになったのだろうか。弁慶も泣こうというものである。雨はとうとう本降りになって、フォームも線路も濡れている。やがて海岸と別れて、庄内平野に入ってくる。鶴岡の駅前は、さすがに新潟以来初めて高い建物があって、都市らしさを感じる。学校帰りの高校生が大勢乗り込んできて、静寂だった車内はいっぺんに何百羽の雀がさえずっているように賑やかになった。いつも思うのだけれども、みんな何故こうしゃべるのだろう。学校でも大いに議論してのことならいいのだけれども、教室でおとなしくしていた欲求不満を晴らしているのだと問題だな、と心配になる。

酒田は長時間停車である。誰も買う人がいなくなったのか、弁当はもちろん、物売り一人いない。やむなく、飲み物の自動販売機に百円玉を入れて、缶コーヒーを求める。別のフォームに追い掛けて来た「いなほ九号」が到着、こちらの方は多少賑わっているようだが、何しろ特急の車両は窓が開かなくなっているので、そんなに多くは売れないだろう。別の高校生一団が乗って来て相変らずの活況である。

特急の出たすぐ後を発車。二駅・三駅行くうちに高校生たちも降り、車内は静寂を取り戻した、といいたいのだが、通路を挟んで向う側に座った地元のお年寄りが、耳が遠いのか声高にしゃべり捲っている。ところが、方言が強く、ほとんど分からない。抑揚が違い、独特の言葉があり、語尾にやたらに「サ」がついてちょっと外国の列車に乗ったような気分になった。

吹浦駅から再び海岸線に出る。もう薄暗くなって来た。単線区間で、対向列車が遅れたとのことで、しばし停車。車内を一巡してみたが、どうやら始発駅から乗り通しているのは、他に誰もいないようである。さっき追い抜いていった特急に乗れば、秋田には四〇分以上早く着くのだからもっともである。

女鹿《めが》駅は、秋田県の男鹿に対する命名なのかもしれないが、山形県側の最後の駅で、次の小砂川から秋田県に入る。両県とも出羽国だから、昔ここにあったかどうかが分からないままなのだろうが、一つの説として、「うやむやの関」という楽しくなるような名前の関所が、両県境にあった由である。もう暗くなって、さだかに見定めることはできず、文字どおりウヤムヤのうちに通り過ぎてしまった。

象潟《きさかた》も読みにくい駅名だが、海岸に砕ける波が所々白く見える。仁賀保《にかほ》駅からは、地図を見ると海岸線から離れ、秋田近くでは、浜沿いに直線コースを走るのだが、もう海を見るのはあきらめた。羽後本荘を過ぎ、ふと気が付くと窓が曇っている。百閒先生のように曇りどめのアルコールを持って来ていないが、室内との温度差が大きくなったのだろう。窓を手で拭いて、外を見ると、いつの間にか雨は雪に変わっている。地面も白く、やっと北国へ入った感じである。

夜になると、もう何十年前になるが、この区間で阿房列車を運転したことを思い出した。確か大阪発青森行きの日本海沿いに走る普通列車で、大阪を深夜出て、二晩かけて翌々日の早朝、青森に着くという列車である。記録も写真もなく、記憶も定かでないが、最後の区間を乗ったことは確かである。魚とタバコのにおいが充満した車内――確か昭和ごく初期に製造されたオハ三〇型という、二重屋根で、座席の背板にクッションも何も付いていない客車だったと記憶する――に乗って、黄身が紫色になるくらいハードボイルドされたゆで玉子を三つは食べたら、腹が張って苦しく、ほとんど寝られずに青森のフォームにふらふらになって降り立ったものである。

あの頃は考えもしなかったコレステロール値に影響が強いとかで、いま到底ゆで玉子三個を食べる勇気はなくなったが、あれから幾星霜、阿房列車癖だけは直りそうにない。途中スピードを上げて遅れを取り戻した八三九列車は、定時に雪の秋田駅に到着、ふらふらにもならずに、満喫した私をフォームに降ろしてくれた。

# 東京発シンガポール行特別阿房列車（斎藤茂太氏との対談）

**◆ドーバー海峡のかたきを佐渡で**

**速水**　どういうわけか私、本誌の特集の企画・構成を仰せつかったのですが、やれることといえば、乗物とか、旅とか、特に汽車なんか一番好きなものですから、「阿房列車のすゝめ」という特集をしたいなと思ったわけです。内田百閒先生の……。

**斎藤**　あれは阿川弘之さんのバイブルです（笑）。

**速水**　「贋作阿房列車」というのを書くことが、生涯の念願なんですけど。

**斎藤**　それは結構です。

**速水**　よっぽど文章が書けないと駄目ですので、私のような若僧はまだまだなんですが……。とにかくそういうわけで、旅、とくに気ままな旅といいますか、あるいは乗り物とか、それを中心に先生とお話をしたいというふうに思います。

いきなりですが、私はＪＣＩＡといいますか、ある秘密情報機関を持っておりまして、斎藤先生は近く佐渡の方へジェットフォイルですか、あれにお乗りになりに行かれるか、あるいは行かれたとか、という情報があるのですが……。

**斎藤**　これは参りましたな、盗聴されているんじゃないですか（笑）。

**速水**　この情報はなかなか……（笑）。

**斎藤**　実はですね、ジェットフォイル、ボーイング製なんですけれど、去年、私の親父（斎藤茂吉）の生誕百年の年に当りまして、親父の跡をヨーロッパで追っかけるというツアーがありました。私は説明役を仰せつかったんですけれど、一応オーストリアとドイツが中心で、フランスにもちょっと関係があって、パリが最後で公式の行事が終り、私もホッとしまして、今度は二、三日自分の時間が欲しいと思って考えましたら、漱石がイギリスに留学する時に、丁度マルセイユに上陸して、パリにお出でになって、パリからディエップへ行くのです。

**速水**　第二次大戦の時にカナダ軍による上陸作戦が失敗したところですね。

**斎藤**　そうです。私もちょっとそのコースが通りたくて、一日暇を作りましてディエップまで行ったんです。でもその日しかない。すぐみんなと一緒に帰らなくちゃならないのです。そこへ丁度ディエップとイギリスのニューヘブンの間をつないでいるジェットフォイルが入港してきましてね、乗りたいなと思った。が、どうしても帰らなくちゃならない。出港まで見ているだけだったのです。

**速水**　ジェットフォイルというのは、そのまま浜の上へ、ポーンと上がるやつですね。

**斎藤**　かなり大きいですね。口惜しいな、乗りたいなと思っていた、それが頭に始終あったわけです。ひょっと思いついたのが、新潟から佐渡ヶ島へジェットフォイルが就航してるということを知ってたものですから、それじゃ別に佐渡に用事はないけれども、そのディエップ・ニューヘブンの口惜しさを、佐渡で埋めようと思って（笑）。

**速水**　ドーバー海峡のかたきを佐渡でとるわけですね。

**斎藤**　はい。ですから完全に乗るだけで、行って帰るだけでございまして、あと何にもないはずで……。

**速水**　もう全く参りましたね。

**斎藤**　佐渡の観光はいたしませんで、直ぐ帰ってまいりました。

**速水**　これこそ極意ですね。阿房ジェットフォイルというか（笑）。

**斎藤**　僕はどうも目的だけ達すると、あと余計なものを、雑物を入れないのがいいような気がして……。例えば、ジャンボが初めて太平洋線に就航した時、その一番機に……。

**速水**　十五年ぐらい前ですか。

**斎藤**　そうなりましょうか。パンナムが最初に一便だけあって、まだ羽田からでした。ホノルルへまいりまして、直ぐ折り返して帰ってきちゃった。丁度ハワイで三時間いて帰ってきちゃった。

その次の私の記録は、鹿児島に十五分というのがあるんです（笑）。これはエアバスA―300、東亜国内航空が最初に就航させて、これに乗って、直ぐ折り返しの飛行機、別の飛行機だったんですが、十五分して出発です。鹿児島滞在十五分という記録があるんですけどね。もちろんエアポートだけです。

どうもおかしな男でございまして。しかし驚きましたな、どこから情報が入ったんですか。

**速水**　これは、種明かしをしますと、たまたま先生のエージェントと、私のエージェントが同じなんですね。今日実はその方も呼びたかったんですけれど、いま台湾に行っていてこられませんのです。

**斎藤**　どうも渋谷あたりが怪しいですね。

**速水**　怪しいです。ここからだと乾《いぬい》の方角ですね（笑）。

**斎藤**　どうも源泉はあの辺ですな。驚きました。こんなところから被害妄想が発生するんですね（笑）。

**速水**　なるほど。今日はあんまり与太話をしておりますと、「お前は本物だ」ということになって直ぐ入院させられるんじゃないかと、恐れているんですけれど（笑）。

**◆とにかく普通ではありません**

**速水**　とにかくこの道に入ると、やめられなくなるという感じがありますね。先生のような大掛かりなことは到底私どもできませんけれど、国内の鉄道とか、どこかへ行った帰りに多少時間があって、廻って帰って来るということは私もいたしますが。初めの頃は、ちょっと自分は異常なんじゃないかと思ってたりしましてね……。

**斎藤**　速水さんはどういうきっかけで汽車がお好きになられたんですか。幼時体験ですか。

**速水**　私の幼時体験で一番記憶にありますのが、東中野に住んでおりました頃で、今の駅の近くでした。夕方、電気機関車の引っ張る列車が午後四時何分かに来るのですね。また、あの頃は新聞なんかも電車で運んでおりましたのでしょうか。一輌の荷物電車がやって来たりしてそういうのが何時何分に通るのを何か覚えちゃって、それを見に行かないと一日が終らない。

それから今度は高輪の泉岳寺のそばに引っ越しまして、これがまた東海道線のすぐそばです。東海道線の下り線が海側に引っ越す前は、下りも全部すぐ近くを通っておりまして、日曜なんか、丸一日そこで見ているわけです。そうすると「つばめ」とか……。

**斎藤**　ああ、これはもう尋常じゃありませんですね。

**速水**　こりゃ入院かな(笑)。

**斎藤**　そうするとタイムテーブルなんか、すっかりもう暗記していらっしゃって、何列車がどこ通るとか……。

**速水**　ええと、東京駅を八時十分に出る沼津行快速というのから始まって、それから九時の「つばめ」、十五分発の大阪行とか、十時半発の下関行の普通急行とか、十時四十五分発の下関行各駅停車とか、そういうのも覚えていますけれど、肝心な事は忘れてしまって始末が悪いです。

**斎藤**　漫画家の岡部冬彦さんというのは、今専ら交通システムの方の仕事をやってますけど、あの人はもともと汽車が好きで、わざわざ線路の際に自宅を建てたくらいで、汽車が見えます浦和の駅のすぐそばです。わざわざそういう所へ建てたから相当なもんだと思いますよ。飛行機の好きなのは、わざわざ航空路の下に自宅を設けるとか、阿川さんなんかそうなんですね。以前は千駄ヶ谷で私のすぐ筋向いにいたんですが、その後横浜の緑区かな、丁度あの上が航空路になっている、わざわざそういう所へ引っ越してみたり、とにかく普通じゃありません。

私の汽車の体験というのは、多分四歳ぐらいだと思うのです。親父が長崎に赴任したことがあって、数年間、今で言うと長崎大学医学部の精神科の教授を仰せつかって、長崎に数年間住んでいた。私もおふくろに連れられて、行ったり来たりやったんでしょう、よく覚えてないんですが……。いずれにしても汽車というものは退屈で、長く乗るもんだなという、あの頃何時間かかったか知りませんけれども、最大急行という名前、あとで知りましたが、特急なんでしょうが、とにかくサイダーか何か飲みすぎて、お腹こわしたとか、そういう思い出は残ってます。

でも大人になってから何とかして長崎東京間を通しで乗ろうと心に決めていまして、それが去年か一昨年、やっと「さくら」で念願を果たしました。もうしかし一度乗ったら結構ですな、十九時間も……。これで満足いたしました。

## ◆阿川弘之さんとの角逐

**斎藤**　ところで私の最新の汽車旅行は、カナダなんです。

**速水**　横断なさいましたですか、バンクーバーから。

**斎藤**　反対に。

**速水**　モントリオールから。

**斎藤**　ワシントンで会議がありまして、全部公式行事が終わったあと東部へ出て、ボストンからカナダのプリンスエドワードアイランドへ、ちょっとある取材を兼ねまして行ったんです。これはハリファックスに上陸して、それからあとはずうっと汽車と国鉄バスと、国鉄フェリーを使って、プリンスエドワードアイランドへ行きました。帰りもまた汽車でモントリオールへ出て、それから横断しました。

カナダの大陸横断鉄道にはCN（カナディアン・ナショナル）とCP（カナディアン・パシフィック鉄道）とありますでしょう。阿川弘之さんがCPの切符が買えなくて、それでCNですか、乗ったんでしょう。それを口惜しがって書いているんです。私、意地悪に、その阿川さんの乗ってない方を、初めから計画して、これから乗るという時に阿川さんに葉書を出しまして、「口惜しいでしょう、どうですか」なんて書いて（笑）。そうすると阿川さんもまた、お前の行かない所へ行ったとかって、時々くるんですよ。お互いにいい意味のライバルです。しかし一度乗れば結構ですね、横断鉄道は。

**速水**　私の経験はバンフからバンクーバーまでしかありませんが、レークルイズですか、あれから下がる所は凄いですね。断崖を一挙に下るみたいな所で、一番スリルがありますね。これが私の一番最新の汽車旅行です。

**斎藤**　阿川さんはそういうライバルで、大変してやられているんですけれど、私の方が先だというのがメキシコの山岳列車、丁度アメリカとの国境エルパソからいくらかちょっと入って行って、一番高い所は二千何メートルでしょうか。阿川さんは私より後なんです。せいぜいそのくらいで、あとはみんなしてやられています。

## ◆東南アジアでのスリル旅行

**速水**　私に多少自慢できるかなと思いますのは、私はカスピ海が塩辛いということがどうしても信じられなくて、それを試しに行ったんです。レイクテイストとでも言いますか、なめに行ったわけです（笑）。行きはたまたま泊ったテヘランのホテルのボーイ長さんが、丁度向うのお正月というんで、カスピ海沿岸へ帰る車で行きました。

**斎藤**　テヘランの方からですか。

**速水**　そうです。自動車に乗せてもらって、カスピ海沿岸へ出ました。カスピ海沿岸というのは、本当に風景は昔の日本と変らないんですね。水田稲作地帯なもんですから、昔のわら葺き屋根があったりして、それでバンダルシャー、今はシャーが追放されましたから、名前が変っていると思いますけれど、バンダルシャー発テヘラン行の列車というのが忘れられないんですね。山脈を越えまして、そうするとボーイが、今度はこっちにいい景色があるから、写真撮れとか親切に教えてくれましたり……。ところが食堂車のメニューが、全部ペルシャ語なもんですから、何だかわからない。ただ数字はアラビア数字ですから、値段で大体見当つけて、これは食べる物だろう、これは飲む物だろうと（笑）。今はイランの鉄道どうなりましたでしょうか。その汽車が動いているかどうかわかりません。

それからもう一つは、私は「時刻表」の愛読者で、例のトーマス・クックの、最近二冊に分かれましたが、アジアのが載っているのがあります。一昨年フィリピンにまいりまして、フィリピンで乗ってやろうと、トーマス・クックのを見ると、NHKの大河ドラマの「黄金の日々」で有名になりました美しいアゴウの浜というのがある。マニラからアゴウまで行って帰って来ようと思ったんです。

それは朝六時の一番に乗れば、夜九時ぐらいに帰れるんですけれど、残念ながら六時に間に合わなくて、これはもう阿房列車乗りには失格なんですが、とにかく次の列車に乗って行ったわけです。ところが、あの時刻表を見ますと、フィリピンの列車は一等と二等、一等はないんです。一等と三等と、食堂車の符号がついているんです。別に乗らなくてもいいんですが、内田百閒先生の格言に従えば阿房列車は一等で行って三等で帰るというのが定石なんです。食堂車もあるし、昼飯はそこで食べればいいやと。ところが行ってみると、食堂車なし、一等車なし、三等車だけ。別に三等車だから悪いというわけじゃないんですが、まあこれが相当なもんなんですね。まず窓に鉄格子がはまっている。というのは石か何かが飛んでくるんですから、ガラスでは駄目なんです。それとフィリピンはいろんな言葉が入っていますから、廻りの人達が何をしゃべっているか全然わからない。だんだん恐くなってきましてね。写真を撮ろうと思ってもカメラが出せないわけですよ。タルラクという町まで行ってきたんですが、この町、実はこの間暗殺されたアキノ氏の生まれたところだというのを、最近になって知ったんですが、とにかく列車内は夜になると薄暗い電気が真ん中にポツンと付いていて、東南アジアの国の鉄道の一面というのを覗いたと、これが何か印象に残っております。

**斎藤**　これは速水さんにやられました(笑)。何年か前に、フィリピンのバギオに用事があって、どうせバギオへ行くんなら汽車に乗ってやろうと思って、汽車に乗る意向を表明したら、現地の人に、「汽車はおやめなさい、持ってる物を盗られても知りません」と言って、えらいおどかされまして、それで泣く泣くあきらめたんです。しかしそんな雰囲気ですね。ともかく荷物を抱えていないと危いぞと言われまして。

**速水**　鉄道の人は非常に親切なんですよ、フィリピンでもどこでも。タルラクの駅の人で、折り返しの列車の時間を聞いたとき、何十分遅れているからこの部屋で休みなさいと。私の恰好を見て荷物は抱えていろと言うんですね。

**斎藤**　私の場合、それじゃあね、長距離バスと言ったら、とんでもないとまた言われまして、結局どうしてもというんで、車雇ってもらって、運転手二人ついて、まあ無事に、行きは車で行って、帰りは飛行機で帰って来ました。あれ一度乗ってみたいなと思っていますけど、そういうスリルはね、何か起こってからでは遅いから。

**◆ところ変われば……中国の列車、ソ連の列車**

**速水**　今年の十一月またフィリピンに行く予定ですが、今度は南の方へ、行ける所まで行ってみようと思っています。

**斉藤**　結局私も、乗り物の最盛期は飛行機だったと思いますけれど、大体飛行機を卒業したような気がしますね。

**速水**　もう先生は、全機種お乗りになっちゃったんですか。

**斎藤**　大体一通り乗ったと思います。新しいのがどんどんできますけどね。

**速水**　コンコルドも。

**斎藤**　ええ、コンコルドも大西洋線で乗りました。一通り、ソ連機なんかも。そうするとその次に汽車が始まりましょうかね。そうして船が始まりますね。船と飛行機の中間が汽車でしょうか。私は、仮にうんとお金があって、暇があって、じゃあお前は八十日間世界一周やるかと言われれば、しませんですね。おっとりしたところのない日本人だから、仕方がないかもしれないけど、やはり嫌ですね。八十日船に乗るつもりはございません。せいぜい十日ぐらいでお手あげだと思っております。

そこへいくと汽車は、船よりは刺戟がございます。狭いですし、食堂車へ行くとか、スナックへ行くとかいうんでも、割にチョコチョコしていますものね。船は大きすぎて、ゆったりしちゃって、結構運動にはなっているんですが……。汽車の方がいろんな意味で刺戟があるし、長距離になりますと、時々キャビン換えられたりなんかしますので、そのいろいろ心配しなきゃならない、荷物とかということで、かえっていいんじゃないでしょうか。せいぜい一週間か十日の船ならいいけれど、世界一周なんていうと、ボケちゃうんじゃないかと思いますね。むしろ老化現象を促進するんじゃないかと思う。そういう点汽車は適度の刺戟があって。

あんまり悪口言うのもなんですが、武漢と広州の間の汽車で、これは丁度女房が一緒だったんですが、夜、食堂車も真っ暗になります。この間のカナダの横断鉄道は、完全にスイッチを全部切っても、何かボーッと薄暗く紫色の灯りがつきます。だから手探りでしなくてもすむんですが、中国の寝台車は完全に真っ暗になりまして、そうしたら朝になって女房が、何か冷たい物が自分の手にポトッと落ちてきたと言うんですよ。上の方から確かに。暫くとまっていたけれどまたいなくなっちゃった。どうしてもあれネズミだと言うんですね。なるほどあの冷たい感触は、完全にネズミの感触だとこう言うんです。これは確証はないんですが、しかしポトンと落ちてきて、またいなくなったのをみると、どうもそうじゃないかな。しかしそんなこと言ったって、日本の新幹線だって、よく見ればゴキブリが動いてますしね、そう中国だけ責められない（笑）。

それから大陸というと、僕は非常に印象に残っているのは、ソ連の汽車です。これも残念だけれど、まだシベリア鉄道に乗ったことがないんです。先を越されちゃったけど、せいぜい私はナホトカからハバロフスク。

**速水** 私も同じです。

**斎藤** 寝台車同じなんじゃないかな。

**速水** 寝台車です。あれ面白いですね。

**斎藤** フェンスがないんでね、で、女性と行ったら男性は上段でしょう。

**速水** 上段の人は寝返りがうてないんです。

**斎藤** もう恐くて恐くて、カーブはありますし、おっこったら完全に骨折もんですものね。それで私は到頭困りまして、シーツを丸めて、縄を作りましてね、下へ回して、それで縛って寝ました。それでこういう事故はないのかと車掌に聞いたんですが、ありませんなんて、しゃあしゃあとしてます。下はいいけど、二階の寝台車でフェンスがないというのは、ちょっと他にはないんじゃないですか。

**速水** そうですね、やっぱりロシア人だなと思いました。

**斎藤** あれは驚きました。

**速水** 幸い一緒に行ったのが私より若かったものですから、彼を上へ追い上げて、けれども上から落ちてくるかと思うと、こちらも安眠できませんでした（笑）。

モスクワからレニングラード（現サンクトペテルブルグ）を通って、ヘルシンキへ抜けたんですが、その時もそうですね。やはりフェンスがない。ですからことによるとソ連の寝台車には、上段は全く支えがなくても……。

**斎藤**　これを何回か経験しますと、その国の気質というものが、おぼろげながらわかってくるんですね。例えば二階にフェンスがないというのは方針かもしれませんね。どの客車にもついてないんですよきっと。だから私はソ連の方針というのは、お気付きになりませんか、洗面所に栓がないということね。水を出しっ放しにしても、栓がないということ。

**速水**　線路が見えているんですよ、その穴から。

**斎藤**　それから普通のレストランとか、ホテルあたりの洗面所でも栓がないんですよ。溜めないんです。

**速水**　お国振りでしょうか。

**斎藤**　モスクワ、レニングラードというのは「赤い矢」ですが、特急は。

**速水**　私、乗りましたのはヘルシンキ行きだったのです。

**斎藤**　しかしこれもかなり高級な国際列車ですね、それでもないんですね。

**速水**　ないのです。

**斎藤**　はあ、それは面白い。

**速水**　レニングラードは、ターミナルになってますけど、折り返しになってヘルシンキへ行くんですが、国境を越える時に、やっぱり緊張感がとけますね。

**斎藤**　フランスとドイツの国境なら、何でもないけれど。

**速水**　ロシア人の車掌自身が、何かホッとした感じでした。

## ◆イギリスでの思わぬ損・得

**斎藤**　タイムテーブルがお好きという話ですけれど、イギリス人の頑固さのあらわれといいますか、百年も前から発車時間が今もって同じ汽車時間があるんです。「フライング・スコッツマン」、これに僕初めから乗るつもりじゃなかったんですが、エジンバラへ汽車で行くつもりだった時のことです。ご承知のようにイギリスの汽車は予約はできないんで、現地で頼まなくちゃいけない。駅へ行ったら満員で、もう駄目だと言うんです。弱ったなあ、どうしても今日中に行きたいんだが、というと、今から三十分後に出るのがあるが、それはまだ切符があると、こう言われて、それが下りの「スコッツマン」でね。前の汽車が一杯でよかったですわ。有名な汽車で、これ確か十時でございましたか、イギリスのキングズクロス・ステーションを発車する。いつになっても十時に出発する。もちろん機関車は近代的なのに変っていますが、意外と面白いですね、イギリス人というのは。

**速水**　私は実は、今なくなってしまいましたけれど、「ゴールデンアロー」ですね、ロンドンからパリ行の、あれに乗ったことがあるんですが、乗りましたらいろいろワインとかお酒が出てくるわけです。サービスいいなあと思って飲んでたら、やっぱり降りる時に付けが回ってきて（笑）、結構な値段でびっくりしました。

**斎藤**　「ゴールデンアロー」は汽車ごとフェリーに乗っちゃうんでしたか。

**速水**　あれは乗らないんです。

**斎藤**　乗り換え所があるのね。昔は積んだんでしょうか。どうせお酒を召し上がるなら、フェリーの上がいいですね。税金がないからうんと安くなります。いくら飲んでもちっともお金が減らなかった。あの上はいいですね、お酒が安くて。

## ◆分水嶺が見たい

**速水**　先生は国内の列車の旅は、先程の長崎がありますが……。

**斎藤**　割に嫌いじゃないんですが、私は特に好んでではないけれど、興味持って乗るのは、南北というか、日本のバックボーンですね、中国山脈とか、奥羽山脈とか、あれを横断する汽車が好きで。

**速水**　私も弟子入りします。私も実は……（笑）。

**斎藤**　何故かというと、私、分水嶺というのが好きなんで、分水嶺がどこだということが、汽車に乗るとわかるんですね。それが楽しみで、例えば伯備線とか、米子・岡山間の。

**速水**　蒸気機関車の時代は、それが音と一緒にくるから、こたえられなかったですね。

**斎藤**　これは汽車とは関係ないんですが、ゆうべ、精神病協会の勉強会があって金沢から帰って来たんですよ。一日早く行きまして、金沢からちょっと友人の車借りて、分水嶺へ行って来たんです。金沢の方からスーパー林道を白山の裏へ出て、例の白川合掌造り、もっと行きますと、岐阜県になってしまいますが、その蛭ヶ野高原に面白い分水嶺があるということを聞きまして、行ってみたんです、丁度この部屋ぐらいの池がございまして、片っ方から水が流れ込んでいるんです。この水はどこからきたかというと、前にそびえている大日岳という山からきている。そして今度は両方にまた分かれるわけです。こっちとあっちに小さな流れがチョロチョロッと。こっちは太平洋で、あっちは日本海だと。それで地図見ますと、太平洋というやつは長良川になりまして、伊勢湾に注ぐ。こっちは地図を見ますと庄川、というのは富山湾に注ぎますね。帰りはその庄川にそって帰ってきたんですけれど、本当に一つの池から両方へ流れるんです。

**速水**　世界地図見ますと、南米、ブラジルに、地図の上だけで、実際にもちろん行って見たわけではないんですが、かなり大きな川が、一つはアマゾン川に注ぎ、一つはベネズエラの方へ、そのへんどういうふうになっているか、この目で確かめてみたいですね（笑）。

**斎藤**　アンデス山脈が分水嶺なんでしょうけどね。しかしこれは雄大ですな、延々と流れて大西洋とね、太平洋は直ぐ下だけど。

**速水**　カナダにございますね、確か分水嶺として、この水は……。

**斎藤**　ありますね、カナディアンロッキーですね。

**速水**　あれ三つの海にでしたか。

**斎藤**　そうです。北極海、ハドソン湾ですか、あっちと太平洋と、それから南の方ですか、三つ分かれているところがありますね。

　私はとにかく、ほかの方は汽車の中で、若いのがトランプやったり何かしてるとか、雑誌読んだりしてるのがもったいなくてしょうがない。こっちはしょっちゅう窓から、上を眺めたり下の流れを眺めている。あの高山線、いいですね。駅に標高何メートルと、前に全部高度が書いてありました。最近通ったらなくなっちゃいました。惜しいなこれ。それ見ますと、どこが一番高いかわかりますし、大体見当がつくんです。どうして無くしてしまったんでしょうか。とにかくそうして、大体トンネルを越すと、流れが変りますね。そうするとこの上あたりが分水嶺だということがわかりますし。そんなのをギョロギョロ見ながら、汽車に乗ってるお客もいるっていうことをね、国鉄さんも考えてくれないと。

**速水**　私も、もちろん勤めている身分として、そう自由が利かないですけれど、行きは真っ直ぐ行っても、帰りはできるだけグルグルあっち回りこっち回りして来ることがあるんです。例えば今先生のおっしゃった山脈、中国地方なんかいくつも横断がありますから、ヘビのような恰好で、千鳥足旅行してみたり、東北の方でも、それもなるべく客車列車を選ぶことにしているんですが、この頃だんだん数が減ってきまして、ちょっと残念な気がします。

**斎藤**　やっぱり新幹線より、在来線の方がお好きですね、時間があれば。

**速水**　それも、ゴットン、ゴットンと行く汽車。下でモーターが回ってたり何かすると、ちょっと気になって（笑）。

## ◆からくも乗れたＤＣ－４

**速水**　先生はそうしますと、例えば飛行機なんかでも、例のＡＢＣのあれお持ちで、このフライトはどういう機種であって、どこにとまって、どこで飯が出てというところまでお調べになって選ばれるんですか。

**斎藤**　ですから暇があって、もう第一線からリタイアしたら、私の愛読書はあれでしょうな。あれとそれから船のもたくさんあります。これは楽しいですな。

**速水**　飛行機のが二冊ございましょう。それから船があって、クックがあると、もう一晩あれを眺めて……（笑）。

**斎藤**　到頭これも、私駄目だと思うのですけれど、やはりそれで見たんですけれど、「ＡＢＣ」で、ニュージーランドのオークランドから、何とかという島があって、そこに飛行機が飛んでいるんです。これが旅客機ではなく貨物機で、その中に客の乗ったカプセルを差し込んで飛ぶ飛行機なんですね。貨物機ですから、貨物とお客さんと両方なんです。気密だけのカプセルを積んで、そこへお客を入れて差し込むという飛行機が飛ぶわけです。もうこれはさすがにないと思います。

もう一つは、私がかろうじて乗れたのは、ペルーのインカ帝国のクスコ、ペルーの首府のリマからクスコへ行く飛行機です。機内で酸素チューブを口で、チュウチュウ吸う飛行機ですね。これに私はからくも間に合いました。パイプが出てまして、それを口にくわえるんです。

**速水** それは気密型になってないんですか。

**斎藤** 気密室がない、しかもアンデス越えで。

**速水** DC—3か何か。

**斎藤** DC—4です。そしてスチュワードは酸素ボンベを抱えて自分でも吸って歩いているんです。私、面倒臭いからちょっと外しましたら、とんで来て「駄目だ」なんて言われて……。これが到頭なくなりました。なくなったのは日本航空がセコハンDC—6を売ったからです。で、DC—4は飛ばなくなった。からくも間に合って、これは有名な、酸素を吸いながら飛ぶ飛行機でした。

**速水** あそこの鉄道も、アンデス越えのところは四千メーターぐらいですね。

**斎藤** そうですな、スイッチバックで。

**速水** ドクターがいて、止るとドクターストップ。

**斎藤** それとか、ボリビアの方へ抜ける。

**速水** みんな一度是非行ってみたい所なんですが……。

**斎藤** ご一緒にお供できたらと思います（笑）。飛行機と違って、列車は一歩一歩上がって行くから、まだ体の馴れというか、馴化ができるんでしょうが、飛行機はいきなり四千メートル連れて行かれるから参りますな。

### ◆感服したサービス精神

**速水**　先生の一番印象深い乗り物は近代的なものと、年代的なものと、別にそういう区別はならないのですか。

**斎藤**　もちろん新し物好きの血が流れているとみえまして、コンコルドも一刻も早く乗りたい、上越新幹線も早く乗りたい、なんですけれども、一方今度は、古い物にだんだんと嗜好がいくようでございますね。まあ極端なんでしょうか。「クイーン・エリザベス」に乗りたくて、やっと乗ったら、今度は揚子江のオンボロ船なんです。重慶から揚子江へ下ったりする崑崙号という外国人専用のがあるんです。でも、そんなのは面白くないんで、一般大衆の乗る船でないとね。大荷物背負って、中には鶏か何かつないだのを引っ張り込んだり、そういう船が楽しくてしょうがない。近頃はそうじゃないですかね。しかしフィリピンの恐いのは困りますけど。

**速水**　スペイン、ポルトガルあたりですと、ありますね。私はリスボンに暫くいたことがあるんですが、田舎の各駅停車に乗ると鶏と一緒に乗り込んで来たり、もう汽車が着くと、お祭りみたいにいろいろ人が集まって来て駅頭は大騒ぎになるんです。それでびっくりしたのは、スペインでしたか、何か時刻表より早く出ちゃうんですね。

**斎藤**　そりゃちょっと……、遅いのはわかるけど。

**速水**　「さあ、行こか」てなもんで（笑）、やはり国民性といいますか、あまり些事にこだわらないんですね。

**斎藤**　私ちょっと前に、テニスエルボーというようなしゃれた病気になりましてね。重いのが駄目なんですよ。飛行機と違って汽車の旅ではポーターもいないだろうし、どうしても荷物が……。降ろすのはともかく上げるのが。

**速水**　外国ではプラットホームが大体低いです。

**斎藤**　ところが、ある汽車旅行で、駅に着くと裸足の子供がワーッと寄って来まして、飛びつくようにして、チップ稼ぎに荷物を持って行くわけですよ。降りる時も、乗る時も。案ずるよりも易しで助かりましたが、しかし汽車というのは飛行機と違って、乗換えの時など荷物が重いと本当に参りますですね。荷物の上に腰掛けちゃって、もう勝手にしやがれッてんで、階段か何処かで腰を落着けちゃったこともあります。

でも、カナダの大陸横断鉄道の旅行の以前に、モントリオールまで大西洋岸から「オーシャン号」というのがありまして、いや「オーシャン号」の前にローカル線に乗った時でした。感動しましたね。ハリファックスから四、五時間でしたけど、これは普通の列車で、各駅停車。車掌が全部やってくれるんです。どこ行きですかというから、紙に書いて用意しておいたら、駅が近づくと、黙っていても車掌が上から荷物をおろして、入口まで運んでくれるんです。このサービスには感心しました。日本みたいにお客さんが多くないからできるんでしょうけども、そういう肝心なことをサービスするところもある。

**速水**　そういう意味では、何かプロフェショナリズムを感じますね。このお客はどこで降りると、従ってどうするかということをピシッと責任をもって……。

**斎藤**　私、荷棚に荷物を上げられないので通路に置いたら、車掌がさっさと来て、パッと上げてくれたですね。降ろすのどうしようかと思っていたら、またさっと来てさっとおろしてくれました。

## ◆平和であれば東京発シンガポール行き

**速水**　私も大体どの国へ行っても、汽車に乗ることにしてるんです。今度も僅か四日間でしたが韓国へ行って半日暇をみつけて、時刻表を――、幸いこの頃の韓国の時刻表は、地名が漢字で右側に出るようになったもんですから、大体わかるんです。発音はちょっとむつかしいですが、列車に乗って、そのまま行けるところまで行って来ました（笑）。

**斎藤**　韓国の三十八度線、板門店の方へお出でになりましたか。

**速水**　いえ、ソウルから南の方へです。

**斎藤**　あそこの国境、三十八度線を拝見した時に、途中でちょっと歩いて、鉄路を渡る所がありますね。はっきり線路がそこで途切れているわけですからね、何キロかの間。あれは国境、南北分断の本当の象徴ですね。

**速水**　というより、朝鮮戦争の時に、あれがつながっていたために、北の方から汽車に乗って、ワーッと入られたので、あそこで切ったという話を聞きました。

**斎藤**　私が一時軍医をしていたのが、鉄道連隊です。本隊は千葉の鉄道一連隊、二連隊、それから広がっていって、六連隊とか、鉄道十連隊がありまして、なんと「大東亜鉄道」というのを造ろうというんでやってたんですよ。「大東亜鉄道」というのは、朝鮮海峡はしようがないが、釜山から汽車に乗りますと、シンガポールまで行けるという、雄大な構想でした。

**速水**　一応レールはつながっていたのじゃないですか。

**斎藤**　それがですね、私がいた頃、線路のセの字もないんです。壊されちゃった。それで線路がなくなりまして、到頭しまいに木路になったですよ。だから重列車は通れない、軽列車がやっと。貨車ですが、しまいには危い所は兵隊が押して行きました。そんな状態でございますから、もう「大東亜鉄道」どころの騒ぎじゃない。しかしあれですなあ、もし釜山から発車して、シンガポールまで行ったら、これはもうアジアの平和そのものですね。今は南北朝鮮で駄目、ベトナム、中国があの通りでしょう。平和がくれば、もとの「大東亜鉄道」と同じ構想のものができていいわけですね。そういう時代が来てほしいと思うのですけれど。あれで朝鮮海峡にトンネルを造れば、東京駅発シンガポール行になる。

**速水**　あるいはインドの方まで延ばせば、もっと行けますよ。

**斎藤**　例の「戦場に架ける橋」あたりを……。

**速水**　バスでは確か、ロンドン発ニューデリー行とか、臨時便ですが、お客を集めて走ってるということを聞いたことがあります。

## ◆二輛編成で走る「アムトラック」

**斎藤**　暇と体力があれば、面白いですね。しかしだいぶアメリカあたりは、汽車が復活してまいりましたね。汽車の客がふえてまいりました。ガソリンの問題もありましょうし、それからワシントン、ニューヨーク、ボストンですか、あの幹線がよくなりました。何年か前に乗った時は、ガラスは破れているし、ひどい列車でしたが、今度は「メトロライナー」とかいうアムトラックの、しゃれたのが走るようになりました。

**速水**　私も去年、プリンストン大学にずっといまして、「メトロライナー」とか「アムトラック」にお世話になりました。フィラデルフィアからピッツバーグへ行くためフィラデルフィアの駅へ着いてみたら、隅の方に客車が二輛ポツンと置いてある。まさかあれじゃないだろうなと思ったら、やっぱりそれでした。二輛編成で、しかもそのうちの一輛は半分が食堂の客車ですから、実質一輛半なんです（笑）。お客が少ないというか……。

**斎藤**　この間、私もワシントンに行った時、「メトロライナー」でフィラデルフィアを往復しました。フィラデルフィアにハーネマンというあまり大きくない大学があるんです。そこの総長が精神科医で、われわれと親しくしていまして、是非来てくれと誘いを受けました。そして姉妹何とかを結ぼうじゃないかという旅でしたが、「メトロライナー」悪くありませんですね。

**速水**　普通の座席でも、日本の新幹線のグリーンよりもっといいぐらいです。片っ方が一列で、片側が二列。日本の新幹線は本当に詰め込みですが。

**斎藤**　ピッチがね、足を真っ直ぐ伸ばしても、前にとどかない。やっぱり人間を大事にしますね。日本はジャンボに五百人だか乗せるっていうのに。

それから車体はクラシックで、例えばアムトラックの、寝台車でなくて普通の客車ですが、あれで感心するのは、お手洗いが立派です。しかも広々してね、つまり女性がそこで着替えできるんでしょうね。

**速水**　たった二輛連結でも、食堂車というか、バー、ラウンジみたいなのがついていたり、お手洗いが沢山ついて広かったり、そういう点とにかく乗る人を大事にするという精神は、如何にお客が減っても崩さないという、これは感じました。

## ◆阿房的駅弁の買い方まで

**斎藤**　速水さんは駅弁というものにご興味ありますか（笑）。

**速水**　駅弁は興味というか、あれば駅弁を食べる方ですけれども、何かそれについて。

**斎藤**　やはり食堂車に行くより、駅弁の方がいい。私の末っ子が幼稚舎にご厄介になっていた時のことですが、駅弁研究会なんて名刺作りまして、それぞれの駅弁の写真なども撮ったりして分析するわけですよ。夏休みの宿題か何かだったと思います。そうすると直ぐこの、おっちょこちょいの親父は乗りましてね。札幌から飛行機で帰るのは千歳空港だけれどもわざわざ駅まで行って、お弁当を買ってきてやったりする。それから駅弁を売っている所が二つ三つ続きますと、とてもいただけませんから、一応紙だけはがして、ほかの人にあげたりして、変な顔されたりしましたけれど。

**速水**　私は中学の時は高輪に住んでいて、それに品川から新橋まで国鉄、新橋から地下鉄で赤坂見付まで通ったのです。品川から新橋までわざわざ列車に乗るんですね。そうすると品川駅で駅弁を売っているのです。その駅弁を買いましてね、新橋までの間に食べるわけです（笑）。

**斎藤**　これは相当なもんですね、品川と新橋の間で（笑）。

**速水**　やっぱり中学生でしたから、腹が減る時期なんですね。それから駅弁で思い出しますのは、あれ外国で先生、駅弁お買いになったことありますか。

**斎藤**　イタリアでありました。

**速水**　私もイタリアで買いました。フィレンツェからシエナに行く時に、駅弁にちゃんとクォーターのキャンティまで付いていて。

**斎藤**　東京駅で私はワイン付きの駅弁をみつけました。

**速水**　本当ですか。

**斎藤**　今あるかなあ、一昨年あたりですよ。ちゃんとワインが組み込まれた駅弁売ってました。一応洋食的なお弁当でね。ワインといってもロゼが一本付きましてね、いくらだったかちょっと忘れましたけど、日本もヨーロッパ的になってきたなと、そう思ったんですが、何しろ大変な数ですね、駅弁の種類というものは……。仙台だけでも何十種類とありますから……。

**速水**　それでは駅弁でしめくくらせていただきます。どうもありがとうございました。

★斎藤茂太（さいとう・しげた、精神科医）

＊肩書きは初出時

# 三人閑談「時刻表」(小松芳喬、服部謙太郎両氏と)

**速水**　今晩は明治・大正・昭和と三代に生まれた三人の汽車好きに集まっていただいて、時刻表を中心に楽しくやろうと思います。小松先生はイギリス産業革命のご専門がら、鉄道にはお詳しいし、服部さんも時を刻む産業を背負ってらっしゃるわけですが、私は一介のアマチュアにすぎません。えーと、レーニンでしたかの言葉に「女性は、数学と唯物弁証法と列車時刻表に弱い」とかいうのがありましたが……幸か不幸か、三人は女性ではありません。もっともこの頃は女性でもこの三つに強い人も出て来ましたが、そのせいでしょうか――最近時刻表が一種のブームみたいになりまして、それについて、本が沢山出たり、あるいは時刻表そのものの復刻版なんかが出たりしまして、ある意味では意を強うしているわけです。小松先生は確かご著書『雨のコツウォウルヅ』の中で随分若い時分から時刻表マニアであったということを拝読いたしましたので、まず先生と時刻表の出会いといいますか、そういったことから口火を切っていただきたいと思います。

## ◆時刻表との出会い

**小松**　どうも時刻表マニアとおっしゃられると、全く穴があったら入りたいので、この間何かを見ましたら、日本には潜在的時刻表マニアが十万か二十万もいると書いてありましたけれども、僕は一体その十万か二十万の中に入るのか入らないのか、せいぜいその限界ぐらいのところでしかないんです。ただ何となしに時刻表というものに、子どもの時分から関心は持っていました。恐らく僕の子どもの時分には、今のように時刻表に関心を持つ人間は、子どもはもちろんのこと、大人にしても多くなかったのではあるまいかと、考えています。僕は日露戦争の翌年に生まれた人間ですから、子どもの時分は、とても今のように、誰も彼も遠い所へ旅行をするという時代ではありませんでしたが、僕の父親が福島県の農家の出身だった——父親は養子ですけれども——そんな関係で、東北本線には子どもの時分から、毎年のように乗っていました。考えてみますと、小学校を卒業するまでに、東北本線で松島まで行ったのが、多分一番遠い所への汽車旅行だったでしょう。東海道線ということになると、これはもう小学生の時分にどこまで行ったでしょうか。藤沢か、あるいは大船ぐらいか、ともかくそのくらいしか行ったことがなかったわけです。

それでたまたま僕の家に時刻表——今の時刻表ですが、当時は旅行案内という名前で、多分博文館の旅行案内じゃなかったかと思いますが——がありまして、それをあちこち見ていますと、自分の足ではできない旅行が、頭の中では何となくできたような気になるという、そんなことで時刻表に興味を持ち始めたのだと思います。
　そうしてだんだんと自分で何か空想の列車を作って、時刻表を書くようになりました。なにしろ小学生のことですから、全く無茶苦茶なものです。当時は今と比べると急行でも非常に沢山の駅に停っていた時代ですが、現在の特急、あるいは特急以上に停車駅の極端に少ない急行列車を、自分の時刻表に作ったり何かして、旅行に行けない憂さを晴らしていたのが、僕と時刻表とのかかわり合いのそもそもの始まりというわけです。

**速水**　たまたまここに大正初年の時刻表がありますから、先生が二本松から松島に行かれたのは、二本松発六時十九分とか、八時二十四分とか、多分こういう朝の汽車だったかもしれませんね。

**小松**　いや、僕の叔父が仙台にいましたから、そこから松島に行ったので、僕の父親の郷里は二本松ですけれども、二本松から松島へ行ったのじゃないんです。

**速水**　じゃあ違う汽車だったのかもしれませんね。服部さんは「鉄道研究家」という肩書きもお持ちのようで。

**服部**　（笑）私のは今の小松先生のお話に較べると、ずっと晩学でして、子どもの時に時間表を繰ったとか、時間表に関心があったという記憶は全然ありません。ですからかなり大人になってから好きになったということでしょうが、それも本当の意味の時刻表マニアに入れるかどうか非常に疑問なんです。私のはただ旅行が好きだということから、机上空想旅行というようなことも一つにはありますが、それよりも、歴史とからみ合わせて、各時代の鉄道がどこへ、どの辺まで通じていたか、その時代に東京からそこまではどのくらいで行けたのかとか、そういうふうなことを調べたいということから、古い時間表を集めたのですから、時刻表マニアとしては少し変種に属するのではないかと思います。

**速水**　私は小学生の頃品川駅の近くに住んでおりまして、泉岳寺のそばだったのですけれど、通りを一つ渡ると東海道線が走っていて、そんなこともあったんでしょう、大変鉄道にとりつかれまして、例えば日曜日なんか朝からお昼まで、ポカッと列車を見て過ごしました。そうすると何時、例えば白帯の一等展望車をつないだ「つばめ」が走って行くとか、また神戸や下関から来た急行が通って行くとか、そんなところから時刻表、当時時間表と確か言ってましたね、あるいは当時のもう一種類出ていたのが確か松の絵が書いてあって、それに汽車が走っている旅行案内ですか、その方がむしろ懐かしいんですけれども、とにかくそれをお小遣で買って、何時にどういう汽車が通るというようなことを調べ出してから付き合いが始まったと思うのです。

私も実はさっき小松先生がおっしゃった、自分で空想を働かせて、だんだん自分で作る方までいきました。このことは今まで誰にも言ったことがないのですが、ある時父にそれが見つかってえらく叱られまして、お前はもっと勉強しなきゃ駄目だ、以後時刻表は一切取り上げるなんて言い渡されたこともあります（笑）。ちょっと自分は異常だったんじゃないかなと思ったこともあるんですけれど、小松先生が堂々と書かれていたので、これはもう正常だったんだと安心しました（笑）。

**小松**　僕は一九三七年に初めてイギリスへ行ったんですけれど、日本で時刻表というものに親しんでいたおかげで、イギリスへ行っても、またドイツでは気賀健三君と一緒の時代でしたけれど、気賀君なんかとドイツを旅行したりする時にも、ともかく自分で時刻表を繰って旅行の時間を決めることが、少しも面倒でなく、楽しいんです。

ところが西洋人でも日本人でも、当時向こうにいた人達は、時刻表を繰るのを大変億劫にしていましたね。旅行案内社へ行けば手間がかからないものですから、みんないきなり旅行案内社へ行って旅程を作ってもらってましたが、僕はそれではどうも楽しくなくて、自分でせっせと時刻表を繰りましたね。

**服部**　殊にイギリスの時刻表は引きにくいでしょう。

**◆外国の時刻表**

**小松**　引きにくいんですよ。僕は戦前のものは戦争で焼いてしまったんで、これは戦後のブラッドショーですけれど、戦前のはもう少し判が小さかったと思います。なかなかこれをこなすのは骨が折れる。もっとも、今の日本の交通公社の時刻表には駅名の索引がないからこの駅は何線にあるということを知ってなければ引けない、ところがこれには駅名の索引があるから便利なんです。

ですからご承知のようにイギリスの鉄道は複雑多岐ですけれども、索引でともかくその駅は何

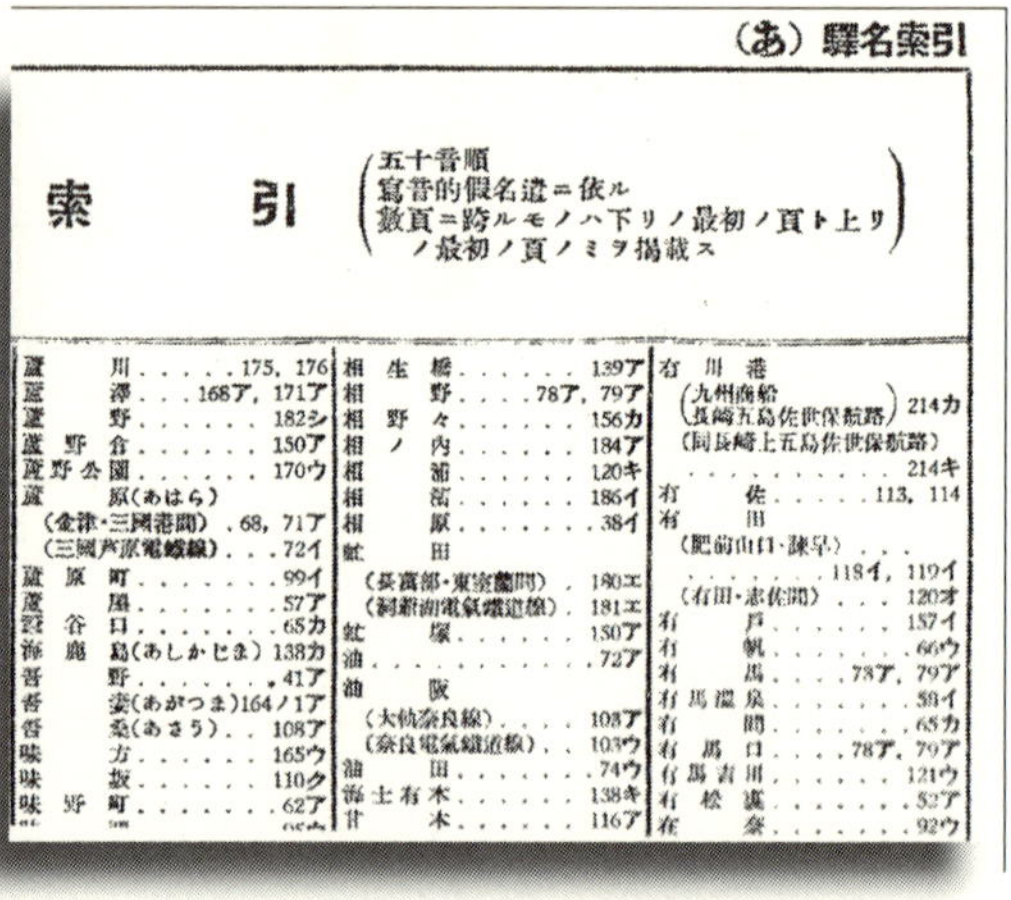

（あ）驛名索引

索　引
（五十音順
寫音的假名遣ニ依ル
數頁ニ跨ルモノハ下リノ最初ノ頁ト上リノ最初ノ頁ノミヲ掲載ス）

蘆川……175，176
蘆澤……168ア，171ア
蘆野……182シ
蘆野倉……150ア
蘆野公園……170ウ
蘆原（あはら）
（金津・三國港間）．68，71ア
（三國芦原電鐵線）……72イ
蘆原町……99イ
蘆屋……57ア
蘆谷口……65カ
海鹿島（あしかじま）138カ
吾野……41ア
吾妻（あがつま）164ノ1ア
吾桑（あさう）……108ア
味方……165ウ
味坂……110ク
味野町……62ア

相生橋……139ア
相野……78ア，79ア
相野々……156カ
相ノ内……184ア
相浦……120キ
相流……186イ
相原……38イ
鮎田
（長濱部・東渡間）．180エ
（飼新潟電氣鐵道線）．181エ
鮎塚……150ア
油……72ア
油阪
（大軌奈良線）……108ア
（奈良電氣鐵道線）……103ウ
油田……74ウ
海士有木……138キ
甘木……116ア

有川港
（九州商船 長崎五島佐世保航路）214カ
（同長崎上五島佐世保航路）
……214キ
有佐……113，114
有田
（肥前山口・諫早）……
……118イ，119イ
（有田・志佐間）……120オ
有戸……157イ
有帆……66ウ
有馬……78ア，79ア
有馬温泉……58イ
有間……65カ
有馬口……78ア，79ア
有馬吉川……121ウ
有松裏……52ア
在家……92ウ

「汽車時間表」昭和九年十二月号より

ページと何ページとに出ているかがわかる。僕は日本の時刻表にはどうして駅名の索引がないのかと不思議に思うんですがね。

**速水**　ここにあります昭和九年十二月号の「汽車時間表」（ＪＴＢの前身のジャパン・ツーリスト・ビューロー発行）には駅名索引があるのですが、戦時・戦後版にはありませんから、どこかで消えて復活しなかったのでしょうね。私は日本の時刻表――と言っても何種類かありますが――、とくに交通公社の大型の版は随分親切に出来ていて、たとえば駅の図や、列車編成表なんかは、外国の人がみて驚いていましたが、やはり陥し穴はあるのですね。

**服部**　日本の時間表の方が玄人向きですね。イギリスの方が何にも知らない、ともかく自分の行く駅しか知らないという人が引けるようにできているんですね。

**小松**　ブラッドショーよりももっと素人向きなＡＢＣというのがあります。ブラッドショーは、六一年になくなりました。六八年にイギリスに行きました時に、本屋へ行って、ブラッドショーはないかと聞いたんです。そうしましたら第一次大戦前のブラッドショーの復刻版が出版された当時で、それを出してきました（笑）。

今もって出ているのはこのＡＢＣ鉄道案内です。これはロンドンとイギリス各地の駅との鉄道連絡の字引みたいなものでして、駅名を引きますと、そこへ行くにはロンドン何時発の列車と何時発の列車があって、それは向こうへ何時に着く、またその駅発のロンドン行は何時と何時だということが一目でわかるし、そこまでの距離とか人口とか運賃とかも書いてあるわけです。ですからロンドンの住人が使うのなら大変便利にできています。素人がもっぱら使うのはこのＡＢＣで、だから今まで続いているのでしょう。

**速水**　私はたまたまイギリスのを持っておりますが、これはブリティッシュ・レールウェーズで出しているもので、東部、西部、ロンドン周辺というように分冊になっています。これは六三年の時刻表です。

**小松**　イギリスでは、一九四七年の大晦日の真夜中にブリティッシュ・レール一本に国有化されてしまいましたから、鉄道会社が一番多い時には三百以上もあった時分の名残りのようなブラッドショーなどは必要なくなったんでしょうね。

**速水**　しかしイギリスのは、ウィークデイと、土曜日と日曜日、それぞれ、別々に書いてあるんで厚くなりますね。

**小松**　ブラッドショーは一八三九年から不定期のものがでて、一八四一年十二月以来月刊が一九四一年六月まで続いたのです。ABCの方も月刊です。大陸の時刻表は戦前は月刊でなかったんじゃないでしょうか。このトマス・クックのコンチネンタル・タイムテーブルなんかはどうでしょう。

**服部** クックは月刊じゃないですか。ですけどドイツやフランスや何かの大きなやつはどうなんですか。

**速水** それからスイスはシーズンですね。オランダはこれは一年間ですか。ドイツはここに持って来てません。これはイタリアで、イタリアはどうなんでしょう、月刊かもしれませんね。九月二十六日号がナンバー10になっているから、ちょっとわかりませんが。もっともイタリアではダイヤが乱れるのが普通で時刻表は役に立たないという説もあります。

**小松** 日本の時刻表については、最近いろんな本が出ているらしいですね。ブラッドショーの研究書がイギリスにあるかと思いまして、実は全くの一夜漬けで調べてみました。ご承知と思いますがイギリスには大変いい鉄道史の書誌があるのです。オットリーという人の編纂しましたもので、一九六五年刊行ですからもう古いんですけれども、その本に鉄道に関する文献が七九五〇項目——同一の文献が一か所に重複して見られることもありますが——載っております。これは索引も詳しくて、大変いい本ですが、ブラッドショーの研究もちゃんと出ていました。もっともいずれも百ページに足りない薄いもので、どの程度研究的なものか、どの程度娯楽的なものか僕にはわかりませんけれども、雑誌論文は別として、単行本が三冊——タイプ印刷のものまで入れれば四冊――出ています。それでも読んでいたらば、もう少し面白い話が何かできたと思うのですが、残念ながら、一冊も持っていませんし、読んでもいません。

**速水**　確かに自分で旅行する時に自分で時刻表を繰って、ああでもない、こうでもないと、プランを立ててみると非常に楽しい。旅行自身よりはその前の方が楽しかったりしますね。服部さんも旅行される時やはり大体ご自分でプランを立てられるのですか。

**服部**　どこかに行くにしても必ず自分で調べて、秘書が勝手に何時なんていうのは許さないわけです（笑）。

**速水**　私も実はそれが嵩じちゃって、飛行機まで自分で探すんですよ。航空会社のABCというのがありまして、これは一般には売ってないんですがとにかく手に入れてこれで引くと、どこからどこ何便、何という機種で、食事が出るか出ないかが判る。これにしようと自分で決める。その楽しさは一種独特のものだと思うのですが。そんなことから私はプロの乗客だと自認しているのですが、どうもこの場の三人はそのようですね。

**服部**　ともかくいろいろものを調べることの好きな人が、こういうことをやるんじゃないですか。学者でなくても、やたらにものを調べるとか好きな人がおりますからね。

**小松**　やっぱり速水さんは、本当に乗物好きなんですね。僕はやむを得ず飛行機にも乗りますが、飛行機だと自分で時間を調べてという気になりません（笑）。

**速水**　飛行機は確かに便数が少ないので、選択の幅が非常に狭くなってしまいますからだめですね。ところが船のもあるのには驚きました。世界中の船の、これ日本の国内のフェリーまで出てるんですけれど、やっぱりABCスタイルです。ABCというのは、ですから鉄道と船と飛行機と三つ揃っている。

**小松**　この間科学技術庁から「人力車から宇宙船まで」という番組の宣伝の印刷物を貰いました。朝のしかも九時から九時五十五分という、僕はそんな時間にテレビを見ることはないんですが、これは乗物の番組だからと、スウィッチを入れて見たんです。そうしたら大いに憤慨しましたね、乗物がいろいろ出て来るのに鉄道だけ出て来ないんですよ（笑）。あなただったらもっと憤慨されなかったにちがいない（笑）。

## ◆個性のあるのは鉄道

**速水**　やっぱり鉄道が一番子どもの頃から親しんでいましたし、乗物の中で一番好きなのは鉄道ですね。

**服部**　個性があるのでしょうね。それからやはり乗物それ自体に非常に興味のある人と、そうじゃなくて旅とか、旅行とか、そういうことから入って来る人とありますね。

**速水**　ただ新幹線になってから、どうも新幹線の時刻表だけはつまらない。まるでバスの停留所の時間表みたいな感じで（笑）。

**服部**　いくら眺めても感興が湧かない。あれはつまらないねえ。正確に十二分おきか何かになっていますからね。

**速水**　例えば急行が一日に一本しかないとか、それが普通列車をどこで追い越して行くとか、そういうのを眺めていると面白い。

**服部**　しかも非常に長く待たせられるとか、非常に早く出てしまうのとか個性的な列車があるんですね。

**速水**　服部さんは先程ご謙遜で晩学と言われましたけれど、時刻表のコレクションなぞなさいまして、何かそこで……。

**服部**　私のコレクションというのは、大体明治の二十二年ですか、あの東海道線全通からあとの月刊になった時間表が主で、それ以後終戦までという期間なんですけれど、途中二、三年飛んでるところがありますが、大体はずっと揃っているわけです。しかしこれは私が苦心して集めたというより、いま幼稚舎の主事をしてる庄司恒先生が私のために集めてくれたんで、これは特筆しておかないといけないことです。

**速水**　そいつはすごいですね。私がたまたま持って来ておりますのは明治三十二年七月発行、庚《こう》寅《いん》新誌社というのでしょうか、「瀛車瀛船旅行案内」というやつで、時刻表の他に簡単な案内ものっています。面白いのは表紙の次の第一ページが何と『福翁自伝』の広告で、正価金四拾銭、五百五十頁、時事新報社から出しています。たしかこれはこの年の六月に発行されたのだったと思います。

**服部**　私は、もちろん外国の汽車にも関心がありますが、主に日本の汽車でしょうね、専攻は日本時刻表史ということでしょう。

**速水**　戦前、例えばご自分がお乗りになった汽車を、その時間表を繰って、確かあの時何時何分のに違いない、ということを思い起こされますか。

**服部**　そうですね、思い出に残るなつかしい列車はありますね。東京発朝八時十分の沼津行なんて随分お世話になってね。箱根か伊豆の山へ行く時には必ずあれで、確か横浜から小田原までノンストップでしょう、あれは実際こたえられなかったですな（笑）。

**速水**　えーとここにあるのでみますと、沼津まで特急の「つばめ」が一時間五十六分。その八時十分の今で言えば快速ですか、それが二時間七分ですね、十時三十分の下関行急行が二時間十四分かかっているから特急なみの速さですね。私も、実はあれの愛好者の一人でした。もっとも専ら見る方でしたから、或いは服部さんが乗ってらしたかもしれませんね。

**服部**　昨夜調べたら、あれは割と早くなくなっちゃうんですね。昭和五年くらいにできて、十四、五年で終わりですね。

**速水**　その逆が、私が小学生か中学生の頃、朝七時四十五分という時間に東京駅を出る京都行というのがありまして、これが実にゆっくり走るやつなんです。今のその八時十分の沼津行が小田原で既に追いつきますし、それから特急に抜かれ、急行に抜かれ、京都に着くのが夜の八時四十九分。また、自分の思い出ばかりになりますが、上りの普通列車に一本ばかに早く走るのがありまして、大垣始発朝の六時四十分、東京到着四時五分、途中で二本抜かれてるのに他の列車よりは三十分ばかり早い。何か普通列車でもこれだけ早く走れるのだぞという見本としてダイヤが組まれたのかもしれません。私はそれに乗りに静岡まで行った覚えがあります。「阿房列車」第一号というわけです。

**服部** 私は乗ったことはないけれど、印象に残っているんじゃ、夜九時二十五分でしたか、一、二等急行の寝台だけというやつがありましたね。あれなんかあこがれていたんですけど、ついぞ乗る機会がなかった。

**小松** イギリスには百年以上出発時刻が変わらないという面白い急行があります。例のロンドンのキングズクロスと、エジンバラのウェイバリーとの間を運行している「フライング・スコッツマン」という急行なんですが、この急行がはじめて設けられましたのが一八六二年六月一日ですから文久二年です（笑）。家茂の時代ですよ。その時は「スペシャル・スコッチ・エクスプレス」という名前でしたが、これに「フライング・スコッツマン」というあだ名がつけられ、やがてそのあだ名が正式の名称になったのです。この列車のロンドン発の時刻は、一八六二年以来今日まで、午前十時とずうっと変わらないんです。ただ一九一七年と一八年という第一次世界大戦中の二年だけが例外で、九時三十分発と三十分早められていますが、この二年を別にすれば、文久二年以来今日までロンドン発の時刻が十時に一定している。六三〇キロばかりありますが、最初は十時間半かかりました。今は五時間です。しかし朝十時発の方は百二十年近くも続いているのですから、珍しいでしょう（笑）。

**服部**　私も一度乗ったことがありますけど、そうですか、そんなに続いているとは知りませんでした。そこへ行くと日本の時刻表は目まぐるしく変わりますね。新幹線は別として五年と続かないでしょう。

**速水**　戦後は特にふくれ上り方といいますか、東北線や上越線でも特急は毎時何分というふうにきまった時間に出ていますね。L《エル》特急というようなこと言って。だんだん個性がなくなって来たようですね。

**服部**　七時四十五分発の超鈍行なんて愉快なやつはなくなって来た。

## ◆日本人は愛称がお好き

**小松**　日本じゃ、特に急行や特急には、愛称といいますか、「富士」「桜」から始まって「つばめ」「かもめ」、そしてこの頃になるととても僕なんか覚えきれないくらいいろんな名前がつきましたが、イギリスではだんだんそれがなくなりました。というのは、今「インターシティ一二五」がイギリスの長距離列車として各線を走っていて、大体みんなスピードも同じですから、特にそういう名前を付ける必要がなくなったんじゃないですかね。

**速水**　「ブライトンベル」ですか、あれもなくなりましたね。

**小松**　愛称が日本の鉄道に沢山ふえたのは、日本人は愛称を付けるのが好きなんだからでしょうか。

**服部**　さあどうでしょうね。

**小松**　アメリカでは客車の一つ一つにまで何か名前がついていますね。日本でそんな例がありますか。

**速水**　ないですね。日本ですと特急列車に全部名前が、これは昭和の初めからついていたんじゃないでしょうか。

**服部**　初めてついたのは「つばめ」ですか。

**小松**　「富士」「桜」が一番早いでしょう。

**速水**　ところがこの頃普通の急行列車にもつけるようになっちゃったから、氾濫してとても覚えきれない。あるいは何とか一号、二号というふうになっちゃって。

**服部**　ともかく画一化しましたね。時刻表族にとっちゃつまらなくなったんです。

**小松**　そうですね、L《エル》特急などは大体毎時間、分の方はたいてい同じですものね。

### ◆食堂車の楽しみ

**速水**　戦前の時刻表を繰っていますと、意外に多いのが食堂車なんですね。大体急行列車には皆ついているし、その他普通列車でも、夜行とか、上野―日光間、姫路―鳥羽間なんかにはついています。面白いのは記号で、一等車のついている列車はナイフとフォークをクロスさせた洋食堂車の印、他は茶碗が二つお膳の上に乗っている和食堂車の印ですね（二六ページ参照）。子供の頃、食堂車へ行って食べるというのがたまらなく好きだったんです。今でも、雪景色を眺めながら朝からビールなど飲んで旅をする味なんか最高だと思うのですが、ところがこの間九州へ行きました時に、ブルートレインとか、最近もてはやされております列車の食堂車へ行ったらがっかりしました。まずサービスがよくない。選べる料理がとても少ないし、昼食時には切り離されていたり。これはどうしてなんだろうと思うんですけど、何か日本の食堂車について、お考えになったことありませんか。

**服部**　私はあんまり食堂車へ行ったことがありませんね。また行きたいという気持ちがないもんだから知りませんけど、そんなに悪いですか最近は。

**速水**　これはヨーロッパの場合と比較すると、特にその違いが非常にはっきりすると思うんですけれど。

**服部**　それは汽車の食堂に限らず、日本人はヨーロッパ人に比べれば、食事を粗略に考えるんじゃないですか。

**速水**　そうですね、あちらは食堂車を一つの列車に二輌もつないでいたり、そこでゆっくり食べる楽しみを味わわせてくれる。

**服部**　こっちはもりそばで五分（笑）。

**小松**　本当にいまお話のように、日本の食堂車はまずくて、サービスが悪くて、僕は食堂車に行くたびに、二度と来るものかと思うのです。ところが性懲りもなく、また行く気を起こすことがあるのですから、我れながら度し難いと思います。

**速水**　何か造りも、昔はもっとシャンデリアまでいかなくても飾りがいろいろあったように思うのです。できたらこの会も食堂車でやりたかったくらいなんですが、この間乗ったのは何か新しい建材を使っている非常にシンプルな造りになっていて、ガランドウという感じで悪くいえば安っぽい。あれで頑丈で安いのかもしれないけれども、そういうことも手伝いましてガッカリしちゃったんです。とても007の映画に出て来るあのオリエント急行――これもなくなってしまいましたが――の食堂車のようには行かない。

**小松**　去年でしたか、仙台から帰りの上野までの汽車でたまたま食堂車へ行きました。東北本線というのは僕の知る限りではいま一番揺れると思うのですが、その食堂車で、僕の斜め前に坐られた盛装したご婦人ですけれど、車の揺れた拍子にスープがざぶりと着物にかかって、本当にお気の毒でしたよ。

**服部**　東北線は確かに揺れますね。われわれは、速水さんも私も家が芝でしたから、要するに東海道線中心なんです。先生は東北本線中心で、これ珍しいケースだと思うんです。東北線なんかには昔は洋食堂車なんてものはありましたか。

**小松**　大昔は食堂車では洋食だけでした。いつのころからか、東海道線では一、二等特急には洋食堂車が、三等特急には和食堂車がつくようになりました。東北線にも極く古い時分の急行には洋食堂車が連結されていたのですが、後になると、和食堂車がとって代るようになったのだと思います。

**速水**　そうするとまず寝台車なんかでも、最初に一等寝台とか二等寝台ができてますから、まずそういうところに寝台客用食堂車というか、そういう一、二等を利用する人のためのいわば設備ができて、それがだんだん一般化するという経路をとったのですね。

**服部**　初めのころは汽車に乗るというのは相当特別階級でしょうから、そうなったんでしょうね。

**速水**　確か食堂車はフランス人が発明というか初めて作ったということを聞きましたけれど、あれは本当なんでしょうか。

**小松**　食堂車の皮切りはカナダのグレイト・ウェスタン鉄道で、一八六七年だと言われています。ワゴンリーはベルギーが元祖だそうです。

**服部**　僕は小松先生に伺おうと思ってきたんですけれど、昔、横浜に平沼駅というのがありましたでしょう。

**小松**　知ってます。

**服部**　明治の初めの頃は、横浜駅というのは今の桜木町駅だったわけですね。その場合に、遠距離列車は横浜へ行って引き返すわけでしょう。

**小松**　引き返すんです。たしか大正四年にいまの前の二代目横浜駅が出来て真直ぐ行くようになったのじゃないでしょうか。

**服部**　とにかく初めは横浜駅は突き当たりだったわけですね。

**速水**　今の上野駅もそうですけれど、ターミナルスタイルの駅というのもまたちょっといいものですね。プラットホームからいきなり外へ出られますでしょう。階段を昇り降りしなくて、直ぐ汽車に乗れる。それはヨーロッパに多いですね。あれが日本に普及しなかったのはどうしてですか。日本の鉄道ですと、大きな駅というのは大体全部行きどまりがなくて、素通りになっているんですね。

**服部**　昔の中央線の始発駅だった飯田町駅、関西線の湊町駅もそうだったから結構あったんじゃないのかなあ。両国もそうだった。

**小松**　両国ご存じですか、前の、今のような高くない……。

**服部**　それは知っております。戦後私、亀戸に勤めておりましたでしょう。それで両国はしょっちゅう通勤で電車で通りまして、あすこに夕方六時ころ発の、半車の二等車付きの銚子行きが残ってたんですよ、かなりあとまで。それがいよいよ二等車がなくなるというんで、わざわざ乗ったような思い出があるんです、銚子まで（笑）。

**速水**　会社で大変だったんじゃないですか、社長さんがいなくなっちゃったって。

**服部**　いやいや、まだ下っ端でしたから。

**小松**　また食堂車の話にかえりますが、イギリスの列車には昔も今も食堂車の連結が多いですね。日本ですと、特急とか急行とか以外には、食堂車のついている列車は昔でも例外でしょう。イギリスには、日本のように急行料金とか特急料金とかを払わなければならない列車はありませんけれども、各駅停車の鈍行にでも、通勤列車は別として食堂車が昔はついていましたね。

**服部**　そうですか。

**小松**　今は食堂車で食べる人がイギリスでも以前より少なくなったと思います。食堂車以外で持込みの食料を食べても、昔のように肩身せまく思わなくなったせいでしょう。

**服部**　その代り駅の食堂というのは非常に向こうは完備しているんじゃありませんか。

**小松**　必ずしも完備してないですね。

**速水**　日本ですと、どんどん食堂車が減る傾向にありますね。今は時刻表見ましても、例えば食堂車は営業中止なんていうのが大変多くて。

**服部**　むしろある方を考えた方が。

**速水**　新幹線は別とすれば、さっき言った九州へ行くやつはありますね。

**服部**　L《エル》特急なんかないでしょう。

**速水**　殆んどないんじゃないですか。食堂車が営業してないのにそれをつけて走っているんだから、またおかしなもんで。

**小松**　戦前のイギリスの鉄道では、列車には一等車と三等車とが普通連結されていて、二等車は極く特殊な列車にだけしかなかったのですが、長距離列車なんか、食堂車が一等食堂車と三等食堂車、そしてそれぞれに厨房車、つまり一列車に食事関係の車輛が四輛もついてましたね。そうして一等食堂車と三等食堂車とでは食事の値段が違うんです。
僕はある時三等の切符で一等の食堂車へ行って、高い料金さえ払えばそれでいいんだろうと思ってましたら、あなたは一等かと聞くわけです。いや三等だと言ったら、三等客はいくら高い食事料金を払っても、一等食堂車で食事をすることはできないと言われて、スゴスゴ三等食堂車へ引き退った経験がありますが、今はそんなことなくなりました。

**速水**　船のシステムがそうですね。

**服部**　しかし昔は日本も、どんな田舎の汽車でも二等車ぐらいはついてましたね。あれに乗りたい乗りたいと思いながらとうとう乗れなくて、お金が使えるようになった頃には廃止になっちゃった（笑）。

## ◆SLファンの立場

**速水**　『時刻表二万キロ』なんていう本も出ていますけど、服部さんはだいぶお乗りになったですか。

**服部**　いやいや、それは紙上旅行の方でね。実際に乗った区間といったら本当に少ないですね。

**速水**　私もどっちかというと、いわゆるSLファンといいますか、蒸気機関車マニアであったということもあるんですね。ですから蒸気機関車が走ってる頃はよく、蒸気機関車の引っ張る列車に乗って、石炭の匂いを楽しんだり、機関車を見たりしましたけれど、ちょっと最近ディーゼルとか電車とかふえてきますと、衰えて来たという感じです。それで時々、京都の梅小路蒸気機関車館へ行って煤を浴びて渇きをいやしています。あれは世界にも誇るべき施設だと思います。この前行った時もイギリスから来ている人がもう夢中になっていました。

**小松**　ＳＬというのは確かに見て美しいですけれど、僕は若い時分に山が好きで、中央線によく乗ったんですが、ＳＬ時代には笹子トンネルなどで夜中に眠ってましても、うっかり窓でも開いてますと、入って来る煙で息苦しくなって目が覚めるんですよ。ですからあれは、殊に機関士などにとっては、なかなか……（笑）。

**服部**　ＳＬというのは人道問題からいっても廃止すべきですね（笑）。この辺は同じ時刻表ファンでも、意見が相当違いますね。

**速水**　時刻表をよく見ますと、電気機関車かディーゼル機関車が引っ張る列車であるか、あるいは電車であるか、ディーゼルカーであるかと、区別がつくんですね。

　私はやっぱり電車、ディーゼルカーよりも蒸気機関車の引っ張る客車の方が好きなもんですから、それを選ぶ。そのために時刻表を繰るということもよくやっていますけれど、それをこの間イタリアでやりまして、フィレンツェからシエナの方に行くのにどうもこれは列車臭いと思ったのを選んだら、やっぱり列車なんですね。また客車が非常に古典的な客車で、電球の傘なんかが事によったら十九世紀生まれかもしれない。イタリアで思い出したのですが、小松先生、服部さん、外国で汽車弁というのを召し上がったことがありますか。

**小松**　イタリアでその経験があります。

**速水**　その汽車弁をフィレンツェで買いまして、確かあの時六百リラだったかな、ボトルがついてきますでしょう、ワインの四分の一のびんが。それでフィレンツェからサンジミニアーノとか、シエナの方を楽しんだという、あのトスカナの旅はとても楽しかった。

**服部**　ヨーロッパの汽車弁というと、イタリアとスペインぐらいは知ってますけど、ほかにありますか。

**小松**　僕はイタリアきりしか知りません。ところがイギリスでは食堂車ができる前に汽車弁が生まれたんです。ダービー駅で一八七五年のことです。ところが七八年には食堂車が姿をあらわしますから、汽車弁の方は日本ほど普及しなかったのではないでしょうか。

## ◆思い出の汽車旅行

**服部**　割と遅いわけですね、一八七〇年代といいますと、明治ですね。

外国の汽車では、小松先生、シドニーからパースまで、お乗りになったというのがご自慢の一つだと思いますけど。

**小松**　いやシドニーとアデレイドの間は乗っていません。アデレイドとパースの間です。

**服部**　私は「オリエント・エクスプレス」でアテネまでずうっと走ったこと、それが最長の汽車旅行でしたね。

**速水**　私は外国ではイランのカスピ海の沿岸にあるバンダルシャー近くから、テヘランまで、山脈を越えて乗ったのが、非常に印象深くて。

**服部**　何時間ぐらいかかるんですか。

**速水**　それはここにありますクックによると、えーと十一時半に出てテヘランへは夜九時十分着、十時間半です。昼間だったんですけど、景色もよかったんですが、例によって食堂車へ行ったところが、そのメニューが全部アラビア文字で書いてあるんです。これさっぱりわからない。ただ数字は覚えていきましたから、値段はわかる。値段でもって大体見当つけて、手真似も使ってボーイに言うと、結構持って来てくれる。例えばシシカバブだとか。またボーイが非常に親切でしてね、カメラを持ってたら、こっち側がいい景色がくるとか、こっちがあとだ。とっても楽しい旅だったことを覚えています。

**小松**　食堂車でもアラカルトでしたか。

**速水**　そうだったに違いありませんが、何せ全く読めませんでした。小松先生のオーストラリアのご体験は何か……。

**小松**　いや、あれは十五年も前の話で、あの時にはまだ、オーストラリアではゲージが統一されていないので、大変面白かったんですけれど。

**速水**　小松先生には『三つのゲイヂ』（一条書店、昭和四十一年）というご本がありまして、線路の幅が三種類違うところをお乗りになった物語です。

**服部**　もう今は一つになった。

**小松**　もう一つになったようです。

　ところが、僕が乗った時には、アデレイドからパースまで、二六一〇キロあるのですが、ゲージは最初が五フィート三インチ（一メートル六〇一）、次が四フィート八インチ半（一メートル四三五）、最後が三フィート六インチ（一メートル〇六七）ですから、二昼夜足らずの間に二度乗り換えて、最新式の車輛から、明治とは言わないまでも大正時代を思わせるような博物館向きの車輛まで、短時日のうちにいろいろな経験をしたわけです。

**服部**　この間阿川弘之さんに会ったら、やはりパースまで行ったというんです。それで知ったかぶりして、あそこはゲージが違うから面白いなんて言ったら、いやもう一つだ、とやられました（笑）。

　先生はどういうタイプの時刻表マニアなんでしょうね。

**小松**　いや、マニアは願い下げにしたいですね（笑）。

**服部**　速水さんなんかは、D51の車輪を家に持ちこもうとしたり、そういうようなことをするでしょう。多分に理科系みたいなところがあるわけね。私なんかはそういう気は全然ないですね。それよりも例えばこういうことに興味があるんです。昔東海道線の最終の上りは横浜止まりだったんです。十二時ちょうどに横浜に着くわけです。ところが二・二六事件の後に宇垣（一成）大将が組閣するということになったでしょう。当時彼は伊豆長岡のさかな屋という旅館にずっといたわけだ。お召しの電話がさかな屋に来て、急遽上京ということになった。ところが沼津で最終列車をとらえるとそれが横浜止まりの汽車なんです。それで大将は急遽沼津から横浜止まりの汽車に乗って、横浜の駅長室か何かでモーニングに着替えて、車で猛スピードで京浜国道を飛ばして行ったわけ。そうしたら六郷橋のたもとに当時の憲兵司令官の中島という中将が待ち伏せしていて、大手を拡げて車を停めた。それでその車に乗り込んで、閣下が組閣したら大変な事になる、陸軍はあげて反対だということを言ったらしい。それでそのせいばかりじゃないけれども、ともかく宇垣内閣は流産したわけでしょう。だからそれが横浜止まりでなくて東京まで来る汽車なら、中島中将も止められなかった。

**速水**　歴史は変ってたかもしれない（笑）。

**服部**　歴史は変ってたかどうか知らないけど、そういうことが非常に面白いんです。

## ◆赤帽の料金

**小松**　速水さん、日本の今の交通公社の時刻表には、赤帽の料金は出てますかね。

**速水**　昔は赤帽のいる駅には時刻表に帽子の印がついてましたね。急行の停る駅には必ずついていたし、そうでない駅にも沢山ついていました。今もうあれないでしょう。というのは殆んどいないからです。

**小松**　実は日本では赤帽の料金は今いくらだか知りたくて、どこかに出てないかと思って時刻表を調べたんですが、どうも見当りませんでした。

というのは去年僕はイギリスで、赤帽について失敗談があったんですよ。僕が四十年前初めてイギリスへ行った時には貧乏学生で、とても赤帽なんかを頼むどころじゃありませんでした。イギリスではどこの駅にも赤帽がいましたが、赤帽に荷物を持ってもらったことは全くなかったのです。それが習い性となりまして、戦後に何回かイギリスに行っても、赤帽に荷物を頼む気にはならず、従って赤帽の料金がいくらかについては、知識が皆無なわけです。ただイギリス人が赤帽に払っているのを見ますと、どうやらいくらと聞かないらしい、ちょうど日本で昔赤帽に、一々いくらとは聞かず、大体相場と思う金額をチップみたいに渡したのと同じやり方をイギリス人もしているんだろうと、僕は想像していたんです。

ところが去年の九月、イギリスの西南端のペンザンスという町で開かれました産業考古学会の大会に出席した帰り途に、そこのホテルから駅までタクシーを走らせましたらば、赤帽が駅の入口に待ちかまえてましてね。

**速水**　イギリスの赤帽はやはり赤い帽子ですか（笑）。

**小松**　いいえ。イギリスの鉄道に学んだ日本でも、赤い帽子をポーターにかぶせたのは明治三十年からだと言いますから、赤い帽子は日本の発案かもしれませんね。さてペンザンス駅のポーターは、有無を言わさずタクシーのトランクを開けて、二個の鞄を出して提げていくんです。こちらもつい自分で持っていくとも言いそびれまして、黙認のような形になりましたが、さてそれならば一体いくら払ったらいいか、頭を悩ますことになったわけです。イギリスのポーターは日本と違いまして、もっともペンザンスは終着駅ではありますけれども、ちゃんと列車の中まで荷物を持って入ってくれますが、日本円に換算して、もし一個二百円とすれば二個で四百円で、大体一ポンドになりますから、一ポンドが半端でもなく、丁度いいところじゃないか、やりすぎても少なすぎてもいけないが、少なすぎて嫌な顔されるよりも、と思って一ポンド渡したんです。そうしたらば文字通り欣喜雀躍しましたね。何度も礼を言った挙句どこかから濡れタオルを持って来て、私どもの座席の窓ガラスを表と裏から丁寧に拭いてくれたのです。これはもう絶対にやりすぎたんだと後悔しました（笑）。チップをやりすぎて、相場を狂わせるという、日本人の海外での悪評を、僕自身も引受けてしまったようで、いささかやりきれないものですから、一体日本じゃいま料金はいくらなんだろうと思って、時刻表をひっくりかえしてみたのですが、どうも僕の見方が悪いんでしょうか、時刻表には赤帽の料金は出てないようですね。

**服部**　今いるんですか、赤帽は。

**速水**　東京駅に。

**小松**　それから新大阪にもいますね。

**速水**　私も一昨年ですか、ケンブリッジから人が来て、東京駅へ送りに行って、あんまり重いものですから赤帽を探して来て頼んで、それで運んでもらったのはいいんですけれど、さあいくら払っていいかわからないんですね、しょうがないから聞いたんです。そうしたら確か八百円ぐらい取られたと思うのです。
ところで最後になりますけれど、私たちは全くマニアとして時刻表に接しているわけですけれども、多少歴史とか、社会とかのかかわりのあるものとして、時刻表を通じて何か、時刻表の語る歴史といいますか、ありますでしょうか。

### ◆時刻表の表情

**小松**　イギリスには、時刻表を史料として使っている歴史家もいますが、日本では、時刻表を活用しているのは、歴史家よりも推理小説家のようですね。

**速水**　私は一つ日本の場合で、時刻表を繰ってて気が付くことは、ある地方は終列車が随分早く終りになる。例えば夜の十時ぐらいで終りになる。ところがある地方では十二時ぐらいまで走っています。つまりある地域は社会活動というものが割と早く終ってしまう。ところがある地方は遅くまであるというふうな事をそれが示しているのかなというふうに思う時があるんですね。早く終るところは名古屋を中心とする地域なんですね。これは割と早く終っちゃうんです。終電車も、終列車も、私鉄も国鉄も。たとえば三重県の県庁所在地のある津ですが、終列車が十時に出てしまいます。津の街も、大体八時には人通りが稀になってしまいます。これと逆に、遅くまで動いているのが九州なんですね。随分遅くまであって、十二時過ぎてもまだ出て行くやつがあったりする。

**小松**　それは今の話ですか。

**速水**　今の話です。これはその場所の何かを表わしているのかもしれないと思うのですが。

**服部**　大阪はどうですか。

**速水**　大阪も遅いんです。大阪から比較的遅いのは瀬戸内沿岸。それから東京周辺、それから北海道も意外に遅いんです。ところが東北は早いんです。何かそういう色分け、これ何故なんだろうなというふうに時々……。

**服部**　せっかく時刻表をいろいろ知っているんだから、そういう研究と結び付けなきゃ駄目ですよね（笑）。

**速水**　服部さんの工場の始業、終業時刻と関係あるんじゃないですか。

**服部**　いや、それは関係ないな（笑）。

**小松**　もう十年ぐらい前ですが、西ドイツで汽車に乗った時、その列車だけの各駅の発着時刻を印刷した紙をただでくれるんですね。とてもうれしかったけれども、今でもそうでしょうか。

**速水**　私もそういう経験があります。十五年ぐらい前だったと思いますけれど、パリからウィーンへ行く急行なんかに乗ると、その停車駅と時間を書いたのが座席の上に配られている。ところでアメリカの時刻表というのはご存じですか。

**服部**　僕は持ってないな。そんなものあるんですか、アメリカ全土のが。

**速水**　いや、アムトラックといって全国的な組織があるのです。アメリカの場合殆んど旅客列車は少なくなっていますけど、私が時刻表を好きだということを知っているアメリカ人が、この間日本へ来てハイおみやげといってくれたんですけど、まあ五十ページぐらいの薄いもんです。

アメリカの場合、いわゆる大陸横断鉄道といいますか、これと、それから東海岸と西海岸を南北に走っているのと、それだけしかないわけですね。ですから本当に一日に一本しか走らないものが沢山あるわけです。ところが鉄道の全盛時代にはやっぱりアメリカにも大変な時刻表があって、それはちょうど今の日本の電話帳くらいの大きさだったということなんですね。それがやせにやせて五十ページくらいのパンフレットになってしまった。

**服部** その電話帳みたいなのは復刻してないんですか。

**速水** それは分かりません。日本では恐らく鉄道というのは、赤字だ赤字だと言われますが、やっぱりずっと残っていって、時刻表があんなにやせることはないと思うのですけれど、どうなんでしょうか。

**服部** それは国土が狭いからですか。そうじゃないですか。

**速水** これは密度と関係があるのかなあ。

**服部** 狭いというより人口密度が、日本やヨーロッパは高いから鉄道が適している。

**速水** ある区間を大量に人が移動するには、やっぱり鉄道が一番いいんでしょうから。大体新幹線が、東京と大阪間を一時間に八本から十本ぐらい走っていますね、あんなに沢山の……。

**服部** どうしてそんなに人が移動しているんだろう（笑）。

**速水**　一列車十六輌ですか、千何百人の人を乗せられる汽車が、そんな間隔で走っているなんていうことは外国ではおよそ信じられないと思うんです。

**服部**　とても信じられないね（笑）。

**速水**　トーマス・クックのコンチネンタル・タイムテーブルがこの頃オーヴァーシーズ・タイムテーブルと変って、新幹線の時刻も全部出ているようになっています。世界中の列車を調べてわかるんですけれど、あれだけ列車密度の高い区間というのはないですね。日本人というのはどうしてこんなに動くのか（笑）。それでしかも国鉄は赤字だといって、そこらがどうもわからなくて。

**服部**　新幹線は黒字なんでしょう。みんなあれならいいけれど、一方じゃ東北のある線みたいに、たまに一人乗るなんてところもあるでしょうからね。

**速水**　私も自分で車もやるんですけれど、せいぜい国鉄に乗って。

**服部**　高木君を応援するか（笑）。

**速水**　これからも時々内田百閒先生にあやかって、「阿房列車」を運転したいと思っています。

★小松芳喬（こまつ・よしたか、早稲田大学名誉教授）
★服部謙太郎（はっとり・けんたろう、服部時計店社長）
＊肩書きは初出時

# 蒸気機関車９６００は死なず
## ——日本の経済発展を体現した〝老兵〟の生涯

### ◆追分機関区の三輛

明治五年、品川—横浜間の鉄道開通以来、一〇四年間に亘って鉄路を走り続けてきた蒸気機関車の営業運転は、昨昭和五十年十一月に、北海道室蘭本線における旅客列車の、十二月末に貨物列車の牽引をもってその幕を閉じた、と一般には受けとられている。たしかに、長編成の列車の先頭に立って曠野を疾駆したり、濛々たる煙を吹き上げながら急勾配に挑む姿は絶えたのである。

しかし、以上のことにはいくつかの留保が必要である。まず、日本で初めて〝蒸気車〟が走ったのは明治五年ではない。模型ではあるが、幕末開港の際の幕府への献上物として、アメリカのペリー提督、ロシヤのプチャーチンは、蒸気機関車を持参した。安政二年には佐賀藩で、プチャーチンのものを真似て、日本で最初の〝蒸気車〟が製作さえされた。直径一〇メートルほどの線路の上を煙を上げて〝蒸気車〟が走っている図がある。今日流にいえば、モデル・スチーム・ロコモーティヴがもう走っていたのだ。

だが、最も重要なことは、これから述べることである。それは、たしかに、列車を引っ張って駅から駅へと走る蒸気機関車は、さきに述べた日付でその運転を終ったのだが、その後も、今年の三月二日までは、室蘭本線の追分機関区に三輛の蒸気機関車が残り、構内の入換作業に活躍していたという事実である。このことが何故ことさら重要だといえるのだろうか。

北海道室蘭本線の追分駅は、夕張炭鉱と本線を結ぶ夕張線の接続駅で、〝石炭〟とは最も縁の深い駅であるから、その機関区に最後の仕業用蒸気機関車が残ったことは、当然と云えなくもない。だが、その三輛が、他ならぬ九六〇〇型機関車であるということを聞いたとき、私は少なからぬ感銘を覚えた。

**◆動輪四個のテンダ型**

蒸気機関車は、形状によってまず二種類に分れる。石炭と水のみを積んだ炭水車をうしろに引っ張っているテンダ機関車と、炭水車を持たず、ボイラーの両脇とか、運転室の後部にそれを積む場所を持つタンク機関車である。それぞれ、目的、用途において特徴を持っているが、概して云えば、テンダ型は、大型で長距離の、タンク型は、小型で短距離の運転に向いている。幹線を走り、多数の旅行客、多量の貨物を輸送するのは何と云ってもテンダ型である。

昭和三年、国鉄は、機関車について新しい型式別称号法を制定し、これ以降新製の機関車には勿論、一部は既製の機関車にも適用(従って改称)した。蒸気機関車(には限らないが)には、エネルギーを伝達する車輪——動輪と重量を支えている従輪の二種類がある。動輪の前部に位置する従輪を前(従)輪、後部のものを後(従)輪ともいう。そして、名称を附けるに際して、まず、動輪の数によって、二箇のものをB、三箇のものをC、四箇のものをD、五箇のものをE、以下F、……と呼んでいる。電気機関車にはこれらのアルファベット記号の前にE、ディーゼル機関車にはD、を附し、現在でも続いている。

そして、蒸気機関車の場合、一つのアルファベット記号の次に、タンク型には10~49、テンダ型には50~99を充てた。デゴイチの名で親しまれたD51型は、動輪四箇を持つテンダ型機関車であるということはお判りいただけるだろう。

さて、動輪の数、大きさ(直径)は機関車の性能に大いに関係する。動輪数の多いほど強力になるし、動輪直径の大きいほど速力が早い。だから、これも概してだが、日本のテンダ型機関車は、旅客用は動輪数三箇で直径は大きく、貨物用は四箇で直径は小さい。日本の場合、ゲージ(軌間距離)は、一、〇六七ミリメートルという狭軌を採ったため(新幹線は、これを一、四三五ミリメートルの標準軌に布き直したわけである)、機関車の大きさにはきつい制約が加わった。そのため旅客用機関車の最大の動輪直径は一、七五〇ミリメートル、箇数三箇というのが大正八年以来固定化してしまった。貨物用は同じく一、四〇〇ミリメートル、四箇である。技術陣は、このワクの内で、いかにすぐれた能力を持つものを造るか、という選択を迫られたのである。

ところが、ここで筆者がとりあげようとする九六〇〇型機関車は、動輪四箇のテンダ型であるが、CとかDとか、50とか51とかのような称号が附いていない。これは、この機関車の名称が、明治四十二年、鉄道国有化（それまで私鉄であった各地幹線の国有化で、鉄道国有化法により三十九年～四十年に殆んど国に買収され、〝国鉄〟が実際に誕生した）の直後に制定の旧称号によるものだからである（さらにそれ以前の称法があるわけだがここでは省略する）。この旧称号の附け方は、タンク機関車を一～四九九九、テンダ機関車を五〇〇〇～九九九九とし、テンダ型の場合、動輪二箇のものには五千番台と六千番台、三箇のものに七千番台と八千番台、四箇以上のものに九千番台を充てた。

この称式が制定された明治四十二年以降、日本の工業化が本格的に進行する。とくに第一次世界大戦（大正三年～七年）を機に、重化学工業、機械・造船工業の発展、都市化とそれに伴う人々の移動・大量通勤の時代がやって来た。蒸気機関車に対する需要にも大きな変化が生じた。従来より大型で強力な機関車を大量に必要とするようになったのである。

明治四十二年制定の称号は、こういった事態を予測していなかったので、たちまちパンクしてしまい僅々二十年間で新しい方法に途を譲らねばならなかった。だが、問題の九六〇〇型は、その間に誕生し、そして製作は、昭和三年以前に終了していたので、そのまま用い続けられたのである。

## ◆国産技術の勝利

九六〇〇型蒸気機関車——略称はキュウロクであって、断じてクンロクなどと呼ぶべきではない——は、名称からも判るように、大正生れの古い機関車である。一号機の誕生は大正二年、以下十五年まで十三年間に七七〇輌が製作されていた（この他樺太庁管轄だった同地の鉄道用に一四輌、私鉄に類似機数輌が作られた）。国鉄用の内、約三分の二に当る五〇九輌が大正七年から十一年に至る五年間に集中して作られている。普通、日本経済史では、大正のこのあたりを工業化の一つのエポックとみているのであるが、九六〇〇型はまさに、その真只中に生れ、活躍し、工業化の先頭に立ち、同時にその担い手となったといっていいだろう。その機関車が、蒸気機関車の廃止と、電化またはディーゼル化の嵐の内で、他の、もっと新しい型式の機関車よりもおそくまで——僅か数カ月とはいえ——生きながらえ、実際の業務につき、日本の蒸気機関車史の幕を閉じるという歴史的役割を演ずることになったのは、まさに〝歴史〟の然らしむるところなのかもしれない。

九六〇〇型登場の歴史的意味とは何か。それは、一口に云えば、純然たる国産の技術で設計・生産され、成功した日本で最初の大型機関車だという点である。ここで、蒸気機関車の国産について一瞥を加えておこう。明治前半、蒸気機関車は、すべて輸入であった。日本には未だそれを国産するだけの技術・能力がなかったのである。しかし、明治二十六年には、英国人トレビシックの指導下に、最初のタンク型国産機関車が官営鉄道神戸工場で完成、日清戦争直後の明治二十八年には、テンダ型機関車の製作も行われている（北海道大学鉄道記念館所蔵の七一五〇型はその一例である）。そして、日露戦争に際しての軍事輸送の急激な増大に見合うべく、イギリス、ドイツ、アメリカに発注された、二一二〇型、二四〇〇型、二五〇〇型タンク機関車は、日本で初めての同一型式による大量の機関車の保備となったが（それぞれ、二六八輛・七五輛・一六八輛）、その内で、一〇輛は国産であった。

このように、蒸気機関車の国産の歴史は何も九六〇〇型に始まるわけではない。だが明治四十四年以前についていえば、一型式一輛かせいぜい数輛という試作的なものであったり、模倣的なものであったり、それも小型のタンク機関車が殆んどであった。

こういう点を考慮すると、明治四十四年から汽車会社および川崎造船所で製造が開始され、二年間で四六輛を産んだ六七〇〇型の誕生は重要な前史をなすと云っていいだろう。これをおし進めた当時の鉄道院総裁は誰あろう後藤新平であった。この機関車は、ナンバーからも分かるように動輪二軸の比較的短距離旅客向きのものであった。しかも、ちょうどその頃、世界の蒸気機関車史において、一大革新とでもいうべき過熱式の出現があり、それを具備した長距離用大型機関車の常備という事態に直面して、六七〇〇型は歴史の表街道に登場せず、華やかな活躍はなかった。過熱式というのは、蒸気をおこすボイラーの水管を二重にして、二〇〇℃ぐらいになった飽和蒸気を三三〇℃ぐらいに過熱し、牽引力を大きくする方式である。日本には、明治四十四年ドイツより輸入した八八〇〇・八八五〇型、アメリカより輸入の八九〇〇型が事実上最初の到来であった。これに輸入当初は在来の飽和式であった八七〇〇型（イギリス製）を加え、これら四型式約一〇〇輌の大型旅客用蒸気機関車が東海道線・山陽線の主役となって明治四十五年六月から開始された特急列車等の運転を可能としたほどである。動輪直径はいずれも一、六〇〇ミリメートルで時速約九〇キロという当時としては驚くべき能力を発揮しえた。そして、やはりここでも、いち早く、八八五〇型は大正二年、一二輌が川崎造船所で模造《コピー》されている。

こういった〝前史〟を経て、九六〇〇型は誕生した。六七〇〇型で〝日本型〟とでもいうべき独自のスタイルを創始し、さらに過熱式の新技術を組み合わせ、純国産技術の結晶とでもいうべき九六〇〇型一号機は大正二年川崎造船所で呱々《ここ》の声をあげる。そして後に述べるこのタイプの機関車への大量需要が生じ、七七〇輌もの国産が実現するのである。その内、九〇％弱の六八六輌は川崎造船所製である。残りは汽車会社および国鉄自製であった。そして、製造当初は、特定区間に専ら用いられていたものが、この機関車の持つ優秀性によって全国の主要幹線の貨物用および勾配区間の旅客・貨物用として広く用いられるようになった。そして大正末年には、それ以前の雑多な欧米よりの輸入機関車を主要幹線から全部駆逐してしまう。つまり国産技術が勝利をおさめたのである。非欧米地域において最初に。つまり、向う側からみれば「西欧の没落」の一コマだったのだ。

七七〇輌もの機関車を一型式で製作したことはそれまでの日本では全くなかったし、これ以降

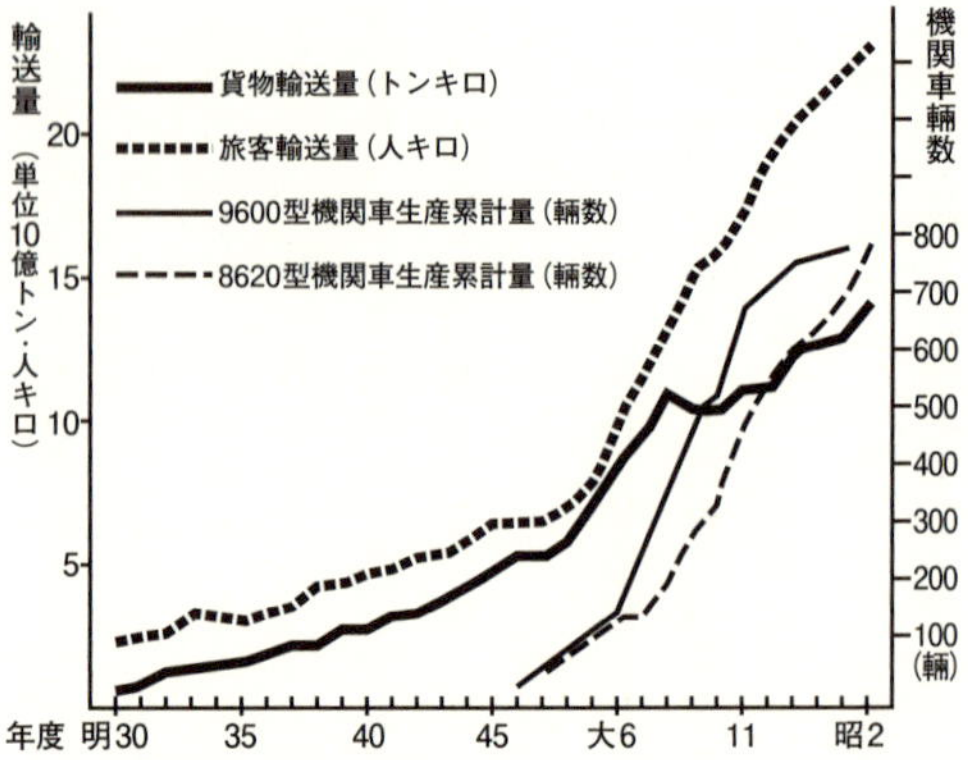

〈図〉国鉄輸送量と 9600，8620 型機関車輛数との関係

もおなじみのD51型が一一〇〇輛余造られたのみで、輛数の上で第二位にランクされる。ちなみに第三位は八六二〇型で、これは九六〇〇型とコンビをなす旅客列車用機関車の六七二輛である。このような事態の出現によって、機関車に与えていた従来の称式はたちまち破産してしまう。九六〇〇番がこの型式の一号機であるが、百号機の九六九九まで行ったあとその次のをどうするか。国鉄はこれを九七〇〇とはしないで、一九六〇〇とした。そして一九六九九の次は二九六〇〇。だから、七七〇輛目は七九六六九である。これでも分類番号として通用しなくはないけれども、結局このやり方では駄目だということになり、昭和に入ってからは前記のような命名法に変更になったわけである。

さて、この機関車の登場はまことにグッドタイミングなものであった。大正三年、欧州で戦乱が始まり、日本はその間に競合相手なく工業化を思い切り進め、アジア地域において経済力を伸ばすチャンスを摑んだわけでもあった。当然貨物輸送量は飛躍的に増大し、とくに、石炭や鉱石、木材のような重量貨物の大量輸送が必要となった。九六〇〇型はそれを待っていたかのように大活躍することになる。この時期の最大の輸送量を占めたのは何といっても石炭であったが、九六〇〇型の引く炭鉱列車は一列車二〇〇〇トンにさえ達している。前ページ図をみていただければ直ちに分かるように、この時期の旅客・貨物輸送量の増大が、九六〇〇型、八六二〇型の製造累計とみごとに相関しているのである。大正四、五年に始まる日本の本格的な工業化を、文字通り引っ張ったのは、これらの国産蒸気機関車だったのだ。

さらに、もう一つ忘れてならないことがある。当時の世界において、このように一国の経済を担うような大型の蒸気機関車を自国内の技術で完備しえた国はいくつあっただろうか。イギリス、フランス、ドイツ、アメリカ、それ位である。試作や、補助的な機関車の製作（日本で云えば明治後期に相当するような）は他にもいくつかの国で行われていたが、日本は大正初年に、大型蒸気機関車の純国産化というレベルにおいては先進工業国にともかく追随したのである。

勿論こういった生産技術の進歩は、直ちに国民の消費生活水準の向上を意味するものではないし、生産技術を何に用いるかという根本的な問題がある。われわれはそれを無視して、技術の進歩をただ謳歌することに満足を見出すべきではないだろう。だが、一方でそのような技術水準への到達という事実は事実として認めなくてはならない。そういった意味で九六〇〇型機関車の成功に歴史的意義を見出すことはそんなに困難ではない筈である。ところが、日本の近代経済史、資本主義発達史を取り扱った著作で、この九六〇〇型の誕生の意味について言及しているものは殆んどない。輸送ということ自体が見落されているといっても過言ではない。過日、この九六〇〇型の誕生はＴＶドラマにさえなったが、歴史家はそれを見落していたというべきであろう。

## ◆中国大陸を今も走る？

さて、それではこの九六〇〇型というのはいったいどういう機関車だったのだろう。味もそっけもない云い方をするなら、全長一六・六メートル、機関車重量約六〇トン、最初の頃の炭水車は二・五トンの石炭と九・一トンの水を、後にはそれぞれ六トンと一三トンを積み、三五トン、合わせて九五トン、動輪直径一、二五〇ミリ、罐圧力一三kg／cm²……となる。写真にみる如く、そのスタイルはどうみてもスマートとは云い兼ねる。鈍重というか何というか短い脚廻り、その上に乗っかった太いズングリ胴は、走る貴婦人というC57型などと比較するといかにも野暮ったい。スタイルに美的考慮はまず払われなかったと云ってもいいのかも知れない。むしろ登場の最初には、罐の位置の高さに不安を感じる向きも多かったらしい。しかし、それはそれで、別に機能とは関係ないことなのである。逆に、私は、これは個人的な好みの問題だけれども、九六〇〇型のスタイルは、他の機関車にはない一種の力量感を感じるし、個性的で素晴らしいとさえ思う。貨物を主として引っ張ったり日本に多い勾配区間に挑む機関車はむしろこうでなくてはならぬのだ。

一、二五〇ミリという動輪直径は、これ以降生産された蒸気機関車中、最も小さいものである。四一一〇型、およびE10型という、急勾配専用の機関車が同じ一、二五〇ミリの動輪を持ったにすぎない。このような小さい動輪直径は、走行中であれ、停止中であれ、見た眼にはたしかに華やかさを与えない。何と云っても、一、七五〇ミリの大動輪を持つC59やC62の走行姿は華麗である。だが、私が考えるに、九六〇〇型が、僅か三輛そして数カ月長いだけであれ、最後まで生き永らえた原因はどうもこの短い脚にあるような気がしてならない。動輪直径が短いことは、自動車でいえばロウギアで走ることを意味する。つまりこの機関車にはトップギアがついていない――これをトップレスと呼んでいいのかどうか分からないが――のである。専らロウギアで走るこの機関車が、前進・停止・逆進の繰返しであるヤードでの入換作業用として六十歳に達してなお、ひとり健在に働きつづけた理由はそこにあるのではないか。勿論この機関車は入換用に作られたわけではなかったとしても、老後の仕事としては打ってつけだったのだろうし、この機関車を取り扱った機関士の人々は、九六〇〇が他機種にくらべて運転がしやすく、手頃な大きさで自分の意思が伝わりやすい性質を持ったものだったことを筆者に語ってくれた。「雪に強い機関車です」という言葉も象徴的である。

追分機関区で最後の活躍をする9600型

もう一つ、九六〇〇型には、それこそ絶対見落すべきではない意味がある。国産蒸気機関車の系譜を考えると、九六〇〇型は、旅客用の八六二〇型とともに、大正二年以降の日本の蒸気機関車の歴史において、まさに〝原点〟ともいうべき位置にあった。翌大正三年旅客用として誕生した八六二〇型は大量に生産され、他機種をたちまちの内に幹線から駆逐してしまった。

そして、大正八年には、旅客用として八六二〇型を一廻り大きくした一八九〇〇型が誕生（何と苦しい命名であることか——後にC51型と全部改称）、貨物用としては、九六〇〇型をさらに強力化した九九〇〇型（ああもうこれ以上は番号がない！——後にD50型と改称）が大正十二年に生れた。

そして、九六〇〇型の出現した大正二年以降、日本が国鉄で用いるべく輸入した蒸気機関車は、特別な目的を持った八二〇〇型（この称号もたまたま空き番だったのでそこへ押し込んだのだろう——後にC52型となる）三シリンダ機関車七輛を例外として全くなくなり、逆に日本は機関車の輸出国に転ずるのである。

もっとも、九六〇〇型に関する限り、輸出は完全な商業ベースで行われたものはなかった。昭和十二年、日中戦争の開始直後から、軍によって中国大陸への供出が要求され、標準軌に改装されて約二五〇輛もの九六〇〇型が海を渡った。また、カラフトでは昭和三年から十六年にかけて一四輛の寒地向け特別仕様の九六〇〇型が用いられていたが、戦争中内地から六輛の九六〇〇型が応援に向けられている。だから合計二七〇輛は中国大陸、カラフトに残されることになるのである。これらの機関車が、その後どのような運命をたどったのか、現地で廃車されたのか、未だ活躍中であるのか、ぜひとも知りたいところである。中国大陸を長い列車を牽いて九六〇〇型は走り続けているのだろうか？

## ◆六十年の風雪に耐えて

およそ、蒸気機関車ぐらい惜しまれて退場する工業生産物はないのではないか。それに代る電気機関車やディーゼル機関車、または電車やディーゼルカーに比べて、蒸気機関車は明らかに魅力を持つものだからである。それでは蒸気機関車には害はなかったのかと云えば決してそうではなかった。轟音、まき散らされる火の粉は沿線の住民にとっては時としては公害であったに違いない。旅客にとっても煤や煙は悩みの種でもあった（同時に今となってはあのにおいは懐かしいものだが）。乗務員にとっても、あの震動と騒音、暑さと寒さが同居する吹きさらしの運転室《キャブ》で運転に神経を集中させたり、投炭作業をしたりすることは、新しいタイプの動力車に比べて肉体的に苦難の多いものであったに違いない。事実、排煙による死亡事故さえ起っているのである。それにも拘らずこれほど惜しまれているのだということを強調したい。

石炭の持つ熱エネルギーの一〇％かそこらしか動力エネルギーにかえられなかった蒸気機関車が、新しい技術革新の前に淘汰されてしまうことは、合理化の前には技術的に当然の成行きである。この次、もし人類が再び石炭を動力源として用うる機関車を作らなければならない事態に直面したとしても、おそらくもっと効率のいい、形状も異ったタイプのものが出現するに違いない。

そういう意味で、とにかくあの蒸気機関車の時代はもう終ったのだ。

最後に残った三輌の九六〇〇型は、一輌でもいいから何とかそのままそっとどこかに残しておきたいような気がする。六十年間の風雪の中で、文字通りモクモクと働き、一八〇万キロという、地球と月の間を三往復もできるくらい長い距離を走り続けて来た彼らに報いるためには、解体などというムゴいことをせずに、静かに時間の流れのスウィッチを切ってやることだけで十分なのである。由来歴史に残るものとは、その真の価値の故にであって、赤字であろうが何だろうが、残すべきものは残すという態度こそ、文化遺産を残し歴史を造る主体のとるべき態度なのである。

# 通いつめて五年半——私の新幹線物語

私が三十六年に及ぶ前任校での勤めを終え、国際日本文化研究センター（在京都）に赴任したのは平成と年号の変わった年の十月だった。それから五年余が経ったとは信じられない。全く「少年老いやすく学なり難し」である。その間、仕事の面での蓄積は出来たが、外にむけての発表は十分出来ず、悔いを残して専任（注——兼任としては、その後もう五年いた）の位置を去らねばならないのは、自分の怠惰のせいとしかいいようがない。今の日本で、これ以上ない研究環境を与えられ、ティーチングからも殆んど解放され、この点で日文研に文句をいったら我儘の極みである。

だが、失敗もいくつかあった。最大の失敗は、京都に移るとき、東京を完全に引き払わなかったことである。当時、まさにバブル景気の真っ最中で、東京の地価はうなぎ登りに上り、ここで手放したらもう東京へは戻れない、という気持ちが働いて、東京の家屋敷を処分しなかった。それに私は、東京生れの東京育ちで、海外留学期間はあったが、六十年近く東京に住んだことになる。私の日文研での専任勤務は、五年半と分かっていたから、その先のことを考えると、なおさら東京の土地にしがみつく道を選んでしまった。

その結果、京都は、仕事の上では本拠だが、実生活の上では、どうしても仮住いの感を払拭しないまま、今日に至ってしまった。年に何回か例外はあるけれども、週末は東京の家で過ごすという生活パターンが続くことになる。いいように考えれば、「二都物語」だが、二重生活、単身赴任というマイナスイメージの表現の方が実態にあっている。もっとも、ひとり暮しはそれほど苦ではなく、アメリカのプリンストンに滞在中も、半年間一度も掃除をしなかったとはいえ、無事家主の検分を済ませて生還した。

そこで出て来た問題が、京都—東京間の往復である。ところがうまく出来たもので、新幹線がもろに役だった。京都—東京間を二時間台で結んでくれる新幹線なかりせば、こういった生活形態は成り立たなかったであろう。それに、もともと乗り物は好きな方で、子供の頃は一日中往来する列車や電車を柵にもたれて見ていたほどだし、いい年をして、阿房列車を運転することもある。もっとも、そういった趣味の世界の基準からすれば、新幹線は画一的で、とても一日見ていようという気は起こらないが、世の便利のためにはこれ以上のものはない。

というわけで、この五年間、ほとんど毎週、時には週二回は京都—東京間を往復するはめとなった。毎週末東京へ行くのは、本当はもう一つの理由があるのだが、東京の家に備えた装置でモーツァルトを楽しみたいから、ということに一応して置く。初めのうちは車を飛ばしたこともあったが、歳とともに疲れが出るのと、その楽しみ方を知ったので、この頃は専ら新幹線である。ともかく五年間で二百五十往復、五百回は乗ったから、ＪＲ東海から感謝状が来てもいいのに、東海からは何も来ず、余り乗らない東北・上越新幹線を運転しているＪＲ東日本からＰＲ誌を送ってくるのはなぜだろう。

というわけで、毎週お世話になっている新幹線だが、欠点がないわけではない。騒音問題は沿線住民にとっていかに耐え難いものであるかは、阪急沿線の官舎に住んでよく分かった。「のぞみ」が運転し始めた頃、故障が続いたのでマスコミに散々書き立てられた。確かに初期故障は多かったかもしれないし、いまだに続いているが、ともかく発足以来鉄道側の責任で起こった死亡事故は一件もなく、発着時刻の正確性においては、世界でもトップに来るのではなかろうか。誰だったかタレントの人が、新幹線は遅れてばかりいるので、専ら飛行機を使っています、と言っていたが、とんでもない話で、飛行機はちょっと天候が悪ければ飛ばず、ストで飛ばず、新幹線の方がはるかに予定時刻に忠実である。私が五百回乗ったうち、台風で二時間以上遅れたのが二回、故障で遅れたのが一回で、あと数分の遅れが数回あっただけで、残り九九パーセントは時刻通りだった。

問題はむしろ座席の快適性にある。フランスのＴＧＶはよく新幹線と比較される高速鉄道である。スピードは、新線建設区間では、新幹線より早く、時速三〇〇キロ近くで飛ばすところもある。ただし全線通してということになると、「のぞみ」の方が早い。けれどもＴＧＶに文句なく軍配を上げたいのは、乗り心地である。TGVは先頭に電気機関車が付いているような形の編成になっているので、乗客の乗る車両は静かで、サスペンションも効いている。何よりも座席が二等でも二列+二列、一等が一列+二列とゆったりしている。新幹線の二列+三列という配置は、どうみても乗客の詰め込み優先で、隣の人に体がぶつかったり、席を立つときひどく不便である。これも人口密度の高さのコストなのだろうか。「のぞみ」になって改良されるかと思ったら、料金は高いのに、座席配置はそのままで、がっかりした。

ただし、こと普通車の座席配置については例外がいくつかある。「こだま」の指定席は二列+二列でゆったりしているし、たまたま臨時の「ひかり」に「こだま」型の編成が使われているのに当たると、場合によっては二列+二列に乗り合わせることになる。ちょうど飛行機で、エコノミーが満席のためビジネスに成り上がるようなものである。また、本数は少ないが、博多もしくは広島と東京を結ぶいくつかの「ひかり」の二階建て車両の一階部分が二列+二列なのも知った。運転の時間帯が私には不便なのと、禁煙車はわずか一両、三十二席分しかないので、めったにありつけないが、座席はゆったりしている。ただし、新幹線の二階建て車両の一階部分は、随分低位置にあるので、防音壁だのケーブルだのが目の前に来ることが多く、駅では目線が大体フォームの位置なので、人の靴だの脚だののばかりみることになるから、窓外の景色を楽しむわけには行かない。いっそのこと窓を無くしてくれた方がいいくらいである。

食堂車にもメニューの選択の狭いことで文句を言いたくなるのだが、今度の時刻改正で大方消えてしまった。日本では食事を食堂車で、という習慣は定着しなかったのだろうか。たしかに、二時間や三時間の距離で、一時間食事のために食堂車を使うのはもったいなくもある。しかし、弁当に食べ飽きた昔からの食堂車ファンにとっては残念の極みである。

もう一つ新幹線で感心するのは、乗客がゴミ類を自分でデッキやフォームのゴミ箱に捨てていることである。これは強制でも何でもない。どこにもゴミはゴミ箱へ、と書いてあるわけでもないのである。自然に出て来たものなのだろうが、こういうマナーこそ、社会道徳の基層であって、大事に続けてゆきたいものである。

新幹線で何をしているか、とよく聞かれる。週に五時間、月に二十時間以上となると、馬鹿にならない時間である。最初は学術書を読んだ、いや読もうとした、というべきであろう。けれどこれはすぐ駄目なことが分かった。やはり学術書を読むには、少なくとも私にとって、それなりの状況が必要なのである。ついで探偵小説、とくにスパイものになったが、冷戦解決とともに、好きな作家の書くタネがなくなってかこれも駄目。つぎに専ら寝ることにしたが、いつか寝過ぎたと思って飛び起きて降りたら名古屋だったという珍事以来これも止めて、この頃はディスクマンで音楽を聴きながらワープロを打ったり、文章を直したり、校正をしたりしている。電話は掛かってこず、隣に美人がいない限り、落ち着いて仕事ができる。実はこの文章も新幹線の中で打っている。新幹線こそ絶好の書斎なのである。

最後に料金。確かに新幹線は便利だが、結構高い。飛行機の方が安くて早いから、長距離の客はほとんど持ってゆかれてしまった。今一番速い「のぞみ」で東京―博多間は、五時間四分、二万三千円である。飛行機は一時間四十五分で、二万五千三百五十円なので、単純に計算すると、三時間十九分を二千二百五十円で買うことになり、これでは太刀打ちできない。もっとも、飛行機の方は、飛行場までのアクセスがあるから、若干高くなるけれども。だから東京―大阪間は競争可能であり、この間の客は特別の場合を除いて新幹線を選ぶだろう。その点、京都は幸か不幸か、飛行場へのアクセスが不便で、東京へ行くのに、飛行機で、という人はほとんどいないだろう。その意味では、他に選択の余地のない、上客として遇されるべきである。

ところが、満六十五歳の誕生日を越すと、つまり、四捨五入すると七十歳になるに及んで、余得があった。高齢者にはＪＲの割引（ジパング）が適用されるのである。初めは切符にマル老印でも押されるのでは、と警戒したが、背に腹は換えられず、それなりの手続きをして恐る恐る切符を買った。なぜか初め三回は二〇パーセント、あとは三〇パーセント引きである。ただし、切符には「ジ割３０」とあって、あまりいい気持ちはしない。ジイさんは三〇パーセント引き、とも読めるからで、女性だったら「バ割３０」となるのだろうか。しかもこの割引制度は、「のぞみ」の特急券には効かない。高齢者は「のぞみ」のスピードで目を回されては困る、というためだろうか。あの振動にシビれている高齢の上客のいることを知って、「ジ割３０」の印については文句を言わないから、適用するように「のぞみ」たい。

# 『坂の上の雲』の謎

## その一　山下大佐は佐世保まで何時間で着いたのか

司馬遼太郎著『坂の上の雲』は、戦後日本の文学で、一番多くの人々に読まれ、影響を与えた著作に違いない。「司馬史観」という言葉も生まれたし、専門の歴史家が描いてきた明治日本を、日の当る場所に引き出し、連載当時の高度成長、経済ブームの波と重なり、日本人に希望と自信を与えた。この事にはもちろん問題もあるし、実際の歴史研究者からすれば、明治日本はそんなに明るかったのか、という反論が起こるのも当然である。

しかし、筆者は、歴史文学者としての司馬さんの著作は、他の追随を許さない作品だと思っている。『坂の上の雲』とともに、『竜馬がゆく』、『菜の花の沖』、『空海の風景』など、文学でありながら、歴史資料を土台とし、登場する人物にそれぞれの役を与え、一つの構想のもとに、全員が独唱したり合唱したり、オペラを観ているような気になる。誰が読んでも文意明瞭で、その点でもベストセラーになる資格を十分備えているだろう。

というわけで、筆者は司馬文学のファンなのだが、立場の違いは如何ともし難い。司馬さんは歴史文学者であって、歴史研究者ではない。といって司馬さんが歴史を研究しなかったわけでは全くない。それどころか、普通の歴史研究者以上に文献に取り組み、その検討の上に立って筋書きを考え、史実の諸場面での登場人物がおこなったに違いない発言や行動を描いている。

司馬さんが新しく著作に取りかかると、東京でどっさり関連する古書を買うので、値段がつりあがってしまう、といわれたものである。意味は異なるが、洛陽の紙価を高めるわけで、ことの真偽はともかく、そういう噂が立つほど司馬さんは文献を読み、そのプロセスは歴史研究と変らなかった。だから、司馬文学の大筋は、実際あった事柄が骨組みとなっている。異なるのは、個別的な、検証不可能な事柄が多く書かれていることで、実際の誰かの言葉がそうだったかどうかは分からないし、発言したかどうかも分からない。しかし、これは文学だから許されるし、登場人物が沈黙しているのでは文学にならない。

ある意味で、これは筆者など歴史研究者から見れば羨ましい限りであ

## 実証！ 山下大佐は佐世保まで何時間で着いたのか

| 驛名 | 神戸行 | 神戸行 |
| --- | --- | --- |
| 新橋發 | 六、〇五 | 一〇、〇〇 |
| 品川發 | 六、一五 | 一〇、〇九 |
| ×大森發 | ｜ | ｜ |
| ×川崎發 | ｜ | ｜ |
| ×鶴見發 | ｜ | ｜ |
| 神奈川發 | ｜ | 一〇、四〇 |
| ×※平沼發 | 六、五一 | 一〇、四五 |
| 横濱着 | ｜ | ｜ |
| ※横濱發 | ｜ | ｜ |
| ×保土ヶ谷發 | ｜ | 一〇、五〇 |
| ×戸塚發 | ｜ | 一一、〇七 |
| ※大船着 | 七、一七 | 一一、一八 |
| ×大船發 | 七、一九 | 一一、二〇 |
| ※×藤澤發 | ｜ | 一一、三一 |
| ×茅ヶ崎發 | ｜ | 一一、四三 |
| ×平塚發 | ｜ | 一一、五三 |
| ※×大磯發 | ｜ | 一二、〇一 |
| 二ノ宮發 | ｜ | ｜ |
| ×國府津着 | 八、〇二 | 一二、一八 |
| ※國府津發 | 八、〇四 | 一二、三一 |
| ×松田發 | ｜ | 一二、四〇 |
| ×山北發 | 八、三六 | 一二、五八 |
| ×小山發 | ｜ | 一、三〇 |
| ※×御殿場發 | 九、二二 | 一、五一 |
| ×佐野發 | ｜ | ｜ |
| ※三島着 | ｜ | ｜ |

る。歴史研究者は、やはり些細な事柄でも、史料によって裏付けられなければ推定でしかない。文学者は、裏付けがなくても、状況を描写することで作品が出来上がる。

もう一つ付け加えると、司馬文学では、徹底的に歴史に登場する「個人」が主役で、その個人は、実在し、われわれが知っている著名人である。もっともこの頃の歴史教育のおかげで、大村益次郎や河合継之助の名前を知る人は少なくなったかもしれないが。一方、筆者自身は、出来事の歴史を書いてこなかったため、個人名、とくに著名人の名前は自分の著作にほとんど出てこない。しかし、このことによって司馬文学を批判する気持ちは毛頭ない。

前置きが長くなってしまった。そういう司馬文学であるが、ある日『坂の上の雲』を読んでいた家人から次のような質問を受けた。日露開戦時、東京から佐世保まで列車で何時間くらいかかったのか、という問いである。筆者は、以前にも書いたけれども、鉄道ファンで、蒸気機関車がなくなってからは専ら昔の列車時刻表に凝っている。日本で初めての冊子体の時刻表は、明治二十七年から発行されるようになった「庚寅新誌社発行　滊車滊船旅行案内」で、第二号は複製が出ている。因みに、

| | | | |
|---|---|---|---|
| ※三島 | 發 | 後↓ | 前 — |
| ×沼津 | 着 | 一〇、〇九 | 二、四五 |
| ※沼津 | 發 | 一〇、一五 | 二、五五 |
| ×原 | 發 | — | — |
| ×鈴川 | 發 | — | 三、一八 |
| ×岩淵 | 發 | 一〇、四七 | 三、三五 |
| ×蒲原 | 發 | — | — |
| ※×興津 | 發 | — | — |
| ×江尻 | 發 | 一一、一六 | 四、一一 |
| 靜岡 | 着 | 一一、三一 | 四、二九 |
| ※靜岡 | 發 | 一一、四〇 | 四、四〇 |
| ×燒津 | 發 | — | 五、〇四 |
| ×藤枝 | 發 | — | 五、一七 |
| ×島田 | 發 | — | 五、三一 |
| ×金谷 | 發 | — | 五、四三 |
| ×堀之内 | 發 | 一二、四三 | 六、〇四 |
| 掛川 | 發 | 一二、五五 | 六、一八 |
| ×袋井 | 發 | — | 六、三三 |
| ×中泉 | 發 | — | 六、四七 |
| ×天龍川 | 發 | — | 七、〇〇 |
| 濱松 | 着 | 一、三三 | 七、〇七 |
| ※濱松 | 發 | 一、四五 | 七、一二 |
| ×舞阪 | 發 | — | 七、二八 |
| ×鷲津 | 發 | — | 七、四四 |
| ×二川 | 發 | — | 八、〇一 |
| ※豐橋 | 着 | 二、二九 | 八、一四 |
| 豐橋 | 發 | 前 二、三五 | 前 八、一六 |
| ×御油 | 發 | — | 八、三一 |
| ×蒲郡 | 發 | — | 八、四七 |
| ×岡崎 | 發 | 三、一八 | 九、一三 |
| ×安城 | 發 | — | 九、二八 |
| ×刈谷 | 發 | — | 九、四一 |
| ※大府 | 着 | — | 九、五一 |

この「旅行案内」を発行したのは手塚猛昌という慶應義塾卒業生で、福澤先生から慫慂され、その編集・発行をおこなった。それかあらぬか、第二号やそれ以降の号をみると、慶應義塾の広告、塾と関係の深い企業の広告が目立っている。縦組み・漢数字の時刻表は現在のものに比べれば使いにくいけれども、これによって人々はどの列車がどこに、何時に発着するかを知り、「時間」に関する観念を強く持つようになった、といえるだろう。明治三十九年に始まる鉄道国有化以前には、各鉄道会社の時刻表を集めるだけでも苦労があったに違いない。

というわけで、東京―佐世保間の所要時間を調べることになった。日露開戦時といえば明治三十七年二月である。あいにく二月の時刻表（「旅行案内」）は手許にはない。最も近い日付のものは、明治三十六年一月と三十九年四月である。

まず、三十六年一月の「旅行案内」をみると、まだ官有鉄道と山陽鉄道（この鉄道会社も慶應義塾と縁の深い中上川彦次郎が初代社長で、官有鉄道より早く、食堂車や寝台車のサービスを導入した）を直通して走る列車は馬場（現在の大津）以西に限られ、東京から行けば神戸で乗換え、関門トンネルはもちろんないから、下関と門司の間は連絡船に乗り、さら

| | | |
|---|---|---|
| ×大府發 | — | 前 九、五二 |
| ×大高發 | — | 一〇、〇五 |
| ※熱田發 | — | 一〇、二〇 |
| ※名古屋着 | 前 四、一七 | 一〇、二九 |
| ×名古屋發 | 四、三六 | 一〇、三七 |
| ×清洲發 | — | 一〇、五二 |
| ※一ノ宮發 | 四、四九 | 一一、〇八 |
| ×木曽川發 | 四、五八 | 一一、一九 |
| ※岐阜發 | 五、一一 | 一一、三五 |
| ※大垣着 | 五、三〇 | 一一、五七 |
| 大垣發 | [illegible] | 一二、〇五 |
| ×垂井發 | — | 一二、二〇 |
| ×関ケ原發 | — | 一二、三五 |
| 柏原發 | — | 一二、五一 |
| ×長岡發 | — | 一、〇一 |
| 醒ケ井發 | — | 一、一一 |
| ※米原着 | [illegible] | 一、二二 |
| ×米原發 | 前 [illegible] | 後 [illegible] |
| ※彦根着 | 六、五三 | [illegible] |
| 彦根發 | 前 六、五三 | 一、四九 |
| 河瀬發 | — | 一、五九 |
| 能登川發 | 七、一五 | 二、一三 |
| 八幡發 | 七、二八 | 二、二六 |
| ×野洲發 | — | 二、四三 |
| ※草津着 | 七、五[illegible] | 二、五[illegible] |
| 草津發 | 七、五六 | 二、五七 |
| ×馬場着 | 八、一一 | 三、一[illegible] |

に佐世保に行くには、門司から長崎行き（九州鉄道）に乗って早岐で乗換えと、四回乗り換えなければならなかった。

明治三十九年四月の「旅行案内」では、一日一本、東京・下関間の直通列車が走るようになったが、これは明治三十八年秋以降のことで、開戦時にはなかった。

なぜこんなことにこだわるかというと、『坂の上の雲』に次のような件りがある。それは明治三十七年二月四日、御前会議で午後六時に日本はロシアとの国交断絶を決定し、「封緘命令」―開戦の勅語と東郷連合艦隊司令長官宛の攻撃命令書の入った―をカバンに入れた海軍軍令部山下源太郎大佐（大正期に連合艦隊司令長官になっている）が列車に乗って佐世保に運んだ。司馬さんは、わざわざ山下大佐が「二月四日の夜、汽車で東京をたち（中略）、佐世保には翌五日の午後六時三十分についた」と記されている。そして「この当時、汽車はおそい」との断り書まで添えている。三十七年二月の時刻表がないので、上記の二冊から類推するしかないのだが、東京（実際には新橋）を夜出て、神戸または下関へ行く列車は、三十六年だと午後六時〇五分発神戸行き急行があり、これに乗ると、神戸着翌日午前十一時十九分、山陽鉄道の午後一時二十分発下

| | | |
|---|---|---|
| *馬場發 | 八、三五 | 三、二三 |
| *大谷發 | ― | 三、三五 |
| 山科發 | ― | 三、四九 |
| ×稲荷發 | ― | 四、〇三 |
| *京都着 | 九、一〇 | 四、〇九 |
| 京都發 | 九、二二 | 四、一七 |
| ×向日町發 | ― | ― |
| ×山崎發 | ― | ― |
| ×高槻發 | ― | 四、五三 |
| ×茨木發 | ― | 五、〇六 |
| ×吹田發 | ― | 五、一八 |
| *大坂着 | 一〇、二〇 | 五、三〇 |
| 大坂發 | 一〇、三〇 | 五、三七 |
| *×神崎發 | 一〇、四一 | 五、五〇 |
| 西ノ宮發 | ― | ― |
| 住吉發 | ― | ― |
| *三ノ宮發 | 一一、一四 | 六、二一 |
| ×神戸着 | 一一、一九 | 六、二六 |

| 驛名 | 下關行 急行 | 下關行 急行 |
|---|---|---|
| 神戸發 | ●發 一、二〇 | ●發 七、三五 |
| ×兵庫發 | 一、二七 | 七、四二 |
| 鷹取發 | ― | ― |
| *須磨發 | ― | 七、五二 |
| 鹽屋發 | ― | ― |
| ×垂水發 | ― | ― |
| *舞子發 | 一、五〇 | ― |
| *明石發 | 一、五八 | 八、一〇 |

関行き急行に接続し、下関着翌日（東京からすれば翌々日）の午前五時、連絡船が五時二十分に出て、門司着五時三十五分、六時の長崎行きに接続、早岐に十二時五十六分着、乗り換えて佐世保には午後一時五十三分着となっている。東京―佐世保間四十三時間四十八分を要している。

御前会議が終わってからだと、この列車に乗るのはかなり難しいから、午後十時の神戸行きに乗ったとする。これだと神戸着が翌日夜六時三十六分、山陽鉄道の午後七時三十五分発に接続し、下関着が翌日（東京からすれば翌々日）十一時八分、連絡船に乗り換え、門司発午後一時十分の長崎行きに間に合い、早岐乗換えで、佐世保着午後八時五十六分という列車になる。所要時間四十六時間五十六分である。司馬さんの文章に、「封緘命令」の日時は明治三十七年二月五日午後七時十五分で、参謀の秋山真之少佐が懐中時計を出すと、ちょうど七時十五分だった、という箇所がある。山下大佐が三笠艦上の東郷司令長官室に命令を届け、東郷が封を切った時間である。

列車の時刻になって恐縮だが、以上の時刻は、明治三十六年一月号の時刻表によっており、三十七年二月には山下大佐がもうちょっと早く着き、七時十五分に「封緘命令」が開封された可能性はある。

| | | |
|---|---|---|
| ×大久保發 | 二、一〇 | ― |
| 土山發 | 二、二〇 | 八、三〇 |
| ※加古川發 | 二、三一 | 八、四一 |
| 寶殿發 | ― | ― |
| 曾根發 | 二、四三 | ― |
| 御着發 | ― | ― |
| ×※姫路着 | 二、五六 | 九、〇四 |
| ×姫路發 | 後 三、〇六 | 後 九、一四 |
| ×網干發 | 三、二〇 | 九、二八 |
| ×龍野發 | 三、三〇 | 九、三八 |
| 那波發 | 三、三九 | ― |
| 有年發 | 三、五三 | ― |
| 上郡發 | 四、〇三 | 10、07 |
| ×三石發 | 四、二五 | 10、30 |
| 吉永發 | 四、三六 | ― |
| 和氣發 | 四、四五 | 10、48 |
| 萬富發 | 四、五九 | ― |
| ×瀨戸發 | 五、〇八 | ― |
| ×長船發 | 五、二一 | ― |
| ※×岡山着 | 五、三三 | 11、28 |
| ×岡山發 | 後 五、四三 | 後 11、40 |
| 庭瀬發 | 五、五四 | 11、51 |
| 倉敷發 | 六、〇八 | 12、06 |
| ※×玉島發 | 六、二三 | 12、24 |
| 金神發 | ― | ― |
| ×鴨方發 | 六、四一 | 12、42 |

明治三十九年になっても、東京発午後六時三十分の急行神戸行きは、神戸着翌日午前九時と若干早くなったが、下関行き直通列車は午後十時三十分で、下関着翌日（東京からすれば翌々日）午前六時、連絡船で九州に渡り、午前八時三十分の長崎行きに乗って早岐着午後二時四十分、佐世保には三時十一分着であり、所要時間は四十四時間四十一分とかえって長くなった。個々の区間の所要時間は僅かながら速くなったが、官有鉄道、山陽鉄道、九州鉄道の連絡が悪く、こういう結果になっている。

　こうなると、山下大佐は、二月四日の夜汽車（実際には御前会議の終了後なら、午後十時の列車に乗った可能性が高いが）で東京を出ても、司馬さんの言うように「翌五日の午後六時三十分」にはどうしても着かない。まさか、間に合わすべく特急列車を走らせることも出来なかった。鉄道技術が未熟で、機関車の能力、線路の状態等、東京―佐世保間を二十四時間以内で行くことはどうしても不可能なのである。つまり、山下大佐が、御前会議の結果を待ち、「封緘命令」を持って佐世保に行ったとすれば、到着は翌々日、二月六日の午後になる。

　問題がこれだけなら大したことではない。単純に、山下大佐は六日に

| | | |
|---|---|---|
| ※笠岡發 | 六、五五 | 一二、五六 |
| ※大門發 | ― | ― |
| ※福山發 | 七、一九 | 一、一九 |
| 松永發 | 七、三五 | ― |
| ※尾道發 | 七、五〇 | 一、四八 |
| ※糸崎着 | 八、〇三 | 二、〇〇 |
| ×糸崎發 | 八、一〇 | 二、〇七 |
| 三原發 | 八、一六 | ― |
| ×本郷發 | 八、三四 | 二、三〇 |
| 河内發 | 八、五六 | ― |
| 白市發 | ― | ― |
| 西條發 | 九、三一 | 三、二四 |
| 八本松發 | 九、四三 | 三、三六 |
| 瀬野發 | 一〇、〇五 | 三、五八 |
| 海田市發 | 一〇、一八 | ― |
| ※廣島着 | 一〇、二八 | 四、一九 |
| ×廣島發 | 後一〇、三七 | 前四、二七 |
| 横川發 | 一〇、四四 | ― |
| ※×己斐發 | 一〇、五三 | 四、四〇 |
| 五日市發 | ― | ― |
| 廿日市發 | 一一、〇九 | ― |
| ×※宮島發 | 一一、一九 | 五、〇五 |
| ×玖波發 | ― | 五、二〇 |
| 大竹發 | ― | ― |
| ※×岩國發 | 一一、五〇 | 五、三九 |
| 藤生發 | ― | ― |
| ×由宇發 | ― | ― |
| 神代發 | ― | ― |
| ×大畠發 | 一二、二五 | ― |
| ※柳井津着 | 一二、三六 | 六、三一 |
| 柳井津發 | 前一二、四二 | 前六、三三 |
| 田布施發 | ― | ― |
| 岩田發 | ― | ― |
| ×島田發 | ― | ― |
| 下松發 | 一、二四 | 七、一五 |

佐世保に着いたとすれば済む。ところが、『坂の上の雲』は、山下大佐が五日の夜佐世保に着くことによって、それから後の連合艦隊の出動の日程、ひいては仁川沖の海戦や旅順口攻撃の日程が決まってくる。司馬さんによると、山下大佐の「封緘命令」を開いた東郷司令長官は、六日午前一時に「各隊指揮官、艦長」を旗艦三笠に集め、連合艦隊命令第一号を下す。そして六日午前九時、艦隊主力は旅順口に向い出港し午後二時には仁川に上陸する陸軍兵士を乗せた輸送船と、行動を援護する巡洋艦が出港した。

一方、仁川にはロシアを含む各国の軍艦がいたが、七日深夜、日本の三等巡洋艦「千代田」は、戦雲の迫ったことを察し、ひそかに港外に脱出し、翌八日朝八時三十分、佐世保からやってきた日本の巡洋艦隊と遭遇し、再び仁川に引き返し、ともども錨をおろし、陸軍部隊の上陸を始める。そしてロシアの二艦に対しては、九日正午までに仁川から立ち去るように求め、その結果日露間の最初の軍事衝突である九日午前の仁川沖海戦が起こる。

もし、山下大佐が、先に示した時刻表通り六日に佐世保に着いていたら、艦隊の出港は一日遅れ、仁川沖海戦も一日遅くなったはずである。

| 驛名 | 長崎行 | 長崎行 |
|---|---|---|
| ×※徳山發 | 一、三九 | 七、三〇 |
| ×福川發 | ― | 七、四一 |
| 富海發 | ― | ― |
| ×三田尻着 | 二、一五 | 八、〇八 |
| ※三田尻發 | 二、二五 | 八、一八 |
| 大道發 | ― | 八、三〇 |
| ※小郡發 | 二、五三 | 八、四七 |
| 嘉川發 | ― | 八、五五 |
| 阿知須發 | ― | 九、〇四 |
| 船木發 | ― | 九、三〇 |
| 小野田發 | 三、四一 | 九、四六 |
| ×厚狭發 | 三、五二 | 九、五七 |
| 埴生發 | ― | 一〇、一四 |
| 小月發 | 四、一九 | 一〇、二五 |
| ※長府發 | 四、三三 | 一〇、三九 |
| 一ノ宮發 | ― | 一〇、五〇 |
| 幡生發 | ― | 一一、〇〇 |
| ×下關着 | 五、〇〇 | 一一、〇八 |
| 下關發 | 前 五、二〇 | 前 一一、三〇 |
| 門司着 | 五、三五 | 一一、四五 |
| 門司發 | 前 六、〇〇 | 後 一、一〇 |
| 大里發 | 六、一二 | 一、二二 |
| ※小倉着 | 六、二四 | 一、三四 |
| 小倉發 | 前 六、二八 | 後 一、三九 |
| 大藏發 | 六、四一 | 一、五二 |
| 黒崎發 | 六、五八 | 二、〇四 |
| ×折尾着 | 七、〇五 | 二、一四 |
| ※折尾發 | 七、一一 | 二、二二 |
| 遠賀發 | 七、二二 | 二、三一 |

しかし、どの戦史を読んでも、日露戦争の始まりである仁川沖の衝突は二月九日であるから、山下大佐はどうしても二月五日午後か夜には佐世保に着いていなければならなかった。というわけで、ことは重要な意味を持ってくる。一日の違いだけれども、謎の一日が生じてしまう―ただし空白の一日ではなく、一日の不足なのであるが―。山下大佐は自伝を残しているが、この件については何も触れていない。この矛盾をどう解けばいいのだろうか。

『坂の上の雲』は歴史書ではなく、歴史文学なのだから、そんなことはどうでもいいという向きもあるだろうが、そういうわけには行かない。司馬さんのような作家は、この種のことを事実の通りに書いているからこそ「歴史小説」が成立するのである。筆者の解釈は、山下大佐が、実際にはもう一日早く（つまり二月三日）に東京を出ており、御前会議の結果を列車のなかで受け取ったのではないか、という可能性を考えたい。この場合、上記の二つの列車の広島到着が、明治三十六年なら四日の午後十時二十八分、三十九年なら午後十時三十八分である。また、東京発午後十時の列車だと、広島は翌々日午前四時十九分となる。呉海軍軍港から広島までは遠くはなく、すでに呉線（呉―広島間）が開通しており、

| | | | |
|---|---|---|---|
| ※×赤間 | 發 | 七、五二 | 三、〇二 |
| ※×福間 | 發 | 八、一〇 | 三、二〇 |
| 古賀 | 發 | 八、一八 | 三、二八 |
| 香椎 | 發 | 八、三四 | 三、四四 |
| ×箱崎 | 發 | 八、四六 | 三、五六 |
| ※×博多 | 着 | 八、五二 | 四、〇二 |
| ※博多 | 發 | 九、〇〇 | 四、一〇 |
| 雑餉隈 | 發 | 九、一三 | 四、二二 |
| ※二日市 | 發 | 九、二七 | 四、三七 |
| 原田 | 發 | 九、三九 | 四、四九 |
| ×田代 | 發 | 九、五二 | 五、〇二 |
| ※鳥栖 | 着 | 九、五八 | 五、〇七 |
| ×鳥栖 | 發 | 一〇、〇五 | 五、一一 |
| ×中原 | 發 | 一〇、一八 | 五、二一 |
| 神埼 | 發 | 一〇、三一 | 五、三七 |
| ※×佐賀 | 發 | 一〇、五二 | 五、五七 |
| 久保田 | 發 | 一一、〇四 | 六、〇九 |
| 牛津 | 發 | 一一、一二 | 六、一七 |
| 山口 | 發 | 一一、二五 | 六、二八 |
| 北方 | 發 | 一一、三六 | 六、四一 |
| ※×武雄 | 發 | 一一、五五 | 六、五八 |
| 三間坂 | 發 | 一二、一六 | 七、一八 |
| ※有田 | 着 | 一二、三〇 | 七、三一 |
| 有田 | 發 | 一二、三二 | 七、三五 |
| 三河内 | 發 | 一二、四七 | 七、四七 |
| ※早岐 | 着 | 一二、五六 | 七、五六 |
| 早岐 | 發 | 一、三四 | 八、三五 |
| 佐世保 | 着 | 一、五五 | 八、五六 |

（出典：「瀛車瀛船旅行案内」明治三十六年一月号〈復刻版〉より）

東京からの無線を呉で受けそれを広島で大佐に渡す時間は十分あった。司馬さんは、「電報では秘密保持がむずかしい」とされているが、「封緘命令」がまさか一般の電報で通達されるわけはなく、海軍内部の通信によった可能性なら考えられる。当然暗号が使われていただろう。

別の解釈もあるかもしれないが、山下大佐の「封緘命令」持参は、司馬さんによる全くの創作なのだろうか。司馬さんが、ここで山下大佐を一日早く佐世保に到着させてしまったのは、山下大佐に早く佐世保に着いてもらいたいという抑えがたい感情と、鉄道諸技術が発達し、関門トンネルが開通し、東京発九州行きの在来線直通特急列車が十八時間で佐世保近くまで走るようになった現在の鉄道のイメージとが重なり、つい山下大佐の佐世保到着が「翌日の午後六時三十分」となってしまったのではないだろうか。

『坂の上の雲』は、最近版を新たにし、誤植等を改め、再版が刊行された。確かに、今までの版（文庫本ではなく、単行本）は字が小さく、二段組で読み辛かったが、新版はその点では読みやすくなっている。しかし、書店で立ち読みしたところ、以上の謎はそのままで解決されていなかった。

伝え聞くところによれば、『坂の上の雲』は、平成十八年にはＮＨＫの特別ドラマとしてテレビ放映される由である。そこでも山下大佐は謎の一日を飛ばして佐世保に行くのだろうか。

## その二　秋山真之の乗った列車

前章の最後に触れたNHKのテレビドラマ『坂の上の雲』が平成二十一年末から始まった。坂本龍馬ものとともに高い視聴率を得ている。そのことの是非は、いまは問わない。ただ、筆者は、昨平成二十一年暮の『坂の上の雲』第一部を見ていて、アレッと思った場面があった。それは、秋山真之が初めて東京に出てくる場面である。松山から海路神戸に出て、船を乗り換え、横浜に到着するまではいいとして、横浜から汽車に乗り、新橋ステーションに到着する。真之の年譜を探れば、明治十六年の事である。真之が新橋駅で下車する場面で、彼が横浜から乗ってきた列車の機関車と客車が写し出される。

その列車が問題で、先頭の機関車の番号が「12」となっている。これがなぜ問題かというと、明治九年、「官有鉄道」（後の国鉄）では、東京方で仕業する機関車には奇数番号を、神戸方では偶数番号をという規定ができ、もし、この規定通りに機関車に番号が付せられていたとすれば、番組は明らかに誤っている。東海道線の全通は明治二十二年のことで、少なくもそれまでは、東京方と神戸方では、機関車の番号は奇数と偶数に分かれていた筈である。

もちろん、こういった規定がそのまま適用されていたか否かは疑問だが、NHKでは、そういった規定の存在を知っていたが、あえて偶数番号の機関車をあの場面に登場させたのか、知りたいところだ。なぜなら、もしそうなら「まことに小さい」事だが、これはこれで一つの歴史となるからである。規定が変わった、あるいは無視されたかのいずれかということになる。

次に客車。当時の三等車は、真中に通路がなく、車幅だけベンチがあって、乗り降りはそれぞれの両側についている扉からしていた。明治初年の三等客車は、五人ずつ座れるベンチが向き合い、計十人が一つの出入り口を使い、それが三つあった。つまり三十人乗りである。このタイプの車両は、鉄道の本場、英国では、比較的最近まで残っていて、筆者もボギー車だったが、乗ったような記憶がある。俗に「マッチ箱」と呼ばれた初期の客車は、四輪車、長さ一五フィート（約五メートル）で、TVに出てくる鉄道馬車くらいの大きさだった。

TVの場面では、真之の降りてくる客車が、ちょっと中途半端な感じを受ける。客車の長さが、四輪車にしては長すぎ、ボギー車にしては短か過ぎる。それと、当時の客車の外装はすべて木造だったのに、鋼製にも見える。日本では、鋼製客車は、昭和になってようやく製造された。そして番組に出てくる客車は、両端に出入口のあるタイプで、当時の客車には見えない。真之は、両端の出口から降りてくるのだが、こういった形式の客車はまだなかったのではなかろうか。

これらの疑問は、もちろん『坂の上の雲』の文学的価値やTVドラマの意味を決定的に貶めるものではない。文学やドラマの本筋には何の関係もないからである。しかし、巨額を投じて作成されたTVドラマ『坂の上の雲』におけるこのような場面は、鉄道ファンにとって、まことに残念である。今回のテレビ・ドラマ化については、錚々たる時代考証家を備え、遺憾なきを期して編集・撮影を進められたのだろうが、鉄道は重要性に乏しく、見逃されてしまったのだろうか。

前章山下大佐の謎の一日は鉄道のソフト面の、本章は、鉄道のハード面の問題である。いずれにしても『坂の上の雲』は、原作であれ、ＴＶドラマであれ鉄道ファンをやきもきさせる作品には違いない。

# 第二部　わがレコード音楽半世紀

（速水融・画）

# モーツァルトとの出会い

三十年以上になる私の音楽遍歴のなかで、モーツァルトはいつでもそこへ帰って行ける故郷のような存在である。前途がどうなるか見当もつかなかった戦争末期、私はふとしたことから音楽を聴くことを覚え、楽器ひとつ弾けるどころか、楽譜すら読めないのに、それからずっと今まで演奏会やレコードに浸って来た。その内で、聴く対象は、ある時にはマーラー、ブルックナーの巨峰に向い、ある時にはバロックに夢中になりはしたけれども、結局一時期が過ぎるとモーツァルトに落ち着いてしまうのはどういうわけか。モーツァルトの音楽の持つ魔性なのか、あるいは母性なのか。

最初の出会いは、昭和十九年の秋であったろうか。当時中学生だった私は、勤労動員にかり出されて、その夏から工場に働く身となったのだが、それまでの学校での学習にいささか反抗的になっていたので、工場での労働は、もう勉強しなくてもいい、という気分にもなり、今から思えばいかにも子供っぽいものだが、一種の解放感さえ味わったものである。その上、たしか五十円の月給をもらい、半額は強制貯蓄だったけれども、月二十五円の小遣いを使える身となった。ところが当時、二十五円の使い途がない。たまたま自分の家に、何枚かのベートーヴェンのレコードがあったり、友人に好楽家がいたりして、結局その二十五円は、全部演奏会に行ったり、レコードを買ったりの資金となった。

最初に買ったのは、ワインガルトナー指揮の、ベートーヴェン第八交響曲だったけれども、次にワルターの振ったモーツァルト、三十九番や四十番の交響曲を求めたのが、出会いの最初である。レコードの価格は不思議に覚えていて、コロムビアが一枚五円十一銭、ビクターが五円九十五銭だったから、大体ひと月に一曲ずつ買って行ったことになる。二十年に入ると、レコード屋ももう平常の商売どころではなくなり、たとえば、銀座の十字屋ではSPレコードが順も何もなく積み上げられて、お客はその内から自分でセットの数枚を探し出すといった状態になった。それでも、その山のなかから、三枚半に亘るワルターのジュピター交響曲を探し出し、ともかく三大交響曲を揃えた時は嬉しかったものである。

戦争末期の東京で、手廻しの蓄音器から流れ出て来るモーツァルトは、他に心の糧となるものの何にもない当時、私の魂に浸み込んでしまったらしい。云ってみればモーツァルト洗礼で、それからあとの精神生活はここで定まってしまったようなものである。前著の『私のモーツァルト』にも、多くの方々が、戦時中の、或いは戦争直後の、あの苦難の時代にモーツァルトとの出会いを書いて居られるが、同世代人の一人として、共感をもって読みふけった。

限られたSPレコードコレクションの中で、私をとくに惹きつけたモーツァルトが二曲あった。三大交響曲とか、ピアノ協奏曲とは別に、およそモーツァルトのレコードで求め得るものは、と探したものだが、K・五二五の「アイネ・クライネ・ナハト・ムジーク」と、K・二三九の「セレナータ・ノットゥルナ」である。前者は云わずと知れたワルター、ウィーンフィルのコロムビア盤二枚、後者は、ブッシュのビクター十インチ盤二枚である。アイネ・クライネは、もうそれを聴いた瞬間から、この音楽は音符が一つ違っていてもいけない、完全な音楽として感じたし、この考えは今でも変っていない。あまりにも屢々演奏されるとは云え、K・五二五はモーツァルトの音楽の到達した最高峰、少なくもその一つであるに違いない。勿論、ずっと後になってからだが、この曲と対《つい》になっているK・五二二の「音楽の冗談」を聴くに及んで、なお一層そのことを強く感じたのである。おそらく、モーツァルトはふとした機会から、K・五二二を作曲したのだろうけれども、彼の音楽像の内で、K・五二二だけを独りで置いておくことは許されなかったのであろう。つまり、不完全は完全によって埋め合わせられなければならなかったのだ。

もうひとつのK・二三九の方は、当時私が求め得た唯一の室内楽である。およそ当時の世相とかけ離れたこの曲を聴きながら、私はひとときの青春の愁いをそこに感じた。友人のT君とは、この曲を、もうこれが聴きおさめかな、と語りながら聴いたものである。T君とは現在に至るまで、長いつき合いとなったが、その幾分かは、K・二三九をあの暗い日々にともに聴いたという体験によっているのかも知れない。当時はそのような見通しなど全くなく、とくに二十年の三月になって、都市への無差別爆撃が始まると、世相は急迫化し、レコード店もつぎつぎ被爆したり店を閉じたりで、私の束の間のコレクションも終ってしまう。

だが、このK・二三九の音楽は、そういった周辺の状況とは全く関係なく、私の青春にとって、いわば永遠の恋人のような存在になって行った。この曲の持つ一方での明快さと、他方での憂愁、時々顔を出す茶目っ気は、後で知ったことだが、姉ナンネルへの贈物として二十歳の青年モーツァルトの心情を純粋に表出している——何しろ他の曲を全く知らないのだから、そう考えたとしても不思議ではない。

それから四半世紀を過ぎ、LP、ステレオ時代に入り、いくつかの彷徨を経た後、この十年ばかり、私は再びモーツァルトに浸るようになった。演奏会、レコード、書籍、あの頃とは比較にならぬほど豊かな世界になったので浸り様も、量的にはどっぷりである。K・二三九だって、数種類のレコードが常時カタログに乗る世である。およそモーツァルトの曲なら、とくに器楽曲なら何でもというのめり込み様なのだが、K・二三九との出会いからか、その中でも、ディヴェルティメントやセレナード、多重奏の室内楽曲は私のいまなお愛聴するところである。なかでも、ケッフェル番号で二百から三百番台の中期の作品は、K・五二五のような完成度は勿論なく、むしろ不安定な情緒、移り気とでもいうべき青年モーツァルトの素顔が横溢していてこの上なく楽しい。K・二八七やK・三三四のディヴェルティメント、K三二〇のポストホルンセレナード、一三管楽器のためのK・三六一のセレナード、こういった曲は、疲れた私を優しく迎えてくれる。気づかぬ内に体のすみずみまで浸み込んでいつの間にか酔わせてしまう。ベートーヴェンの若い時代の作品、たとえば七重奏曲作品二〇等にもそういった要素はあるのだが、やはりそこには後年のベートーヴェンが顔をのぞかせている。つまり聴くに当っては魂をゆさぶられないようにしなければいけない時もあるのだ。モーツァルトの場合、そういった努力はいらないし、向うから入って来るのである。そして、不思議なことに、こういう作品から、K・四百番台後半のピアノ協奏曲、それに、後期の四つの交響曲を予見することは難しいのである。

おそらくモーツァルトはこの間に成人になったのだろう。伝記を繙けば、彼の生活はザルツブルグからウィーンへと移り、父親の下を離れ、自ら生活の糧を見つけなければならなくなったことは誰にでも判る。しかし、モーツァルトが、ディヴェルティメントの世界から離れて、ピアノ協奏曲を頂点とする後期の時代に入って行ったのは、もっと彼の内面での変化があったのに違いない。私にできる探索は全く限られた範囲でしかないのだが、こういった疑問を、寒い冬の夜などにいくつかの曲を聴き、書物を読んで独り考えるのは、人生のある面での醍醐味である。別に解決しなくてもいい、いやむしろ解決しない方がいいのかもしれない。仕事で立ち向う対象や、そこに要求される厳しさとは離れて、一人のリスナーとして気儘に振舞える楽しさを与えてくれるからである。

後期のモーツァルト室内楽で、どうしても触れたいのは、K・五八一、クラリネット五重奏曲である。この曲との出会いはLP時代に入って、ウラッハとウィーンコンツェルトハウス四重奏団によるレコードが最初だった。この時の衝撃もまた大きい。それはいまだに続いていて、もし、他の要素を交えず、たった一曲の音楽を選べと云われたら、私は躊躇することなくこれを選ぶだろう。もうここには、青年期のディヴェルティメントの持つ不安定さは全くない。むしろすべてを知り尽した達観に支えられた透明さが基調になっているように思える。果して彼は数年後に迫っている死をも予感していたのだろうか。逆に、あのピアノ協奏曲時代の華やかさだって僅か数年前のことだったのだ。後期モーツァルトにとって、自然時間の経過は、おそろしく遅かったというべきか、或いは彼の音楽の展開が、それまでの何倍という速さで起ったのだろうか。ともかく、この曲、とくに変奏曲形式によるその最終楽章に至っては、彼の音楽の総決算として作られたもののような気がするのである。もし、天が彼にさらなる寿命を与えたとしたら、果してどんな室内楽を作りえたのだろう。

本当に、モーツァルトの音楽は聴く人を否応なしに彼の世界に引きずり込んでしまう。そこには理屈は何もないので、魔力としか云い様がない。おそらく、天才とはこういう人のために用意されている言葉なのだろう。私の青年時代からの三十何年間、もしモーツァルトとの出会いがなかったら、と思うと背筋が寒くなって来る。それが私の人生にいかなる傾きを与えようとも、その音楽に故郷を感ずる者にとっては甘受しなければならぬ宿命なのだろう。

# モーツァルト愛好家の統計的観察

## 一　序奏㈠―アダージオ・マエストーソ

ここに九十一枚のカードがある。表には人名、生年、職業の下に、K.310だのK.466だの、どこかで見覚えのある数字が並んでいて、上端にはマジックのカラーで何かが分類されているようである。裏を返すと、小林秀雄、アンリ・ゲオンといった人々の名前や、初体験＝中学生→K.525などと記されている。ここまで来れば、読者の御賢察の通り、これはモーツァルトに関する何かのカードだということが分るだろう。

それは、一種のアンケート調査と云っていいかもしれない。たねを明かせば、これは筆者が行った、机上アンケート調査とでもいうべきものの産物である。一九七六年帰徳書房の店主、林口春次さんによる、各界の名士五十人にモーツァルトを語らせたエッセイ集『私のモーツァルト』が誕生した。当時の新聞評も、たとえば毎日では「おそらくこの本は、音楽と人間と、芸術者と鑑賞者との『のぞましい関係』を記した好著として、人びとに記憶されていくだろう」と結んでいる。他社でも、この書には好意的な評が寄せられ、版を重ねるとともに、林口氏はさらに、同様の主旨で『続私のモーツァルト』を翌七七年に出版され、この方には四十一人のエッセイが、前者と合わせて九十一人の、現代日本を代表する知識人——ただし、一人を除く——が、モーツァルトについて、平均八ページ弱の〝私〟の吐露を行うこととなったのである。

モーツァルトに関する文献は、書店の棚にかなりの量で並んでいる。翻訳も多いけれども、日本人の手によるものも多くなってきた。しかし、二冊の本で、日本に生きる九十一人もの人のモーツァルト論を知る機会は他にはない。勿論、本もののアンケート調査をやれば別だが、個人でアンケート調査をやることは不可能に近い。そういった意味で多数の方々の考えがこの二冊の著書に集約されていることは、この上ない贈物であって、その企画・編纂者は大いに感謝さるべきである。その上、この著書についてつけ加えると、二冊とも、編纂者の弁は一行だに見当らない。通常誰それ編の著書には、編纂者の意図なり主張なりが、時としては必要以上に書かれていて読者をうんざりさせるものだが、そういったことが全くないこの二冊はまことに清々しく、林口さんの人柄が偲ばれる。

それはともかく、筆者は、この二冊に書かれた九十一人のエッセイを、アンケート調査の回答と見做し、これにいろいろ統計的処理を施し、現代日本の知識人が、モーツァルトといかなる係りを持っているかについて観察しようと思う。その際、さきに述べた一人の例外も、便宜上、知識人の仲間に入れて取り扱うことにしよう。

## 二　序奏(二)―アンダンテ

本論に入る前に、この観察には色々な制約が加わらざるをえないこと、従って、結果について留保条件が必要であることを述べておく必要があるだろう。

まず第一に、この九十一篇のエッセイは、いかなる意味でも、通常行われるアンケート調査への回答ではない。執筆に当って項目や内容に指定があったとは考えられないし、要するに、書名の通り、〝私のモーツァルト〟ならば、何でも構わないのである。制限があったとすれば原稿枚数ぐらいのもので、これは、一篇当りの長さが、印刷にして七～八頁に集中していることからも分る。この枚数におさまっているエッセイだけで六十三篇と、全体の七割近くを占めている。

しかし、一つひとつのエッセイをよく読んで行くと、執筆者は、自分を裸にしてモーツァルトを語り、モーツァルトとの出会いを語っていることがよく分かる。そこがモーツァルトの音楽、さらにはモーツァルトという人間の持つ魅力というか、むしろ魔力で、その音楽、その人の前に立つとき、人は皆虚飾を捨てていかに貧弱であろうと真実の姿をさらけ出さねばならぬのである。だからこそ、この二冊の本でも、大ていの人は「モーツァルトについて書くことは難しい……」と始めながら、やがて主題が高らかに鳴り、中には自己陶酔の極とも云えるような昂ぶりを示してくれている。つまり本音を書いているのだ。従って、これは、十分、これらの人々の間にモーツァルトがいかに滲みこんでいるかを知る絶好の材料となるのである。勿論、ここに収録された九十一人が、いかなる基準によってえらばれたのかは知ることができない。編者には、何らかの基準があったのだろうが、筆者が云いうることはただ一つ、即ち、この九十一人は、すでに何らかの意味で、モーツァルトに憑かれている者、或いは曾つてそうだった者、乃至は、職業上モーツァルトとかかわらざるを得ない者にほぼ限られている、ということである。世の中には、モーツァルト嫌いもいるだろうし、音楽、とくにいわゆる西洋古典音楽に背を向ける人もいるだろう。知識人と称される人々の間にだって、そういう人がいたとしても一向構わない。だから、この本二冊は、モーツァルト好きのエッセイ集であり、これを資料として書かれた本稿も、日本の知識人一般というより、その中の、モーツァルト好きという一集団を対象とした観察ということになる。

次は、エッセイであるから、それこそ各自が勝手気儘に書いているわけで、中には、その音楽を専ら語る者もいれば、その人間を語る者もいるし、背景となった当時の歴史や、ザルツブルグという場所に多くの紙数を充てている者もいる。この稿では、主として、執筆者とモーツァルトの数々の音楽との関連をさぐろうとするのだが、特定の曲に対して何ら敷衍していないエッセイもある。九十一人の内、十三分の一に当る七人は、そうである。しかし、残りの八十四人は、何れか特定の曲について論じたり、とりあげたりしている。それらの曲は、いろいろな体験があるとしても、とにかく執筆者にとっては、かけがえのない曲なのであろう。単純な意味で愛好している曲であったり、モーツァルトとの出会いの曲であったり、苦しんで取り組まなければならない対象だったり、人さまざまだとしても、少なくも執筆の時点で、各人が最も強く惹きつけられている曲であるに違いない。従って、各エッセイでどういう曲が言及されているかを知ることは、現代日本のモーツァルトを愛好する知識人が、モーツァルトのどの音楽に強く惹かれているかを知る手懸りとなりうるだろう。

さらに、この九十一人は、等しく、モーツァルト愛好家とは云え、さまざまな職業と、かなり広い世代に亘っている。まず職業についてみると、二冊の著書に附記されているところに従えばプロフェッショナルの作曲家・演奏家が二十二人、音楽評論家、音楽担当の大学教授、オーディオ関係者が十四人含まれている（以下このグループをプロと称する）。この方々にとって、モーツァルトの音楽は、常に聴いて楽しめるものだとは限らない。とくに演奏家の場合は、その解釈や演奏のために苦闘しなければならない対象だろう。これに対して残りの五十五人は、一応アマチュア――もっとも、これはあくまで二冊の著書の肩書による分類に従ったまでで、この五十五人の中には、モーツァルトに関する著作のある人も入っている位だから叱られるかもしれないが――としよう（以下このグループをアマと呼ぶ）。これは多い順に、大学教授・学者が十九人、彫刻家、画家、映画・TV関係者が十二人、文芸その他の評論家十人、作家・詩人が九人、実業家その他が五人という顔ぶれである。もっとも、中には双方にまたがる人もいるし、この種の簡単な分類では分類し切れない人もいるが、英断をもって分けると以上のようになる。多彩と云えば多彩だが、まずまず〝知識人〟を構成していると云えるだろう。しかし、何しろ数人という少数の集団もあるので、細分した職業別の観察は出来そうにない。

### 三　序奏㈢―コーホート（?）

もうひとつの、寄稿者の世代の方はどうか。年鑑類に附された人名録、音楽家関係の年鑑、大学職員録等を用いて、九十一人中、実に三人を除く八十八人、率にして九七パーセントの人々の生年を知ることができた。さすがに情報化社会であると感心すると同時に、一寸恐しくもなったものだ。しかし不明の三人の内、一人は、文面から、ある幅をもってその生年を推定することができる。人口学の上で、ある一定の期間に人口統計学上の行動を行った人々を何々コーホートと呼ぶ。八十八人について、出生コーホート別の観察が可能になったことは大へん有難い。

それでは、この八十八人について、出生コーホートの中味はどうなっているのだろうか。最も早く出生された方は、一九〇〇年（明治三十三年）、遅い方が、一九五〇年と、ちょうど二十世紀前半に生をうけたことになるのだが、予想されるように、明治生れ（一九一二年以前）の方は八人と少なく、大正世代が二十三人、残り五十七人が昭和生れである。ところが、一年きざみの統計を作ってみて驚いたことには、この程度のサムプル数では往々統計的理由から生じうることだけれども、一九三〇年（昭和五年）生れの人が十三人で、率にして一五パーセント弱とズバぬけて多いということである。その前後の年も合算すると二十三人となって、この三年間の出生コーホートだけで全体に占める割合は四分の一を越えている。これには何か理由があるのかもしれない。詮索はあとにして、このエッセイ集の中核は、いわゆる昭和一ケタ世代によって構成されていること――実際には、昭和二年―九年の八年間で二十八人、数日間しかなかった昭和元年と、昭和十年コーホートを加えれば、四十三人と、ほぼ半ばに達する――を知り、そのコーホートに入る筆者自身大いに意を強くした。

ただ一年きざみのコーホート毎の観察は、あまりに数が少なくなるので、コーホート別の観察を行う場合は、八十八人をほぼ三分割して、第一世代として一九二七年以前の出生の三十四人、第二世代として一九二八年～一九三二年の出生二十七人、第三世代を一九三三年以降出生の二十七人の三グループに分けた。なお不明三人の内の一人は、第二世代に入るから、このグループは二十八人となる。

最後に、九十一人というサムプル数は、統計処理上、あまりに少数ではないか、という意見があり得る。筆者自身、数量経済史等というところに首を突込んでいるだけに、余計気になるところだが、大まかではあるにせよ、知識人という、母集団の持つ均質性を考慮するならば、むしろ、何かの傾向が出れば、このような少数のサムプルでもみられるのだ、という積極的な立場をとりたいと思う。

統計化に当っては、冒頭に述べたように、一人一枚のカードを作り、氏名、生年、職業、言及されている曲、著作、モーツァルトの音楽との出会い、とくに筆者自身にとって印象深い語句を表裏に書きこんだ。そして、プロ・アマの別、コーホート、言及している曲の種類等をカードの端に色別して、分類する際の便とした。実はこういった手法は、筆者が日頃行っている江戸時代の農民の行動追跡調査の方法を転用したものである。芸術の世界に統計を！　と眼をむく向きもおられるかもしれないが、これは芸術自身というより、むしろその聴き手の観察なのだし、それに、音楽という芸術自身が、他よりもはるかに数的であることを思い出していただきたい。大体、あの五線譜に書かれた音楽ぐらい芸術のデジタル的表現はないではないか！

## 四　饒舌な昭和一ケタ―アレグレット

以上、導入部が甚だ長い、モーツァルトらしからざる構成になってしまったが、そろそろ主題に入って行くことにしよう。カード作成のとき、筆者は、それぞれのエッセイにおいて、関説されている曲を、ケッフェル番号で示しておいたから、これに従って、たとえば、どの曲が最も愛好されているか、というようなことはすぐ分かる。ただ、同じく関説といっても、内容的に均質というわけには行かない。ある人は、たった一曲だけ、想いをこめて書いているし、最も多い人は、実に四十もの曲を挙げている。量からだけでは測り難いが、ともかく特定の曲を挙げなかった人――たとえば、モーツァルトのピアノ協奏曲、とか、室内楽曲、オペラ、というような総括的な表現をしている人――七人を除いた八十四人は、一曲から四十曲の間で、モーツァルトの特定の曲をとりあげているので、まずその分布をみよう。**〈表1〉**は、関説している曲の数を、長

| 曲数 | | 第一世代 | 第二世代 | 第三世代 | 計 | アマチュア計 |
|---|---|---|---|---|---|---|
| 0 | | 人 | 5(3) 人 | 2 人 | 7(3) 人 | 4 |
| 1 | | 8 | 2(2) | 1 | 11(2) | 9 |
| 2 | | 6(2) | 2(2) | 4(4) | 14(8) * | 6 |
| 3 | | 4 | | 5(3) | 9(3) | 6 |
| 4 | | 2 | 5(2) | 4(2) | 11(4) | 7 |
| 5 | | 2(2) | 1 | 3(2) | 6(4) | 2 |
| 6 | | 2(1) | 3(2) | | 5(3) | 2 |
| 7 | | 3 | 2(1) | 1(1) | 6(2) | 4 |
| 8 | | 4(1) | 2 | 1(1) | 7(2) | 5 |
| 9 | | | | 2(1) | 2(1) | 1 |
| 10 | | 1(1) | | 1 | 2(1) | 1 |
| 11 | | 1 | 2 | | 3 | 3 |
| 12 | | | 2(1) | | 2(1) | 1 |
| 16 | | | | 2(1) | 2(1) | 1 |
| 17 | | 1(1) | 1 | | 2(1) | 1 |
| 23 | | | 1 | | 1 | 1 |
| 40 | | | | 1 | 1 | 1 |
| 1曲〜40曲 | 人数 | 34(8) | 23(10) | 25(15) | 84(33) | 51 |
| | 平均曲数 | 4.5(6.9) | 7.2(4.5) | 6.8(5.0) | 5.9(5.3) | 6.2 |
| | 標準偏差 | 3.6(4.6) | 5.2(3.2) | 7.8(3.7) | 5.7(3.9) | 6.6 |
| 1曲〜12曲 | 人数 | 33(7) | 21(10) | 22(14) | 78(31) | 47 |
| | 平均曲数 | 4.1(5.4) | 6.0(4.5) | 4.5(4.2) | 4.7(4.6) | 4.6 |
| | 標準偏差 | 2.9(2.7) | 3.3(3.2) | 2.5(2.2) | 3.0(2.7) | 3.2 |

〈表 1〉

＊出世年代不明の 2 人を含む

大なオペラであろうと、可憐なアリアだろうとを問わず、一曲は一曲として数えた場合、挙げた曲数別の分布を、三つの世代、プロとアマの別に示した。なお最下段には平均値と標準偏差を示してある。

この表の物語るところは以下のごとくであろう。まず、全体的に一人が平均六曲弱のモーツァルトの音楽について関説している。しかし出生世代・プロ・アマの別にみるとかなりの相違があって、プロの方が若干数値が低く、また、世代別では全体としては第二世代の数値が高いが、プロでは第一世代が最も高い。また、一人で十六曲以上を挙げた六人を異例として取り除いた場合でみると、平均曲数、標準偏差の値の差はぐっと縮まっているから、これらの六人の例が、統計的には攪乱要素として作用していたと云えるだろう。

一人で多くの曲に関説することは、その人がモーツァルトに関して饒舌であることの反映を物語っていないだろうか。これは大いにありうることだ。とするならば、〈**表1**〉は、興味深い事実を示している。プロの方々は、世代が古いほど饒舌であり、アマでは第二世代が他に抜きん出て饒舌なのである。この表には直接示されていないが、第二世代のアマチュアで一曲から十二曲を関説した十一人をとり出すと、一人当りの平均曲数は七・三曲となって、他のどのグループよりズバ抜けて高い。

これがさきに示したこの二冊の本への寄稿者の世代別の分布における高さと一致するのは偶然とは思えない。この世代は何故モーツァルトを語りたがるのだろうか？　考えるまでもなく、この世代は、その精神生活の形成過程を、敗戦とその直後の混乱期において過した。第二世代の最高年齢の昭和二年生れの者でも、敗戦の年に数え齢十八歳、満年齢では十六か十七、最低年齢の昭和七年生れならば、満で十一か十二ということになる。この世代の人々にとって、モーツァルトは何か特別の存在であったのだろうか。

考え得ることはいくつかある。あの荒廃の中でのモーツァルトは、現在のような物質的に〝豊かな社会〟でとは異って、宝物のように輝きながら、しかも誰をも包んでくれる暖かいマントであり、一方における甘美と陶酔、他方における悲しみを、聴く者に深く刻みこんでくれる殆んど唯一の存在だったのではなかろうか。ステレオもFMもない時代、音楽会は高嶺の花であった世代の者にとって、聴くことのできたモーツァルトは、五球スーパー・ラジオの貧弱なスピーカーから出て来るノイズの多いものだったり、運よく戦災を免れたすり切れたSPレコードからだった。しかし、それでも十分だった。むしろ、それだけに一所懸命になって聴きこんだのかもしれない。

そして昭和二十年代の後半、つまり、この第二世代が、そろそろ社会人として生きるようになり始めた頃、多くの街に、クラシック音楽を聴かせる名曲喫茶ができた。そこでは、今のインベーダーゲームの電子音の代りに、最初の頃はSP、そしてやがてやって来たLPから、妙なる音楽が流れ出た。彼らは何時間もコーヒー一杯でねばり、好きな曲をリクエストし、のどと精神を潤した。モーツァルトは、そうやって何人もの人の心を強くとらえて行ったのである。実際、筆者の整理したカードの裏には、名曲喫茶でアルバイトをしていて、モーツァルトを流した人のエッセイからの抜き書きが認められている。

そして、小林秀雄の『モオツァルト』。勿論、この著名な評論に関する評価は色々ある。とくに、最近では批判者が多いのはよく知られる通りである。しかし、たとえ批判者として立ち向うにしても、この書の持つ影響は大きかった。それは日本人がなしえた最初の西欧音楽批評であり、逆に、日本のアイデンティティの確認でもありえた。九十一人中、二一パーセント弱にあたる十九人が、肯定的にせよ、否定的にせよ、この書のことに触れている。が、とくに多いのはこの第二世代なのである。その数は十に達し、二十八人の三六パーセントを構成し、比率の上から云っても一番高い。一九四六年の七月に書かれ、同年の十二月、『創元』第一号に発表されたこの作品は、当時の知を求める飢えた若者によって貪るように読まれた。決して紙質のよくない掲載誌は何人もの読み手の間を回覧され、ボロボロになったものである。

こうして、第二世代とモーツァルトの結びつきが出来、そしていま、この世代は、社会的活動の盛りにさしかかっている。とすれば、モーツァルトについて寡黙である筈がない。

## 五　ベスト十五―メヌエット

モーツァルトのどの曲が最も愛好されているのか。器楽曲、オペラ等に関係なく、関説する人数の多い順にベスト十五をえらぶと〈**表2**〉の如くである。まずは予想される順当な結果とでも云えようか。しかし、それにしても、四十番ト短調交響曲の影響力の大きさにはあらためて感心する。その第四楽章アレグロ・アッサイの主題が突如小林秀雄の頭の中で鳴ったこの交響曲は、半世紀後の現在でも多くの日本の知識人をとらえて離さないようである。

それに続くいわゆる三大歌劇については、出るべきものが出ていると云ったところで今さらつけ加える何ものもない。順位も、この程度の差は無意味と考えていい。次のピアノ協奏曲二十番ニ短調、これもまた戦前のワルターの弾き振りを始め、日本人にはなじみの深い曲であるが、ト短調交響曲とともに、短調の曲であるところに一つの意味を見出すことができる。〈表2〉の十七曲中、オペラ、レクイエムを除く器楽曲十二の内、五曲までが短調の曲である。モーツァルトの作品群の内、短調の曲の占める割合は少ない。手許にあるアインスタインの『モーツァルト』邦訳版の巻末に

| 順位 | 曲　　名（ケッフェル番号） | 人数 |
|---|---|---|
| 1 | 交響曲　第40番　ト短調（K.550） | 29 |
| 2 | 歌劇　ドンジョヴァンニ（K.527） | 24 |
| 3 | 歌劇　フィガロの結婚（K.492） | 22 |
| 3 | 歌劇　魔　笛（K.620） | 22 |
| 5 | ピアノ協奏曲　第20番　ニ短調（K.466） | 21 |
| 5 | 交響曲　第41番　ハ長調　ジュピター（K.551） | 21 |
| 7 | レクイエム（K.626） | 17 |
| 8 | アイネ・クライネ・ナハトムジーク　ト長調（K.525） | 16 |
| 9 | 歌劇　コシ・ファン・トゥッテ（K.588） | 12 |
| 10 | ピアノソナタ　イ長調（K.331） | 9 |
| 10 | ピアノ協奏曲　第23番　イ長調（K.488） | 9 |
| 12 | ピアノ協奏曲　第24番　ハ短調（K.491） | 8 |
| 12 | 弦楽五重奏　ト短調（K.516） | 8 |
| 12 | ピアノ協奏曲　第27番　変ロ長調（K.595） | 8 |
| 15 | ピアノソナタ　イ短調（K.310） | 7 |
| 15 | ピアノ協奏曲　第21番　ハ長調（K.467） | 7 |
| 15 | クラリネット五重奏曲　イ長調（K.581） | 7 |

〈表2〉

附けられた索引を兼ねた目録から計算すると、調性の書いてある曲は、総計六七二曲あるが、その内、九二パーセント強の六二一曲は長調、八パーセント弱の五十一曲が短調である。この割合は、特定の年代には変化することはあっても、長期をとれば驚くほど変っていない。〈表2〉に登場するような名曲が作曲されるようになった一七八三年ごろから後に限っても、長調の作品が二〇六曲、短調が一七曲と、全く同じ比率なのである。たしかにその名曲・大曲の中に短調作品は比較的多いとは云え、〈表2〉のような割合ではない。短調が好きな日本人の特徴がやはりあらわれているのだろうか。

モーツァルトは、長調と短調の曲を屢々カップルにして作曲した。最もいい例は、弦楽五重奏曲ハ長調（K、五一五）と、ト短調（K、五一六）だろう。どちらも甲乙つけ難い（と筆者には思われる）のだが、表2にみられるように、ト短調の方は顔をみせているのに、ハ長調の方は、三人しか言及がなく、ベスト三十にも入らないほどである。

表2の物語るもう一つの特徴は、そこに掲げられている曲が中期から後期にかけて集中していることである。ケッフェル番号は大体作曲年代順だから、三一〇番、三三一番のピアノ・ソナタは、いずれも一七七八年の作曲で、モーツァルト二十二歳頃のものである。この二つを除くと、ピアノ協奏曲の時代に飛んで、一七八五年から六年にかけての四曲が続くといった具合である。これらは確かに特筆すべき名曲には違いないが、若かりし頃のセレナーデやディヴェルティメントが出ていないのは淋しい限りである。もっともこれらの曲は漸く今日になってレコードで聴け

るようになったものが多く、演奏会でも滅多にとりあげられないほどである。さすがの第二世代も、それらには届かなかったのだろうか。

## 六　五つの曲種で―アレグロ・ヴィヴァーチェ

一口にモーツァルトの作品と云っても、演奏時間二時間以上にも及ぶオペラから、二分とかからないピアノの小品まで多彩なことは誰もが知るところである。そこで、作品を、㈠交響曲、㈡ピアノ協奏曲、㈢ピアノ以外の楽器による協奏曲を含む器楽曲（室内楽と呼ぶ）、㈣オペラ、㈤宗教曲および歌曲に分けて観察してみよう。但し紙数の関係から詳細な、プロ・アマ別、世代別の観察は別の機会に譲りたい。

交響曲について云えば、三十五人の人が関説し、十三曲がとりあげられている。四十番、四十一番に集中したためか、他の曲には言及が少ない。意外なのは、いわゆる三大交響曲の一つ、三十九番変ホ長調、K.543を挙げた人が少ないことで、六人を数えるのみである。あの第三楽章のメニュエットなど絶品だし、レコードも戦前からワルターの名演があったのに、である。

交響曲の一曲にだけ言及した人は十二人だが、その内七人が四十番、四人が四十一番、一曲をえらんだ人十四人については、四十番と四十一番の双方に八人が、四十番と他の一曲に四人、四十一番と他の一曲が一人となっている。従ってこの両曲、とくに四十番は、交響曲の中でも特別な位置にある。

三十五番のハフナー、三十六番のリンツ、三十八番のプラハ交響曲はそれぞれ、三人、二人、四人、とぐっと減るが、それ以前となるともっと少ない。二十五番の小ト短調など、一人しか触れていないのは、大ト短調の方に人気が集まりすぎたためだろうか。一方、初期の交響曲の中で、二十九番、イ長調が四票を集め、プラハと同位なのは初期・中期モーツァルトびいきの筆者には嬉しい限りである。

協奏曲の中で、ピアノ協奏曲だけを別扱いにしたのは、モーツァルトの作品群の中で、この曲種の持つ比重を考慮したからで、それにはあたかもベートヴェンにおける交響曲の如き位置を持っている。

そのピアノ協奏曲に言及した人は三十四人、十六曲がとりあげられ、交響曲と匹敵していることからも納得されるだろう。しかし、ここでは専ら二十番ニ短調に集中し、表2にのっている他の四曲に続くのは二十二番変ホ長調が六人、二十六番「戴冠式」ニ長調が五人、二十五番ハ長調が四人と散っている。戦前にランドフスカの演奏レコードなどで人気のあった戴冠式協奏曲への言及が少ないのは、最近この曲がモーツァルトの真作か否かについて疑問が出ていることと関連があるのだろうか。

交響曲とピアノ協奏曲に言及する人が、小林秀雄『モオツァルト』に触れている率が高いのは分るような気がする。交響曲では三十六人中十人が、ピアノ協奏曲では九人だが、勿論、ト短調交響曲とニ短調協奏曲との結びつきが主動機となっていることは明らかである。モーツァルトの音楽性を「器楽的」と規定した『モオツァルト』と、最も器楽的な音楽の交響曲・協奏曲とは結びつく要素を強く持っている。

室内楽の分野は、五十三人の人が計九十三の曲に言及している。人気を集めているのは、表2にのったアイネ・クライネ以下の四曲以外では、ピアノ・ソナタ、ハ短調（!・）K.457、音楽の冗談、K.522、クラリネット協奏曲、イ長調、K.622が五人ずつで初期のK.136のディヴェルティメント、ニ長調が漸く四人から挨拶を送られて、ピアノ・ソナタ、ハ長調、K.545と並んでいる。あとは全く散票で、これと云った特徴もないが、名曲だと思うホルン協奏曲第三番変ホ長調、K.437が、一顧だに与えられていないのはどういうわけか。その他、管の入った実に楽しい室内楽曲も、これこそモーツァルトの音楽の真髄だと信じて疑わない筆者にとっては、意外な不人気というか、とにかく言及の少ない分野である。モーツァルト自身があまり好きでなかったと云われるフルートを用いた四重奏曲や協奏曲、その他木管をふんだんに使った室内楽曲はもっと注目されて然るべきであろう。

オペラの世界に入ると状況は一変する。実に五十人の人が十一のオペラ曲に関して何かを書いている。三大オペラおよび「コシ・ファン・トッテ」への言及は〈表2〉にある。その他は、最後の「皇帝ティトゥスの仁慈」へ四人、「イドメネオ」と「後宮からの逃走」へ三人が言及している。五十人の内、小林秀雄には九人が触れているが、内三人は否定的に取扱っているから、やはりオペラ族にとっては『モオツァルト』は消化に悪いのだろう。三大オペラについてみると、この三つに言及した人は、三つ以上のオペラについて何かを書いた人十人の内四人である。二曲以上に関しては二十六人が書いているわけだが、その内三大オペラを二曲以上触れた人が二十人と大半を占めている。三大オペラの中の二つということになると「フィガロ」と「ドン・ジョヴァンニ」の組み合わせが他の二つの二倍を数えていて、「魔笛」の方が孤独であるのと好対照を示している。やはり、オペラ・ブッファ同士の結びつきは強いのだろう。これに対して「魔笛」は特異な評価を与えられているらしい。

最後の宗教曲・歌曲は二十三人の人が触れているわけだが、やはり「レクイエム」K.626への集中が強い。この曲自身の持つ凄絶さ、この曲にまつわる物語り、モーツァルトの死との結びつき等、**〈表2〉**で七位にランクされる要因は十分揃っていると云えるだろう。

## 七　フィナーレ―アレグロ・マ・ノン・トロッポ

さて、この小論もいよいよフィナーレに来た。ここで、前章で五つの曲種に分けて観察して来たことを結びつけてみよう。つまり、たとえば交響曲に言及した人は、他のどの曲種に言及しているか、或いはいないか、ということである。前章でうっかりオペラ族という言葉を使ってしまったが、もし、オペラに言及する者が、オペラにのみ関心を集中させているとすれば、オペラ族が成立するわけである。こういったことを統計的に検出するためには、相互の関係を表示するマトリックスを作成すればよい。**〈表3〉**がそれで、最上欄には、前章で用いた五つの曲種の分

| | A. 交響曲 | B. ピアノ協奏曲 | C. 室内楽 | D. オペラ | E. 宗教曲・歌曲 |
|---|---|---|---|---|---|
| I Ⓐ＋ | | | | | |
| 1．Ⓑ＋Ⓒ＋Ⓓ＋Ⓔ | **6** | 6 | 6 | 6 | 6 |
| 2．Ⓑ＋Ⓒ＋Ⓓ | **7** | 7 | 7 | 7 | |
| 3．Ⓑ＋Ⓒ | **6** | 6 | 6 | | |
| 4．Ⓑ＋Ⓔ | **1** | 1 | | | 1 |
| 5．Ⓒ＋Ⓓ | **4** | | 4 | 4 | |
| 6．Ⓒ＋Ⓔ | **2** | | 2 | | 2 |
| 7．Ⓒ | **4** | | 4 | | |
| 8．Ⓓ | **2** | | | 2 | |
| 9．(Ⓐのみ) | **3** | | | | |
| II Ⓑ＋ | | | | | |
| 10. Ⓒ＋Ⓓ＋Ⓔ | | **1** | 1 | 1 | 1 |
| 11. Ⓒ＋Ⓓ | | **4** | 4 | 4 | |
| 12. Ⓒ＋Ⓔ | | **1** | 1 | | 1 |
| 13. Ⓒ | | **3** | 3 | | |
| 14. Ⓓ＋Ⓔ | | **2** | | 2 | 2 |
| 15. Ⓓ | | **2** | | 2 | |
| 16. Ⓔ | | **1** | | | 1 |
| III Ⓒ＋ | | | | | |
| 17. Ⓓ＋Ⓔ | | | **2** | 2 | 2 |
| 18. Ⓓ | | | **4** | 4 | |
| 19. Ⓔ | | | **2** | | |
| 20. (Ⓒのみ) | | | **7** | | |
| IV Ⓓ＋ | | | | | |
| 21. Ⓔ | | | | **4** | 4 |
| 22. (Ⓓのみ) | | | | **12** | |
| V Ⓔ＋ | | | | | |
| 23. (Ⓔのみ) | | | | | **3** |
| 24. 計 | 35 | 34 | 53 | 50 | 23 |
| 25. ＋Ⓐ…… | − | 20 | 29 | 19 | 9 |
| 26. ＋Ⓑ…… | 20 | − | 29 | 22 | 12 |
| 27. ＋Ⓒ…… | 29 | 29 | − | 22 | 14 |
| 28. ＋Ⓓ…… | 19 | 22 | 22 | − | 15 |
| 29. ＋Ⓔ…… | 9 | 12 | 14 | 15 | − |
| 30. 小計 | 77 | 83 | 94 | 78 | 50 |
| 31. 24／30 | 0.45 | 0.41 | 0.56 | 0.64 | 0.46 |

〈表 3〉

類を設け、それぞれの曲種に言及した者が、他のどのような曲種に触れているか否かを示した。ゴチック体で示した数字さえ追えばいいわけだが、便宜上、普通体でも重ねて示してある。その下の段の合計の数字は、両体の数字、前章で曲種別にみた観察の際の数字と一致する。その下の欄は、たとえば、交響曲に言及した者三十五人の内、何人が他の曲種に言及しているかを、さらに他の曲種とは関係なく求めたものである。これでみると、やはり、オペラへの言及が少ないことが分かるし、逆にオペラの欄もみると、五十人中、他の器楽曲に言及した者が二十二人ずついるのに、交響曲へは十九人となっていて、オペラと交響曲とは最も結びつき難かったことを示している。宗教曲は、とにかく「レクイエム」一曲が対象であり、且つ人数も少ないので、数の上では最少だが、率を求めれば僅かながら交響曲との結びつきはオペラより高いほどである。

となると、言及がオペラのみであった十二人という数（二四パーセント）の存在も考慮し、どうやらモーツァルトには、オペラ族の存在を認知してもいいと思うのだがどうだろうか。

また、こういった特定の曲種への関説の集中度を測るために、求めたのが、最下欄の集中率とでも仮称すべき数値で、この数値が高いほど、その曲種への各論者の言及が集中していることは、計算の過程から御理解いただけるものと思う。ピアノ協奏曲において最も低く、オペラにおいて最も高いことは、オペラはオペラ固有の愛好者を持ちやすいのに対して、ピアノ協奏曲の方は、その曲種のみの愛好者が相対的に少ないことを物語っている。そういう意味では、程度はやや低いが室内楽は、オペラに近く固有型で、交響曲は普遍型ということになろうか。上欄のそれぞれのAのみとかCのみというところを見ていただくと、その曲種のみへの言及者がオペラ、室内楽に多く、交響曲および宗教曲が同数で続き、ピアノ協奏曲に至ってはいないことも、検討結果とピッタリ一致していて面白い。

ともあれ、このアンケート調査の整理結果は一部分ではあるが出たようだ。私達の世代の物心つき始めた頃と違い、比較にならぬほど豊富に、演奏会や放送、レコードを通じてモーツァルトが聴けるようになったことは、モーツァルト・ファンにとっては何よりもの幸福である。とくに、『モーツァルト大全集』や、『モーツァルト名曲全集』を通じて、一昔前までは聴くことさえできるかどうか怪しかった数々の曲、とくに筆者自身の愛好する初期から中期にかけての室内楽曲にいつでも耳を傾けることができるようになるなどということを、『モオツァルト』の頃、瓦礫の中に立って一体誰が想像できただろうか。

それから三十五年の歳月が流れた。これは奇しくも、モーツァルトの一生と同じ長さである。第二世代の一員として、さらに続く第三、第四世代の人々が、そのような襞の細かいモーツァルトを聴いて、次なる「私のモーツァルト」に、どのような〝私〟を反映させるのだろうか、未来史への興趣も尽きない。

以上、現代日本の知識人達に、モーツァルトの音楽がどのように滲みこんでいるかを、その作品や曲種の面から統計的に観察してみた。結果は予想とそれほどかけ離れていたわけではなく、常識を引っくり返すようなものではなかったかもしれないが、このように裏付けされてみると、あらためてわれわれの受けとめているモーツァルト像が浮び上がって来る。それをめぐっての議論はすでに華々しく始まっている。あれほど大きな刺激を与えた『モオツァルト』を含め、今までのモーツァルト理解への根本的な疑問が打ち出されている時代である。そして、モーツァルトは、今後も、おそらく永遠に、その理解をめぐる議論を人類に遺し、どこかでいたずらっぽく笑って見ている気がする。とにかくこれほど人騒がせな人物はもう彼一人で十分だ。

# わがレコード音楽半世紀

## 序曲　レコードとの出会い

私には多分音楽を論ずる資格はない。何しろスコアは読めず、楽器一つ操れるわけでなく、その上とんでもない音痴ときている。若かりし頃、勤め先の合唱クラブに誘われて入ったものの、中学二年生以来歌を唄ったこともなかったし、生まれつき駄目なのか、合唱の指導者——慶應義塾大学を出られた有島重武氏で、後日国会議員となられ、お目に掛かる機会もあった——に呼ばれ、君がいるとハモらないから辞めてくれ、とつまみ出されてしまった。その時、コーラスに誘ったのがいま大活躍中の歴史学者の網野善彦氏だから、世の中は狭い。

だが、広い意味の音楽については、一つだけこの半世紀期間楽しみ続けてきたジャンルがある。レコード音楽である。そもそもレコードによる音楽鑑賞は、いってみれば缶詰料理を味わうようなもので、本来の芸術鑑賞からすれば邪道かもしれない。音楽が演奏家による一回きりの芸術再現であり、聴衆は、その一回かぎりの場にいることによって芸術と触れることが出来る点、絵画や彫刻の鑑賞とは異なっている。言ってみれば一回性にこそ、音楽芸術のアイデンティティがある。

そうなると、レコードで音楽を聴くことにはどういう芸術的意味があるのかという疑問が出てくる。ライヴ録音というのもあるが、この種の難しい問題は余り深く考えないことにしている。要するに、レコード音楽は、多くの機械的過程を経て耳に到達する缶詰製品であるかもしれないが、好きなときに、好きな音楽を、好きな演奏家で聴くことが出来る、という利便性において、実演とは明らかに異なっていることを承知の上で聴けばよい。場合によっては、何かしながら聴くことも出来れば、繰り返したり、途中を飛ばすという野蛮な聴き方も出来るのである。また、それを集めるということも出来る。かくいう筆者もレコード・コレクターの一員ということになろう。

そのレコードも、ＳＰからＬＰになり、ステレオになり、ＣＤになり、何種類かのテープが出現し、最近ではＬＤ（レーザーディスク）に収まるものも出てきた。大体近ごろはレコードではなく、ディスクと呼ばれるようになっている。

再生装置の発展はもっと著しい。昔の手回しのバネで音盤を回し、金属または竹針で一面一面取り替えて聴いた時代から、電蓄になり、ＬＰ時代になると、専用のプレーヤー、アンプ、スピーカーが使われるようになり、それぞれ高度の技術を駆使した製品が市場に出て、今や日本は家庭用高級ＡＶ機器の最大生産・輸出国にさえなっている。

五十年前を思い起こすと、全く今昔の感に堪えない。これが実演の場合には、演奏会場にこそ近代技術の応用はあるが、楽器の方は、打楽器はともかく、弦楽器に至っては十七世紀製のストラディヴァリウスの方が重宝がられている。それだけに、実演の不滅性を感じざるを得ない。私も、年に何回かは実演を聴きに行く。一回性にかけるわけだが、どうして日本ではこんなに高いのだろう、と思ってしまい、ついレコード店を訪ねる機会が多くなる。

さて、私とレコードとの出会いは、昨年（一九九四年）でちょうど五十年になる。もっともまだ小学生の頃、家にあったレコードを踏んで遊び、何枚かを割ってしまったが、「出会い」というには縁遠い。真の出会いには、戦争という一見芸術とは正反対の出来事が介在している。事実は以下の通りである。

私たちは旧制中学の四年生だったが、一九四四年の七月から勤労動員となり、工場で働くこととなった。いささか不謹慎な言い方だが、実は私はホッとしたものだ。というのは、学校で勉強しなくてよくなったからで、落ちこぼれ寸前だった私には一種の救いだった。それまでクラスでかすんでいた私だったが、勉強しなくてよくなってから、俄然頭角（？）を現し、それまでもこっそり読んでいた文学書や啓蒙書を堂々と読み始めたというものである。

そういう生活の変化に輪をかけたのが、所得の増大である。勤労動員の中学生には月に五十円の給料が払われた。もっとも半分は強制貯蓄で、手取りは二十五円であった。幸い私はそれを親に出さなくてもよかったので、全額が可処分所得となった。ところが、その二十五円で買うものがない。秋になってたまたま音楽好きの友人が音楽会に連れていってくれた。演奏家や曲目はよく覚えていないが、最初に聴いたのは多分シューベルトの未完成交響曲だったと思う。音楽会に行ったのも初めてである。

家には、父親が兼常清佐さんの助言で集めたベートーヴェンのレコードが何曲かあったが、シューベルトはなく、それを求めてレコード店を訪れたのが病みつきになってしまった。初めて手に入れたものの中にはブルーノ・ワルター指揮、ウィーン・フィルの「未完成」、コロムビアレコード三枚などがあった。なぜか値段も覚えていて、一枚五円十一銭であった。十二インチ盤には、一枚五円九十五銭というのもあった。ともに七で割り切れる値段だから、税金の関係でこんな半端な価格だったのだろう。

それから後、月二十五円の給料はほとんど全部レコードにつぎ込まれる。戦争末期の極限状況のなかで、私のレコードコレクションが始まった。当時のレコードは盤質が非常に悪く、中身がボール紙のものまで出たり、コロムビアに替わって、ニッチクというラベルになったりで、戦時色を拭い得ないものだった。しかし、銀座の日本楽器、山野楽器、十字屋といった店には結構レコードが並んでいて、中学生のコレクターを親切にガイドしてくれる店の人もいた。ある時にはドイツの将兵たちがレコードを買っているのを見たが、潜水艦ででもやって来たのだろうか。

しかし、戦局が切迫するにつれ、レコード店も呑気なことは言ってられなくなり、曲ごとに分けずに、バラバラで積み上げられているという状態になった。しかし、それはそれで、店頭に積まれたレコードの山から自分の欲しい曲を揃えた時は、大いに満足したものである。

どんな曲を買ったかというと、家にほとんどないモーツァルトが俄然多かった。それもブルーノ・ワルター指揮の三大交響曲を先ず目標にした。ユダヤ系の指揮者の振った曲が日本で買えることの意味は後で知ったが、何と言ってもベルリン国立歌劇場オーケストラによる四十番ト短調の交響曲は盤面が真っ白になるまで聴き込んだものである。

私の家には「電蓄」はなく、グルグルと手でバネを巻いて重いピックアップを盤に載せるのだが、幸い家の近くに何回も使えるレコード針を手仕事で作っている方がいて、針を分けてもらい、それで聴く分には不自由しなかった。

ドイツ古典音楽は、ジャズやハワイアン音楽のように「敵性音楽」として禁止されていなかったので、大ぴらに聴くことができたし、ラジオ——今と違って民放はなく、放送時間も限られていたが——でも、古典音楽は週に一度は流してくれた。二月のある日に聴いたモーツァルトのピアノコンチェルトを機に、また収集レパートリーが増えたりしたものである。

レコード音楽を通じて、友人のサークルが出来たことも大きい収穫であった。全員が軟派で、とてもお国のために役立ちそうにはない連中ばかりだった。今でもクラス会であったあと、二次会に出掛けるのはこのグループである。やがて空襲が激しくなり、戦況が悪化していることは誰にでも分ったが、そういう状況のなかで、もう二度と聴けないかも知れない、という思いを込めて、友人とブッシュ弦楽合奏団の弾く十インチ盤二枚の、モーツァルトの「セレナータ・ノットゥルナ」K・二三九をしみじみ聴いた夜のことは忘れられない。その友は、今やB出版社の著名社長となっている。モーツァルトのこの音楽と当時の周囲の状況とは、およそかけ離れたものであったが、モーツァルトの青春のほろ苦い味わいを持ったこの曲と、当時の私たちとの間には、何か通ずるものがあったのかもしれない。

こういった束の間の楽しみも、一九四五年三月になると一変する。私の住んでいた家が強制疎開の対象となり、立ち退きを準備している間に三月十日の大空襲があり、結局両親は勤労動員中の私を残して、疎開することになった。私は、中野にある伯父の家に住むこととなったが、若干の家財道具に本や蓄音機、レコードを積んだリヤカーを芝から半日かけて押していったものだ。ところが移った伯父の家には電蓄があり、私の集め損なった「田園」や「皇帝」があるのを見付けて大喜びだった。

ところが四月の空襲で、蒲田にあった動員先の工場が焼け、動員先がなくなってしまった。私たちの学年は、戦時措置で中学四年で卒業になり、慶應義塾大学への入学が決まっていたが、引き続き指示のあるまで元の工場で働け、という命令が出ていたので行きどころがなくなってしまった。結局、七月まで三カ月も、公的にはすることのない何千人かの学生が、あの空襲下の東京でゴロゴロしていたことになる。もちろん、食料は配給制だったし、よくもこういう遊民を置いていたものである。

私は、この間にレコードを聴き、文学を読み、ひどい時代に、またとない青春を送った。その後、あれほどドストエフスキーやベートーヴェンに浸った日々はない。外では次々と空襲で都市が焼け落ち、人々が逃げまどっているというのにである。勤労動員に出ていた時の強制貯蓄も戻ってきて、当時としては多額の小遣を手にしたのだが、買うものも他になく、結局ほとんどがレコードになった。その頃買ったもので忘れられないのが、ワインガルトナーがウィーン・フィルを振った「第九」で、二、三日がかりでレコードの山積みから全曲八枚を揃えて探し出した。そのワインガルトナーの「第九」も、今ではLPになり、更にはCD化されて簡単に手に入るようになった。実は先年カナダのモントリオールのレコード店でこれがCD化されているのを見付け早速買って帰り、得意になって吹聴していたら秋葉原のレコード店にちゃんと並んでいた。

レコードではないが、その頃の音楽で忘れられないことが二つある。一つはドイツの降伏に際して、その直前に中継された音楽放送である。たしかハンブルクからだったと思うが、アナウンサーもナチス・ドイツの最後を告げて、「運命」交響曲を送ってきた。そのうち日本もそうなることは大体分かっていた。伯父から、鈴木（貫太郎）内閣は、戦争を終わらせる政府だから、命を大事にしろと言い渡され、事実、その家にはリベラルの学者たちが集まって、戦後日本の再建、処理について議論が闘わされ、時にはお前も聞いておけと、部屋の片隅で拝聴することもあった。

## 嵐のあとの喜びと苦難

もう一つの思い出は音楽会である。音楽会は五月の大空襲まで、日比谷公会堂でやっていた。警報で中断したり、中止になったこともあったが、レオニード・クロイツァーや近衛秀麿といった演奏家の名前が浮かんでくる。

五月の大空襲で、塾は被災し、小泉塾長も重傷を負われたのだが、家を焼かれた伯父の教え子のF助教授が、先生からお借りしていました本だけは持ち出しました、といって本を返しに来られた時にたまたま居合せ、戦後、私がこの道に入ってからお会いする機会も何度かあり、その話をするとよく覚えて居られた。

七月になると、中学の時の動員が解除になり、一カ月間、形ばかりの授業が日吉であり、八月十六日から陸軍の弾薬工場に動員となるのだが、伯父から戦争は終結する、と聞かされていたので、それほど悲壮感は持たなかった。さすがにレコード音楽も聴く気がせず、ラジオの音楽放送も八月一日のモーツァルト、アイネクライネで終わったはずである。

八月十五日の前後に、中央線を普段は連結されていない一等寝台車のついた夜行列車が東京から出て行くのを見て、高貴な方が、敗戦で何が起こるか分からない首都を去って行くのかな、と思ったりした。

ともかく戦争は終わった。早速灯火管制の黒幕を外して息をついた。伯父から何か一曲かけてくれないかと言われ、「田園」を聴いたのが、戦後聴いた最初のレコードである。第四楽章の嵐の場面が去って、第五楽章に移るところは、まさに当時の状況にピッタリだった。

しかし、実際の生活上の苦難は、むしろそれから後に始まった。伯父の家にも疎開していた家族が戻ることになり、私はそこを出て、辛うじて戦災から免れた知人の家々を数カ月ずつ回ることになる。インフレが進み、親からの小遣いだけで戦争直後の東京に暮らすことは苦しくなった。引越し荷物も段々減ってきたが、それでも最後までレコードと蓄音機は、どんなに重くても満員電車で運んだ。古レコード屋で、財布をはたいてケンプの弾くベートーヴェンのワルトシュタインを買ったくらいである。

ベートーヴェンのピアノソナタは、シュナーベルの全集を何部か買ってあったし、家にもケンプの「熱情」や「作品一〇一」があったりして、かなり集まっていた。中学時代の音楽・文学仲間たちは、それぞれの道を歩み始めていたが、同人雑誌というか回覧文集を作ろうということになり、ノイエ・アテネウムという堂々たるタイトルで出発した。現在と違い、ワープロやコピー機があるわけでなし、同人を一回りしてくるのに二、三カ月はかかったが、二年近くは続いた。私もいくつか青くさい文章を書いたが、私のベートーヴェンのピアノソナタ論は連載ものだった。

実は、この時の文集は、てっきり散逸してしまったと思っていたら、最近になって律儀なB君のところに揃っていると聞き、一方では嬉しいのと同時に、他方では困ったとも思っている。ほろ苦い青春の思い出は、思い出のままにして置きたいからである。

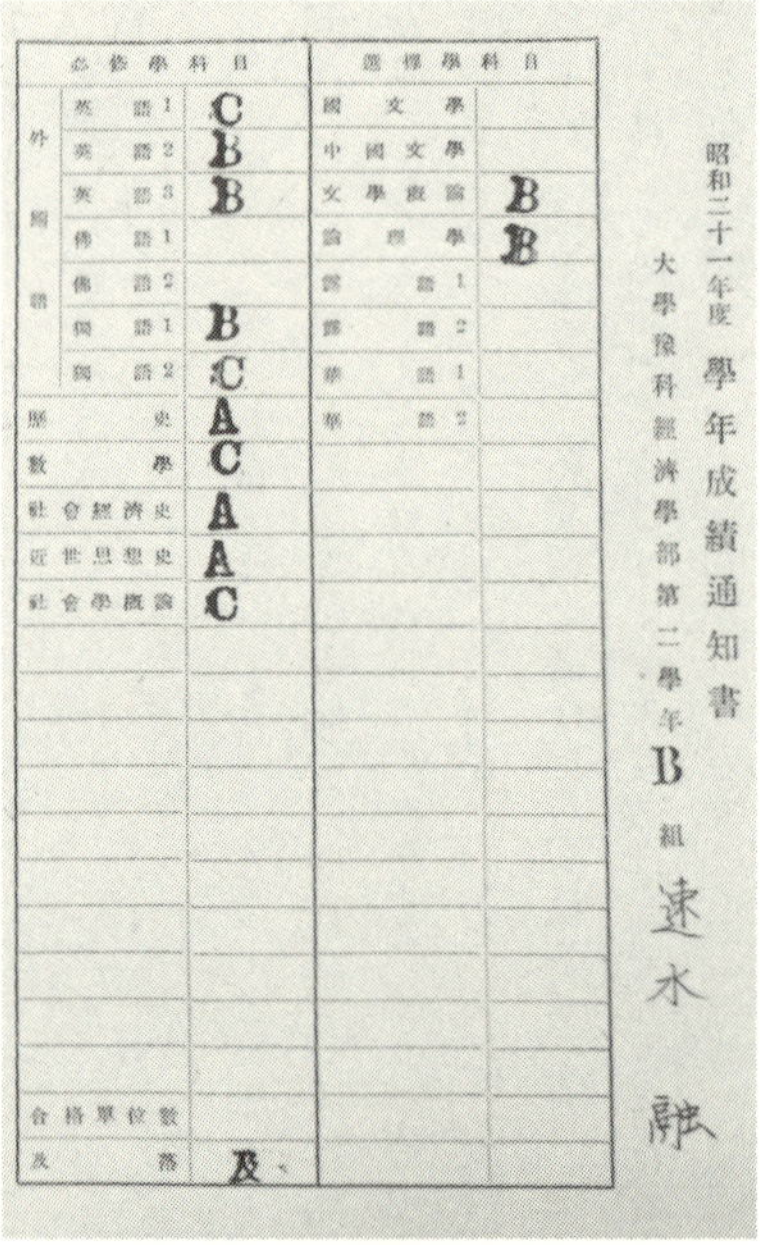

昭和二十一年度 學年成績通知書
大學豫科經濟學部第二學年 B 組 速水 融

| 必修學科目 | | | 選擇學科目 | |
| --- | --- | --- | --- | --- |
| 外國語 | 英語1 | C | 國文學 | |
| | 英語2 | B | 中國文學 | |
| | 英語3 | B | 文學槪論 | B |
| | 佛語1 | | 論理學 | B |
| | 佛語2 | | 露語1 | |
| | 獨語1 | B | 露語2 | |
| | 獨語2 | C | 華語1 | |
| 歷史 | | A | 華語2 | |
| 數學 | | C | | |
| 社會經濟史 | | A | | |
| 近世思想史 | | A | | |
| 社會學概論 | | C | | |
| 合格單位數 | | | | |
| 及落 | | 及 | | |

「おじいちゃんAが三つしかないね！」
（孫の言葉）

というわけで、戦争直後の二年半は、極端に言えば住所不定、せっかく再開された授業にも熱心でなく、したがって成績も超低空飛行がつづいたが、一九四八年になると両親も疎開から帰って、杉並に居を構えるようになり、大学の方も経済史という分野が自分の関心を満たしてくれることが分かり、さらに図書館が復活してまずまず落ち着いた。

レコード収集の方は一休みで、生涯唯一の空白期間である。レコードというのは、聴くことと集めることが重なるもので、収集しなかったことは、聴かなかったことにもなる。ただし、荻窪に住んでいた友人のE君のところには、いいコレクションと電蓄があり、レコード以外でも、麻雀と野球という、当時の学生の多くがもった趣味も共有していたので、定期を一駅先の荻窪まで買ってしばしば訪れた。私の持っていなかったベートーヴェンの第四交響曲の「ギリシャの乙女のような」美しさに魅せられて終電車を逃し、一時間ばかり歩いて帰ったことも思い出である。

こういった停滞状態は、意外なところから打ち破られる。それは、レコードではなく、再生装置の方からであった。戦時中の日本の通信技術の発展は、連合国側に較べればその比ではなかったのだろうが、とにかく色々な部品が並ぶ市、すなわち今日の秋葉原が誕生したのである。もちろん当時の秋葉原には、今日のような電気製品の量販店ビルが立ち並んでいたわけではなく、払い下げか横流しの部品を売る小さな露店が何十軒か集まっていたに過ぎない。今日でも一部にはその面影があるが、なかなか活気のあるところで、正札で売買するデパートとは違って、売り手と買い手のやり取りで値段が決まる商業の原点のような場所であった。

また、FENの放送が、たしか午後二時からクラシック音楽番組を流し、今まであまり聴く機会のなかったトスカニーニの振るNBCオーケストラとか、ブダペスト弦楽四重奏団の演奏を度々放送していた。それを普通の五球中波受信機で聴いていたのだが、オケが強奏すると音が割れるし、何とかならないものか、と思ったのがきっかけだったかもしれない。さらに、ようやく独立したプレーヤーが売り出され、レコードも受信機とつないで聴けることも分かってきた。

私には弟がいて、間もなく二人で離れのようなところで住むようになった。相棒の方がより熱心だったが、まずスピーカーをラジオから分離して自製の木箱に入れて聴くことから始まった。これだけでも音はかなり違うのは経験された方ならすぐお分かりだろう。次はラジオの組立で、出力が大きく、オケのフル演奏でも音の割れないものの制作である。私たちは部品を集め、配線図と首引きで、とにかく音の出るラジオを一台組み立て、プレーヤーやスピーカーとつなぎ、オーディオマニアの第一歩を踏み出した。

レコードを聴くと、さすがに録音の善し悪しが分かるようになり、とくに戦後吹き込みのシゲティのベートーヴェンの「ヴァイオリン協奏曲」など、独特の音が伝わってきて感嘆したものである。一方、トスカニーニの演奏が何ともドライな響きで、ラジオの作り方を間違えたか、と思うほどであった。また、ドイツグラモフォンが開発したVG盤という、盤面の溝の幅を、音の強弱に合わせて変えることにより、在来の盤より一倍半くらいは多く詰め込むことの出来るレコードも出た。「天国への階段のように長い」シューベルトの第九交響曲を、フルトヴェングラーが振った名演奏は、VG盤四枚だった。戦後さっそうと登場しながら、あまりにも早く世を去った、フリッチャイの指揮するベートーヴェンの第八交響曲が二枚で、それまで端正極まる演奏で決定版といわわたワインガルトナーの演奏になれた私に「戦後」を感じさせるに十分であった。

そうとは知らず、財布をはたいてSPやVGを集めていたところに、起こったレコード界の一大革新がLP・EPの登場である。古典は多くがLPなので、話をLPに限ることにするが、一九五〇年、アメリカで登場したLPは、音の良さ、ダイナミックレンジの広さ、一面に収まる長さのどれをとっても、SPをはるかに凌駕し、日本のレコード会社が生産を開始するはるか以前から、ファンの間にもてはやされるようになっていた。

この点でも私は後期ロマン派の長大音楽をレパートリーとする弟に遅れをとったが、アカイの三スピードモーター付きのプレーヤーを作り上げ、コラールというメーカーの、当時有名をはせた8インチスピーカーをかなり大きい密閉型のボックスに入れていたのだが、どこで手に入れたのか、ボルサムスキーだったかの指揮するマーラーの第一交響曲をじゃんじゃん鳴らされるのを黙って聴いている訳には行かない。

まずアンプを作ろうということになり、V6PPという略称の、6V6という作動管二本、プッシュプル、フィードバック回路をもった、標準的なアンプを幾晩かかけて作りあげた。戦争中、勤労動員先の工場で専らやらされていたハンダ付けの要領が役に立った。発売当初のLPは、制作会社によってレコードへの音の入れ方、つまりミゾを広く取る低音を抑え、高音を伸ばす程度が違っていて、イコライザーという余計な回路をつけ、録音特性に応じて四つか五つのなかから、スイッチで相当するものを選ばなければならなかった。現在のパソコンがごく最近まで互換性のないOSで動いていたのと似ている。しかし、このアンプは我ながら傑作で、その後も長く使うことになる。真空管がむき出しの機器は、何か新しい時代の産物、という印象さえ与えてくれた。

音にこだわるようだが、事実一九五〇年、卒業後、最初の勤めは月給五千円で、LP一枚が三千円以上したのだから、買えるLPも二カ月に一枚が限度だったことも関係している。それもレコードばかり買う！　と機嫌の悪い父親の目に触れないように、弟と示し合わせて窓からLPを渡し、何食わぬ顔で母屋に入ったことも何回かあった。とにかく、この革新に心を奪われ、可処分所得のほとんど全額はLP収集に向けられることになる。

ともかくLPの登場はレコードファンにとっては、CD登場以上の革新だった。音を出す原理には違いはなく、従ってモーターやカートリッジの部分がSPと共用できたが、新しい装置と組み合わせれば、ダイナミックレンジは広いし、うかつにも聴き落としていたモーツァルトの交響曲第四十番の出だしの、主題の前の音を初めて聴くことができてアレレと思ったものだ。

日本のレコード会社がLP制作・販売に踏み切る前でも、正規の輸入だったのかどうか知らないが、LPは随分出回っていた。進駐軍横流しだったのかもしれない。また今まで聞いたこともないマイナーレーベルが一斉にLP製造販売に乗り出し、結構厚いカタログもシュワンともう一種類が毎月出て、ほしい盤に印をつけると、一生かかっても集め切れないほどになり、長嘆息したものである。

アメリカでも標準的には一枚五・九五ドル、円に換算して二千円以上、日本で買うと三千円はするので、欲しいものを手に入れたと思うと、その何倍かで次の収集予定がふくらみ、先立つものはなく、欲求不満のボルテージは上がる一方であった。

## 展開部　ＬＰ登場

最初の頃買い求めたＬＰのなかで、忘れ難いのは、ウエストミンスターの室内楽である。そもそもウエストミンスターなどというレコード会社は名前さえ知らなかったのだが、ウィーンコンツェルトハウスやバリリ弦楽四重奏団の弾くモーツァルトやベートーヴェン、シューベルトは、ＳＰ時代には味わえなかった室内楽の醍醐味を教えてくれた。中でも、ウラッハが「泣きながら吹いている」と形容された、モーツァルトの「クラリネット五重奏曲」は、もうこれ以上のものはない、と私をとらえた。今でもマルセルにとってフェルメールの「デルフト」がそうであったように、生前に聴く最後の音楽にしたいと思っている。

ベートーヴェンの後期の弦楽四重奏にしても、ＳＰでは五分で裏表ひっくり返さなければならないのでは興ざめも甚だしいが、一曲を途中で楽章をきることなく続けて聴けるということで、私のレパートリーに入ってきた。ただし、このウエストミンスター盤だが、一面になるべく長く詰め込むのが方針だったようで、曲の終りの方になると、内側のカーヴに沿った溝の角度がきつくなり、歪んだ音を出すのには閉口した。現在のＣＤは、内側から外側へと信号が入っているし、溝を針がなぞって物理的に音を出すわけではないので、こんな心配は要らない、と思いきや、カール・ベームの指揮したモーツァルトの管楽器のコンチェルトは、結構ゴーストが入っているという不思議な盤である。しかし、昔の盤のＣＤ化されたものを聴いても、内側の歪みはなくなったことは確かである。

もちろんウエストミンスターだけが、私の買うLPだったわけではない。近現代を得意とするマーキュリー、キャピトルはあまり縁がなかったが、ヴァンガードのヤノス・シュターカーのバッハ、無伴奏チェロ組曲は驚嘆に値する音楽であり、音でもあった。ただし、どうしても理解できなかったのは、米デッカの盤質のひどさで、せっかくドイツ・グラモフォンと提携していたので、ケンプを買ってきたら、ザラザラという接触音の激しさに腹を立てたこともある。なぜああいったものが商品となって売られていたのか未だに分からない。

当時のLP店で面白かったのは、輸入品を扱う「ハルモニア」である。広告で銀座四丁目とあるので、そういう店があったかなあと思いながら三越や服部時計店のあたりをうろついたが、見当たらない。あきらめて地下鉄に乗ろうとしたら、地下の通路の一角にあるのを発見した。確かに銀座四丁目に違いないが、立体的に場所を探さなくてはいけないことを知った。そこでは専らアメリカ製のLPを売っていた。同時に店頭に並んでいた、ウラニア（正確にはユーレィニアと発音しないと通じない）盤と、HMV盤のフルトヴェングラーの「エロイカ」のどちらを買うべきか、寒月氏がヴァイオリンを買うかどうかくらい迷ったが、結局品格のあるラベルやケースの魅力に負けてHMV（ただしアメリカRCAから出ている）盤を買ってしまった。ウラニア盤は戦争末期の録音で、ピッチが早く入っているという曰く付きのものである。フルトヴェングラーが訴訟を起こした位で、一頃は中古レコード市場で、人気銘柄だった。これを買わなかったのは、コレクターとして失格である。

それから、ドイツグラモフォンの輸入盤は、何故か銀座のヤマハでしか手に入らなかった。初期の盤は、堅いボール紙製でなく、クリーム色の柔らかい紙で、絵も写真もない単純だが上品な統一された入れものに入っていた。アメリカのデッカ盤に懲りた私は、フルトヴェングラーやケンプを、場合によっては買い直した。

ＬＰが日本のレコード会社から発売されたのは、一九五三年だったかと記憶する。当初の盤にはひどいものもあって、せっかく昼飯を抜いて買い求めたワルターのＮＹフィルを指揮する「エロイカ」は、第二楽章のいいところで裏返さなければならないし、何よりも、隣の溝の音まで出してしまうので、興をそぐこと甚だしく、値段も盤質のいい海外盤の方が安いくらいなので、当分国産ＬＰを買うのを止めようと決心したほどである。まだ日本のＡＶ産業が国際競争力を身につける以前の話である。

ただし、ワルターの名誉のためにも、この演奏は彼がＮＹフィルを振ったもののなかでも出色で、ＣＤ化された盤からは、こういったゴーストは出ず、演奏を堪能できる名盤だということを付け加えておこう。ワルターといえば、シゲティと共演したベートーヴェンのヴァイオリン協奏曲の戦後吹き込み盤にもほとほと感心した。旅先で、ラジオから流れてくるこの曲を聴いて求めたのだが、アンプを通して聴くと、シゲティのものすごい弦をこする音と、熱演が伝わってきて、まるで最前列の席で聴いているような気さえした。

ＬＰ収集も最初の頃はＳＰと併用して聴いていたので、なるべくダブらないように集めたが、何しろ一枚の収録時間が長くなり、ブルックナーやマーラーの長大交響曲はいざ知らず、モーツァルトやベートーヴェンは、一枚で二曲入っているという、およそＳＰ時代には想像も付かなかった事態に直面する。いわゆるカップリングの問題で、ＣＤにもいえることだが、ある場合には、心ならずも同じ指揮者や、演奏者の盤を買うことになってしまう。

しかし、そのなかでもカップリングの妙の恩恵に浴することもあった。たとえば、上述のワルターがＮＹフィルを指揮するモーツァルトの四十番の交響曲は、三十五番「ハフナー」と裏表になっていて、この「ハフナー」も絶品だった。ＣＤ化されて、先ず求めたワルターのモーツァルトは、後にコロンビア交響楽団を指揮したステレオ録音ではなく、ＮＹフィルのモノラル盤の方である。また同じワルターのベートーヴェンでも、第四が第二と組み合わされた盤は収録時間がそれぞれ三十分を超える、まさに超長時間録音盤だが、初めて聴いたワルターの振る第二は、私にとってその後これを凌駕するもののない名盤となった。

というわけで、普通のレコードコレクターが先ず心掛けるベートーヴェンの交響曲は、第一が第八とカップルになった、フリッチャイ指揮、ベルリンＲＩＡＳ交響楽団（ドイツグラモフォン）、第二と第四がワルター—ＮＹフィル（米コロンビア）、第三がフルトヴェングラー—ウィーンフィル（ＨＭＶ）、第五がＯ・ヨッフムがアムステルダムコンセルトヘボウを振った盤（エピック）、第六がクライバーがアムステルダムコンセルトヘボウを指揮した盤（ロンドン）、第七がワルター

—NYフィル（日本コロムビア）、第九がフルトヴェングラーがバイロイト音楽祭の再開に際して振ったライヴ盤（東芝エンジェル）という、当時入手可能ななかでは当然の編成となった。時に一九五五年暮れである。フルトヴェングラーの盤については、ご多分に漏れずいいたいことはたくさんあるので、日を改めて書くことにしよう。

この頃になると、日本プレス盤も信頼できるようになり、輸入盤ともども求めるようになっていた。ロンドンやエンジェルといった、新しいレーベルも登場してレコード店は賑やかになってきた。戦前から活躍している演奏家に混じり、戦後登場した演奏家も、これらの新しいレーベルの音溝から、清新な響きを奏でてくれた。

そのなかで、やや後のことになるが、演奏会に行って、つくづく生まれてきてよかったという満足感を与えてくれたのは、カール・ミュンヒンガーとその指揮するシュトゥットガルト室内管弦楽団の演奏である。その演奏するJ・S・バッハの組曲第二番は、私のバッハ観を完全に打ち砕き、それ以来、バッハの音楽は帰ってゆく原点のような存在になってしまった。多分、フルートと通奏低音の素晴らしさを加え、あの演奏に酔わなかった者はいないはずである。ようやく内外の演奏家によって音楽会も盛んになってきたが、今みたいに多くの音楽会場で、始終音楽会が開かれているわけではなかっただけに、一回一回身を引き締めて聴きにいった。ついで出たミュンヒンガーのバッハ、ブランデンブルグ協奏曲も財布をはたいて求めたのは当然である。

初期の頃にはムラのあった録音も、安定してきたし、大編成のオーケストラが朗々と響くロンドンやエピック（現在のフィリップス）、室内楽やピアノのウェストミンスターには、文句の付けようもなかった。ただしCDと違って、録音の記録は一切なく、いつ、どこで、誰によってなされたのかは素人には分からなかった。ライヴ録音か、スタジオ録音かの区別も記してなかった。これをきちんと書くようになったのはLPも末期のことだが、CDにはそれが明記されていて、レコード愛好家には有難い情報である。

そうこうしているうちに、レコード界に異変がおこった。ステレオの出現である。今までのLPは、結構いい音になっていたので、これで十分と思っていたら、音源を左右にわけ、それぞれから独立に録音した音をだすことによって、音の広がりを聴かせようというものである。たしか一九五八年にアメリカで初めて発売されたのだと思うが、たちまち日本のレコード市場をまきこみ、新しく出るレコードは、ほとんどがステレオで、あっという間にステレオという時代になってしまった。もとの録音テープがステレオならば、それからステレオレコードを作るのは造作もないことだったのだろう。困るのはこっちで、カートリッジを替え、アンプを替え、スピーカーを増設しなければならない。しばらくは「やせ我慢」してステレオなぞにはごまかされないぞ、と吹いていたが、ステレオ録音の新しいレコードが続々出てくるに及んで簡単に落城、やはりステレオの方がいいね等とうそぶく節操のなさぶりを発揮した。

この装置の取り替えを機に、いよいよSPともおさらばして、LP専用のプレーヤーそしてアンプ、スピーカーに買い替えた。初代の手製のものは、約七年で役目を果たしたことになる。もう徹夜でハンダ付けする元気もなく、また、オーディオの専門メーカーが一斉に製品を市場に出し始めた頃なので、秋葉原もかなり様変りし、完成品の量販店が並び始めていた。それだけに出費がかさみ、せっかく出ているステレオソフトの方はお預けとなった。

私事にわたるが一九六〇年頃というのは、何かに付け不調期で、研究もろくに進まず、何をやっていたのかよく思い出せない時代である。それを脱し得たのは、一九六三年から始まるヨーロッパ留学だったかもしれない。一見レコードと無関係のようだが、実は大いに関係している。

## フェルマータ

一九六三年二月十日の日曜日、エールフランス一八五便は、定刻十時に快晴の羽田を飛び立った。ボーイング七〇七の機体には定員の二割ほどの乗客を乗せて、南回り、途中愛想よく各地に降りて、三十時間ほどでパリに着く。もっとも私はテヘランで降りた。この時の中近東の旅については、つい二年前、本誌に書かせていただいたので省略する（本書三二八ページ以下参照）。ただ、今と違って、海外旅行は自由ではなく、一ドル三百六十円の固定レートで、留学生は一日二十五ドルの枠をもらって、円貨をドルに替えたが、その円がままならなかった。航空運賃もディスカウント切符などなく、ヨーロッパ往復が千二百ドル、つまり四十万円以上した。今の安売り切符の三倍だから、当時の収入を考えるといかに高かったかがわかる。

ともかくヨーロッパに着いて、パリのサンミシェル通り近くにあるレコード店で、ヴィヴァルディなどを買った。日本で買うのより三割は安く、購入欲をそそられる。ロンドンでは、オックスフォード街の端に、The World's Largest Shop とあるHMV店をしばしば訪れることになった。

しかし、ヨーロッパでは、音楽会に行く機会が多く、その思い出にレコードを求めるという、いってみれば「正統派」的買い方をしたし、そんなに資金が潤沢だったわけでもないので、あまりレコード集めに執着しなかった。音楽会の方には、とくにロンドンでは毎日のように出かけた。ロンドンにゆくと、まずプログラムを手にいれ、音楽会の切符を買って、それから予定を立てるという有様ですっかり堪能したものだ。ロイヤル・フェスティヴァル・ホールでも、舞台背後の席だと、五百円くらいで聴けたので、専らその愛用者となった。オーケストラを後ろから眺める形になるので、演奏者、とくに管楽器奏者は、完全に後ろ姿を見ることになり、何で皆「光って」いるのだろうと感心したものである。しかし、指揮者の姿はよく見え、この指揮者のレコードを是非、と思う気持ちにさせてくれた。

最初に聴いたのが何とエリザベート・シュワルツコップだった。ボスコフスキーが指揮するオペレッタのアリアで、普段はほとんど聴かないのだが、シュワルツコップはシューベルトの歌曲、フルトヴェングラーの第九などのレコードですっかりファンになっていたので、嬉しかった。実際に聴く歌唱力はすばらしく、ああ来てよかった、と思ったものである。ロンドンでの人気も高く、アンコール三曲、舞台に七回引っ張り出される有様だった。ただし音楽とは関係ないのだが、日本で求めたシューベルトの歌曲集のレコードのジャケットの姿をイメージしていたのとは違っていた。あれは、随分若い頃の写真なのだろう。なぜかシュワルツコップには憑いていて、ヨーロッパに滞在中三回ほど聴くことになる。

小さなカレッジの講堂で、ベートーヴェンの最後のピアノ・ソナタ三曲を聴いたり、ソ連から出ることを決意した、まさにその時の演奏であるアシュケナージとロンドン・シンフォニーによるブラームスのピアノ協奏曲第二番などが印象に残っている。

私の留学先は、リスボンで、指導教授の高村象平先生にあやかり、日葡貿易史を一次史料からやろうと志したのだが、到底歯が立たず、早々にテーマ変更をしてベルギーに移ったが、日葡関係史の方は文学部の高瀬弘一郎教授によって立派に進められ、私などの出る幕ではなかった。

それでもリスボンには何か月かいた。リスボンはヨーロッパの果てで、古典音楽の演奏会もめったになく、日本から持っていった電池を使う小さなポータブル「電蓄」でレコードを聴いたが、電池がすぐ摩耗してピッチが狂い、興をそがれることおびただしかった。音楽会の思い出としては、ポピュラーになるが、アマリア・ロドリゲスを聴けたのは幸運だった。日本で「過去をもつ愛情」と名づけられた映画で、彼女が「暗いはしけ」を歌い、それでポルトガルへ行こうといういささか不純な動機を与えてくれた張本人である。まだ若々しく、数年前にパリのオランピアで大成功したばかりの時だった。実は、パリで最初に目に入ったのもその時のライヴで、もちろん求めたヨーロッパ第一号レコードである。

もう一つは、六月一日、クレツキーがフランス放送管弦楽団を率いてやってきた時のことである。モーツァルトの三九番と、ブラームス一番だったが、会場の雰囲気が悪く、聴衆がガヤガヤしていたせいか、クレツキーは、モーツァルトの途中で指揮棒で台をたたいてやめてしまった。こういう経験は初めてで驚いたし、モーツァルトは全くしらけてしまった。後で、指揮者の渡邊暁雄氏に会う機会があったので聞いてみたら、彼ならやりかねませんね、といわれた。

夏にはポルトガルを出て、ヨーロッパ旅行をしたが、ザルツブルグ音楽祭には、リスボンで切符を手配して出かけた。さすがに「ヨーロッパ」を感じたが、聴衆の立派な服装には驚いた。大劇場で「魔笛」をやっているのと同じ時間に、モーツァルテウムでシュワルツコップが歌っていたり、贅沢極まれりというわけである。正式の音楽祭番組以外にも、屋外で「室内」楽をやっていたり、数日いるとモーツァルト漬けになる。しかし、その後四回も出かけることになるとは、露知らずであった。

幸運にも十月にベルリンを訪ねた時、ちょうど新しいフィルハーモニーのこけら落としの音楽会にめぐり合うことができた。ロンドンのロイヤル・フェスティヴァル・ホールも近代的な会場だなあと思ったが、ベルリンのフィルハーモニーはもっと新しく、貝殻を大きくしたような感じである。だし物は、言わずともわかるベートーヴェンの第九で、もちろんカラヤンの指揮である。カラヤンはオランダで一度聴いていたが、実は私の好みではない。カラヤンのファンには申し訳ないが、ヨーロッパで聴いたシンフォニーの指揮者としては、断然オットー・クレンペラーがよかった。しかし、ベルリンの新フィルハーモニーのこけら落としとあれば話は別で、ホテルで若干プレミアムを払って切符を入手し、十月十五日、その数年前にできた「壁」のすぐ傍のフィルハーモニーに出かけた。

プレミアムを払って手に入れたチケット

　演奏については何も言わないことにしよう。「第九」ともなると、誰が振っても感動を与えてくれるものである。その日の印象としては、意外にもいくつか空席があったことで、プレミアムを払って損をした！という思いがした。もっともベルリンの特殊事情を考えれば、来られなかった人もいたのかもしれない。それと、記念品として、ドイツ・グラモフォンが、両面にカラヤンの「第九」の練習状況（場所は記録されていない）の入ったLPレコードを、来会者全員に配ったことである。もちろんカラヤンの声は初めからしまいまで入っている。私のレコード・コレクションに、カラヤンは少ないのだが、この一枚は貴重品で、大事にしまってある。この日に会場にいった日本人は、それほど多くなかった筈である。

　ベルリンからロンドンへ来て、ハンス・リヒター＝ハーザーのベートーヴェンのピアノソナタは、全く偶然私の泊まっていた近くのホテルで休んで居られるのをお見かけした、小池基之経済学部長と同席して聴いたものである。「ハンマークラフィーア」が最高によく、早速レコードを探し求めた。翌日が、クレンペラーの指揮によるベートーヴェン「ミサ・ソレムニス」と、豪華版続きであった。クレンペラーは、車椅子から指揮をしていたが、フルトヴェングラーやワルター亡きあと、生存する唯一の戦前からの巨匠で、さすがに威風堂々たるものがあり、この指揮者のレコードを集めようという決心をさせるに十分であった。

もうひとつ忘れられない経験は、日にちも曲もはっきりしないが、オランダのハーグで小澤征爾がハーグ市のオーケストラを振ったのを聴いたことである。小澤氏は、その前年にN響と喧嘩して飛び出してしまったばかりの時で、ヨーロッパでは無名に近かったのだろうが、ハーグの演奏会は成功だったと思う。隣のオランダ人が非常に感心していた。私は、彼が喧嘩して日本から出てしまったことを話すと、どの国でも優秀なのはそうなるのだ、といってまた感心していた。

というわけで、この時のヨーロッパ留学中、出かけた音楽会は五十回を越えた。といっても、後半、ベルギー（ゲント）に移ってからは、研究目標も定まり、あまり出かけなくなったが、これは生涯の記録である。レコードも何十枚か求めたが、実演を聴いた演奏団体、演奏家のものが多く、それから後のコレクションの一つの基準を作ったことになる。と同時に、日本国内のレコードが、何割か高いことも身をもって体験した。次の海外出張までには六年間を要したが、海外に出かける度に、その地のレコード店に立ち寄るのも癖になってしまった。日本のレコード店に比べると、特にヨーロッパの店は何か商売気のない感じを受けるが、とにかく値段には差があるのは歴然としている。この点いまだにそうなのはなぜなのだろう。

ヨーロッパで仕入れたものは実に多かったが、実演の音色、音楽会の雰囲気は、やはりレコードからは求められないものである。あたり前のことだが、レコードを楽しむには、実演とは違う聴き方があっていい筈である。それは何なのだろうか。しばらく見いだせないまま、レコード・コレクションもフェルマータを迎える。

## 入院先のモーツァルト

風薫る五月にはいささか鬱陶しい話で恐縮だが、いまこの稿は入院先の病室で書いている。入院といっても検査入院で、直ちに治療というわけではない。しかし、ずっと健康で来たので、入院は物心ついて以来初めてである。退屈なのか、それどころではないのか計りかねたが、熱があったり、どこかが痛かったり、始終注射だの手術だののあるわけではなし、多分時間は持てあますほどあるだろう。それならこの機会に大いに聴くことにしようと思い、ＣＤ若干とディスクマンを持ち込んだ。

一週間ということなので、相当聴けるはずだが、何を持ってくるか、随分考えた。心静まるバッハのチェンバロが何となく相応しいような気もする。普段聴く機会の少ないハイドンの室内楽も悪くない選択である。ベートーヴェンで勇気づけられる必要に迫られるかもしれない。だが、結局はというか予想通りというか、モーツァルトに落ち着いた。ランドンの『モーツァルト』を新書本で直前に読んだことも利いているのかもしれない。

持ち込んだCDの曲名、演奏者を挙げると、それだけで決められた枚数はこえそうである。極めて常識的な選択で、中後期の作品の中から、交響曲、ピアノ協奏曲、室内楽、ピアノ曲を三十枚ばかり、それに万一（？）に備えて、バッハを一枚（ランドフスカの弾くゴールドベルグ変奏曲）と、出掛ける直前にフルトヴェングラーの振るベートーヴェンの交響曲を鞄に詰め込んだ。まさに、モーストリー・モーツァルトである。

演奏をどれにするか、正直いって決める暇はなかった。ただ聴く場所が場所だけに、何枚かが一つのケースに納まっているものを主に選んだ。だからピアノ協奏曲は、最後期の八曲がセットになっているバレンボイム・ベルリンフィルに、ピアノソナタは内田光子の東京でのシリーズライヴ録音盤となった。これらはいずれも第一級の演奏であり、普段でもプレーヤーに入れてしまう盤には違いないが、それぞれにもっと多彩な選択があり得た。

入院してしばらくはいろいろな手続きや処置があり、結構忙しいものだと思ったが、初日の午後も三時を過ぎると、どうやら時間がありそうだということが判明し、おもむろにディスクマンを引っ張り出す。滅多にない機会というか、ない方がいい機会だが、早速聴くことにする。バッハとベートーヴェンはできれば聴かずに持ち帰りたいものだ。聴く装置がディスクマンなので、重低音を楽しむわけには行かないが、他人に迷惑はかからないだろう。ただし、少しでもいい音でと思い、別に求めたヘッドホーンを持ってきた。

さて何から入ろうか。最初に短調の交響曲やピアノ協奏曲を聴いてしまったらあとが続かない。おもむろに室内楽、それもセレナーデ、ディヴェルティメントから始めよう。モーツァルト自身の作曲年代順ともなる。

前置きが長くなってしまったが、ようやくヘッドホーンから頭蓋の内に響き出したのは、かの「セレナータ・ノットゥルナ」、K・二三九、二十年ほど前にカール・ベームがベルリン・フィルを振った演奏である。この曲については特別の思い入れがあるが、そのことは前にも書いた。それよりもベームの思い出を綴ろう。レコードでベームを初めて知ったのは、「アイネ・クライネ・ナハトムジーク」で、ウィーンのオーケストラを振った四十五回転のEP盤だった。EP盤はほとんど集めなかったが、数少ないEPコレクションの一枚で絶品だった。それからロンドン盤吹き込みのモーツァルトの三十四番と三十八番のメニュエットなしの交響曲がカップリングされたものと、ブラームスの第三で、もちろんウィーン・フィルを振ったLPである。ブラームスの最終楽章で弦がさざ波のようにさざめくところなど、まさにシビれた。もう六十歳になっていたのに、ジャケットの姿は青年ベームといった感じだった。

実演にも何回か接したが、忘れられないのは彼の八十歳の誕生日を記念して演じられた「コシ・ファン・トゥッテ」で、一九七四年のザルツブルグ音楽祭で聴くことができた。演奏が終わって舞台に出てきたベームは幸福感に満ちあふれているように見えた。この時の演奏はライヴ録音盤としてLPになり、CD化されている。聴衆の拍手も、私自身のを含めて入っている。

オーストリー国鉄は、彼が亡くなってからだが、生まれ育ったグラーツとウィーンの間に、特急「カール・ベーム」号を走らせている。一方で鉄道マニアの私は、用もないのにこの濃いだいだい色の客車列車に乗りにいったことがある。ベームの演奏する音楽こそ流れていなかったが、ザルツブルグ出身のカラヤンの名のつく列車はない。

などと書いている内に、曲はK・三六五の、「グラン・パルティータ」とも呼ばれる「十三管楽器のためのセレナード」になっている。この管楽器（実際にはちょっとだけコントラバスが入る楽章があるが）の織りなす官能美に満ちた名曲に、映画「アマデウス」でサリエリが完璧に打ちのめされる場面があるが、サリエリならずとも、聴いて陶然とならないものはいないだろう。モーツァルトの管楽器の使い方はハイドンやベートーヴェンと違って、あたかも自分の分身のように自由自在であり、湧いてきた曲想をそのまま符にしたように思われる。ベートーヴェンだって、管楽器を交響曲や、管弦楽曲で盛んに使ったが、モーツァルトのように、最後まで管楽器主体の協奏曲や室内楽曲は作らず、若いうちに放棄している。ベートーヴェンにとって、最も大切だったのは弦楽器、特にチェロではなかったのだろうか。弦楽四重奏は、第九を書いたあとでも、最後まで彼の創作の場となったし、モーツァルトには一曲もないチェロ・ソナタは初期・中期・後期を通じて作られている。チェロ曲のなかには、モーツァルトの「魔笛」のアリアを主題にした著名な曲さえある。

ところが、モーツァルトにとって、弦楽四重奏の作曲は容易ではなかったようである。ハイドンに捧げられた弦楽四重奏曲のオリジナル譜を精査したランドンは、そこにモーツァルトにしては珍しく、消したり加えたり、書き直しの痕を見つけている。管楽器主体の音楽では独壇場であったモーツァルトも、弦楽四重奏という最も緊張度と求心性を要求される曲種では、ハイドン、ベートーヴェンと並ばざるを得なかったように思える。

もう一つ、敢えて言えば、モーツァルトは弦楽四重奏に、ヴィオラを加えた弦楽五重奏曲をいくつか作り、とくにK・五一五と五一六の二曲はモーツァルトの代表作に加えていいだろう。なぜヴィオラをもう一つ加える必要があったのだろうか。一つは、モーツァルト自身この楽器を好んで演奏したことが考えられる。もう一つは全くの憶測だが、いろいろ約束事が多く、ハイドンによって様式の確定した四重奏では羽根を伸ばせず、五重奏、しかもヴィオラ二丁という変った編成で、自由を楽しんだのではなかろうか、という気がする。

もちろん、モーツァルトの弦楽四重奏曲にケチをつける気は毛頭ない。それどころか、持ち込んだアルバンベルク四重奏団の完成度の高い演奏から聴くことのできるK・四二一を初めとするハイドン四重奏曲は、古今の名曲であることには違いない。

ここで、交響曲か協奏曲に行きたいところである。バレンボイムがベルリン・フィルと弾き振りの晩年の八曲のなかから、二〇番ニ短調、K・四六六を取り出してセットした。やがて流れ出したのは、私の最も好きなモーツァルトである。ベートーヴェンは、中期で協奏曲をやめてしまったが、モーツァルトは最後まで作曲した。彼がもっと長く生きていたらどうなったか分からないが、モーツァルトにとって、独奏者が充分腕をふるえる曲種の方が得意だったように思われる。

このニ短調のピアノ協奏曲にも長い思い出があって、敗戦前のSP時代にも名演を友人のところで聴かせてもらった。自分で求めたのはモーツァルトの生誕二〇〇年記念（従って一九五六年）に発売されたクララ・ハスキルのエピック盤が初めてであった。それから何枚も買って、CD時代になってまた買い直し、かなりの枚数になっている。このバレンボイム盤も、LDでも持っているから、熱の入れ方は、四〇番ト短調交響曲と双璧である。

バレンボイムは、モーツァルトの作曲のなかでも、最も感情の起伏の大きいこの曲を、完全に自分のものとしたように演奏する。しかも、大編成のベルリン・フィルを弾き振るのだから力のこもった熱演である。といっても、レコード録音は、マイクからの集音を調整するのだから、実演の音とは違っている筈で、このあたりがスタディオ録音におけるプロデューサーや技術者の腕の見せ所である。レコードは、演奏者とこういった表面には出ない人々の共同作業で、この協奏曲では全員の息が合って見事なCDとなった。

映画「アマデウス」は、何も知らないでそれを見る人に、とんでもないモーツァルト像を与えてしまうという意味では「有害映画」だが、娯楽作品としては面白い。芝居の方がもっと傑作なのだが、映画ならではの場面として、終わった後のクレディットがズラズラッと上がるところのBGMにニ短調ピアノ協奏曲の第二楽章が流れるところがある。この楽章は、日本ではテレビのCMにまで使われて余りにも有名であるが、なぜかあの映画をくくるにはふさわしい。製作者はよほどここが好きだったのかも知れない。そんなことが頭をよぎった。

## アンダンテ　春の宵

幸い入院は十日足らずで済み、禁を犯してベートーヴェンも聴いたが、すっかりモーツァルト漬けになって出てきた。やはり、彼自身自覚していなかったろうが、最晩年の曲はそれまでのものと違うことを再確認した。ピアノ協奏曲にしても、最後の二七番変ロ長調、K・五九五はたびたび言われるように、ニ短調やハ短調のころのモーツァルトとは違って、一種の諦観さえ感じさせるような成熟を感じる。この曲は、バレンボイムが日本に来た時に聴いたが、レコードではステレオ直前にバックハウスがウィーンフィルと演奏したロンドン盤が懐かしい。もっとも、CD化されて今でも入手可能であるが、バックハウスというとベートーヴェン弾きという先入観を持っていた私は、彼のこの協奏曲には脱帽した。

退院してから、またレコード音楽を聴く時間が一段と増えたが、多分病院では限られた選択しかできず、しかもそれをヘッドフォンで聴かなければならなかったことへの反動なのだろう。曲も、モーツァルト以外のものが多くなってしまった。といっても、私のレパートリーは、ベートーヴェン以前、しかも器楽に限られているから、モーツァルトでなければ、結局ベートーヴェンに落ち着く。平凡なようだが、やはり交響曲、弦楽四重奏曲、ピアノソナタを中心に聴き込んだ。

交響曲では、九四年の世界各国のレコード界を感嘆させた、ガーディナー指揮の全集が、小編成の、古楽器を使った演奏としては申し分ない。実はこのレコードは、昨年九月にケンブリッジを訪れた際、ヘファーズ書店の隣にあるレコード店で求めたものである。その時、店内にはグレゴリアンチャントが流れていて、これは世界的に共通する流行なのかなあ、と思った。円高のお蔭でガーディナーの盤は、たしか日本円で六千円もしなかったくらいである。ついこの間までは、ベートーヴェンの交響曲を全部集めるとなったら、ボーナス時にやっと、という思いであった。

ガーディナーも悪くないけれども、私は、最近流行の小編成の、古楽器を使った演奏より、大編成のオーケストラの演奏の方が好きである。最近の盤では、来塾の機会もあるサワリッシュ指揮、（アムステルダム）ロイヤル・コンセルトヘボウ交響楽団、コリンズ指揮、ドレスデン・シュタッツカペレの演奏を、新盤が出る度に求めていたが、両方ともまだ完成していない（サワリッシュの方は、ごく最近完成した）。とくにコリンズの方は、日本語解説によると、第一枚目のエロイカが出たきりである。全集として完成するのかどうかも危ぶまれる。こういう時に、未発売分を含めた全集盤が、一枚一枚買っていったのより低価格で出るのには一番腹が立つ。

最近筆者が経験したのでは、ピリスのモーツァルト、ピアノソナタ集で、DG社から新録音が出始めて、一枚一枚楽しみに求めていたら、ある時ドッと全集が安く出てがっくりきた。まあ早く聴いた分、我慢しなさいということなのかも知れないが、何か特典があってもよさそうに思う。いま出始めているブレンデルのベートーヴェン、ピアノソナタも、そういう事態になりそうだが、やはり早く聴きたいので、輸入盤で一枚一枚求めている。

それはそうと、サワリッシュとコリンズでは、演奏のスタイル、オーケストラの音の響きもかなり違っているから、二つを代表として挙げるのはおかしいかも知れない。しかしそこがレコードの有難さで、いずれか一方に嫌悪感を抱かない限り、時に応じて選択して聴くことができる。今日はコリンズの重厚な指揮とドレスデンの正統派的音響を、明日はサワリッシュのバランスのとれた、そしてコンセルトヘボウの明快な音を、という具合にである。こういう時にはレコード音楽の有難さが身に沁みる。

弦楽四重奏については、名演奏が目白押しで、どれか一つをと言われたら水島寒月氏がヴァイオリンを買う時くらいは悩むだろう。やや古くなったとはいえ、二十年前のスメタナ四重奏団から始まって、アルバンベルグの第一回、メロス四重奏団、東京クワルテット、アルバンベルグの第二回と、いずれも演奏録音とも甲乙つけ難い。この他にも、ジュリアードやエマーソンは、いかにもアメリカの若い力を感じさせる好演奏だし、ウィーンの四重奏団のなかに、伝統を聴き取ることは困難ではない。予想だが、おそらく近い将来、ハーゲン四重奏団が本格的に活動を開始するだろう。現在は弦楽四重奏団花盛りの時代である。

面白いことに、この弦楽四重奏団の栄枯盛衰は以前から波状にあった。戦前期には、カペーから始まり、ブダペスト、ブッシュが競い合う黄金時代があった。戦争直後は、ウィーンのコンツェルトハウス、バリリ、アメリカに渡ったブダペストらによって、続けられていたが昔日の面影はなかった。ヴェーグ四重奏団が、その中にあって頑張っていたといえる。

ＬＰ時代の初期には、そういった四重奏団の演奏がレコード化されたが、余裕もなく、一つまたは複数の四重奏団の演奏でベートーヴェンを全部揃えることはできず、初期はブダペスト、中後期はウィーンコンツェルトハウスといった具合だったが、その中で、ヴェーグ四重奏団のラズモフスキー三番とハープの入ったハイドン協会盤は、ＣＤ化もされないだろうから、貴重盤かもしれない。先日モーツァルテウム管弦楽団を指揮したヴェーグを聴きに行く機会があったが、矍鑠《かくしゃく》としたヴェーグだったとはいえ、戦争中に四重奏団を結成して活躍を開始したのだから、どんなに若くても八十歳は越えていたはずである。何十年もの演奏活動を積んで、もう世俗を超越した、という感じで悠然と舞台を引き上げていった。

そのヴェーグが多分四十歳代に第一ヴァイオリンを受け持ったこのLPを求めたのは、私の記録では、一九五四年十一月十五日とある。LPは直径十二インチのジャケットに入っているから、その装丁にも工夫の余地が多かった。ハイドン協会盤は、そのなかでも面白く、この曲は中世のお城の中で、四重奏団が演奏している図である。

私は決して、珍盤、希少盤のコレクターではないし、中古屋店を回って、それらを探すほどマニアでもない。しかしLP登場以降三十年を越えると、その間に中古屋を訪れた機会もあったし、コレクションのなかには、いつの間にか珍品になってしまった盤も出てくる。バルトーク・レコードから出ている、ニューミュージック弦楽四重奏団の演奏するベートーヴェンのラズモフスキー三番（またしても！）とピアノソナタ作品一四の一の弦楽四重奏編曲のカップリング盤は、その一つかもしれない。後者は今日でこそスメタナ等CDでいくつかの演奏を聴くことができるが、LP時代初期には、この演奏しかなかった。

七〇年代の初期に、ニューヨークを訪れる機会のあった私は、中古レコード店回りをしたが、人通りの多い四十二丁目通りを一筋か二筋入ったところに何軒かの店があった。求めたいもののリストを店の主人に渡すと、高いところに梯子をかけて見つけてくれたのがこのLPである。お前はいい買い物をする、とほめられて店を出た。ついでながら、このバルトーク・レコードは限られた曲しか出していないが、音質が抜群によかった。マニアが起業家精神で始めた、今日流のヴェンチャー企業である。周波数のレンジが二〇〜二〇〇〇〇CPSと記されている。三十年後のCD以上である。確かにメジャーのレコードより、こういったマイナーの企業の出しているLPに、録音のとび抜けて優れたものが多かった。

しかし、メジャーには著名な演奏者を抱えている強味があって、今でもそうだが、両方拮抗してLP市場を多彩なものにしている。私蔵盤のなかから一例をあげると、米コロンビアにシゲティがホルショウスキーと組んで演奏したベートーヴェンのヴァイオリンソナタ、ハ短調作品三〇の二がある。この盤はLP発売当初には少しばかり存在した一〇インチ盤で、この曲一曲しか入っていない。演奏者については説明するまでもないだろう。録音のデータは書いてないが、恐らく四〇年代後半か、五〇年代のごく初期と思われる。彼らの脂の乗り切った頃の演奏である。とくにどう聴いても官能的に美しいとは言えないシゲティの演奏は、この曲のように荒々しい、シンフォニックな、ハ短調の曲にはぴたりである。ホルショウスキーは、確か最近百歳でなお演奏会を開いたと記憶する。そのレコードでは、決して正面に出ず、シゲティをつつましくフォローしている。

名前がついていないので、スプリングやクロイツェルに比べて、演奏される機会が多くはないが、私はこの曲が、ベートーヴェンのヴァイオリンソナタの最高傑作だと思っているし、その後この演奏に匹敵する感動を与えてくれるLPやCDには、最近のクレメールとアルゲリッチの演奏に接するまでなかった。

それに、なぜかこのレコードは、シゲティやホルショウスキーのディスコグラフィーに出ていない。確かこの盤は、シュワンのカタログ片手に、銀座のヤマハに探しにいったのが、一発で在庫していたので、店の人に感歎されたものと記憶している。なぜかCD化されず、目下珍盤としてケースに納まっている。久しぶりにあのこすりつけるようなシゲティ独特の音色と、さらに五〇年間演奏活動を続けることになるホルショウスキーの合奏がスピーカーから流れ出した。

## スケルツォ　リリー・マルレーン

湿気が高く暑い日本の夏は、クラシック音楽に向いていない。もっともこの頃は、エアコンのお蔭で、レコードを楽しむことは出来るようになった。だが、夏はクラシックを離れよう。私には一つだけ夢中にさせるポピュラー音楽がある。「リリー・マルレーン」がそれで、なぜだか分からないがそのメロディを聴くと血が騒ぐ。

「リリー・マルレーン」について詳しい説明はいらないだろう。ドイツの歌だが、第二次世界大戦中、アフリカ戦線のドイツ軍向けに放送されたこの曲が、連合国軍側でも歌われ、ベトナム戦争に際しても歌われ、最近ではクラシック、ポピュラーの区別なく多くの歌手によっても歌われている。おそらく、二十世紀に最も多くの言葉で、最も多くの歌手によって歌われた曲といってもいいだろう。

日本で私がこの曲についていうと、ほとんどの人がマレーネ・ディートリッヒの名を口にする。確かに彼女は、一九七〇年の万博の際、来日してこの曲を歌い、日本に初めて「リリー・マルレーン」を披露した。また、戦争中は前線慰問でこの曲を歌ったことも有名である。しかし、「リリー・マルレーン」を二十世紀の歌にしたのは、彼女ではなく、戦争直前にこの歌をレコードに吹き込んだドイツのキャバレー歌手、ララ・アンデルセンであった。

ララについては、彼女の自伝ともいうべき『リリー・マルレーン』が、慶應の独文を出られた辻優子さんによって訳されていて（中央公論社、一九八一年）、読んでいただきたい。辻さんとは、訳書の出版直後にお勤め先のデュッセルドルフでお目にかかったが、その後どうされているのだろうか。

「リリー・マルレーン」の歌は、第一次世界大戦の時にライプという人によって作詞されたが、曲の方がヒットせず、忘れ去られていた。ところが戦争直前にシュルツによって作曲されたメロディが、いま歌われているもので、ララは、それを吹き込んでいた。しかも、メインの歌の裏に。この辺の事情は、「リリー・マルレーン」の第一人者である鈴木明氏の『リリー・マルレーンを聴いたことがありますか』（文藝春秋社）に詳しい。

戦争の初期にアフリカ戦線に兵を送ったドイツは、占領したベオグラード放送局から、兵士向けの放送に、たまたまその局にあったレコードから、ララの「リリー・マルレーン」を流したところ、その反響は大きく、リクエストが殺到したという。そして、この歌は、戦線を越えて連合国側の兵士達の心も捕らえ、毎晩この曲が流される時刻には銃声が途絶え、塹壕の中で両軍の兵士がしばしば聴き入った由である。

日本でこの歌がよく歌われるようになったのは七〇年代の前半であった。何人もの日本の歌手も歌い、年末の紅白歌合戦でも歌われたほどである。ララ・アンデルセンのレコードも何種類か発売された。だが、それらはララが戦後に吹き込んだもので、録音はいいし、成熟したララの歌いぶりは他を寄せつけないものがあったが、戦前のあの「リリー・マルレーン」ではなかった。こうなると、戦争のさなかのララの歌の入ったレコードを聴きたくなるのは当然である。

国内盤でそれを求め得ないことを知った私は、海外出張のたびごとにレコード店を訪ねて、その「リリー・マルレーン」を捜すことになる。そして、遂にあのロンドンのHMV店で見つけた！ただし原盤からのリマスターではなく、しかも全曲でもなく、一番と二番しかはいっていない放送録音である。もっとも当時の状況を知るにはこの方がいいのかもしれない。

そのレコードは、「リリー・マルレーン」一曲ではなく、ララの歌曲集でもなく、何と英国EMIが創立七十五周年を記念してA Voice to Rememberという名のもとに編集した二枚組のアルバムに含まれている。わざわざ一九三九年放送録音と記されている。ララの「リリー・マルレーン」が入っている面には、ワルターやトスカニーニ、クライスラー、カザルス、ランドフスカといった戦前一世を風靡した演奏家のレコードが部分的に収められ、ララも彼らと同列に扱われている。ヨーロッパの人々にとっては、「リリー・マルレーン」は、一種の古典なのだ。

戦後吹き込みの「リリー・マルレーン」と聴き較べると、戦前のものは何ともあどけない、影のない歌い方である。若い、キャリアもない無名の歌手が懸命になって歌っているという感じで、どうしてこれがあんなに求められたのか、という気がするが、逆にそのあどけなさこそ、戦線の兵士にはピッタリ来るものがあったのだろう。戦後吹き込みの盤を、録音順に聴くと、ララが、この歌を芸術の域にまで高めていった軌跡がわかる。緩急をつけ、余裕をもって歌い、戦前盤とはとても同じ歌手とは思えないほどである。

中にはドイツ語、フランス語、英語をとりまぜたサーヴィス盤もあるが、これはどうもいただけなかった。戦後吹き込みの中で一番いいのは、一九七五年の日本ポリドール盤である（二九四ページ写真）。「リリー・マルレーン」以外の歌もよく、一枚だけ選ぶとすればこれである。

海外盤で、ララの生涯の録音全集ともいうべき二枚組のアルバムがドイツ・オデオンから出ている。このなかには「リリー・マルレーン」が二曲入っている。一つはチンク作曲のもので、全然はやらなかったものである。実際聴いても感興は沸かない。もう一つが今のものだが、戦後吹き込みである。

ララ以外のレコードとなると、有名な歌手だけでも、マレーネ・ディートリッヒ、ヴェラ・リン等何種類出ているのか数え切れない。これが流行した頃には、多くの日本の歌手も歌ったし、国外でも欧米のみならず、韓国でもレコードになっている。全部合わせれば多分二十カ国、六十種類は越えるのではあるまいか。

歌でなく、ムード音楽、マーチとしてもこの曲は多くの楽団によって取り上げられている。そういう意味では、まさに二十世紀を代表する音楽の一つといってもいいだろう。

また、「リリー・マルレーン」は映画にもなった。戦後ドイツの映画界の指導的立場にあるファスビンダーが監督し、ハンナ・シグラがララの役をつとめるのだが、正直言ってがっかりした。ララの自伝を筋書きに展開し、「リリー・マルレーン」がふんだんに聴け、ナチス時代のララの苦悩を描いているが、ハンナ・シグラが、私の中にイメージとして焼き付いているララの姿とあまりに違いすぎていた。ララはもっと直線的な感じで、ハンナのように丸くはない。ＬＰのジャケットに写っているララの姿は、どう引っくりかえってもハンナにはならない。だから私はこの映画（ビデオ）を観るのではなく、画面を出さないで聴くことにしている。

もう一つ忘れられないのは、「リリー・マルレーン」の替え歌である。戦線の両側で歌われた関係から、この曲にはたくさんの替え歌があった。そのなかで、レコードになっているものに、スコットランドの詩人で、戦争にはイギリス第八軍の一員としてイタリア戦線で戦ったヘンダーソンの「Ｄデイ・ダジャース」がある。「リリー・マルレーン」のもとの歌詞は、他愛もないものので、芸術的価値があるとは到底思えない。明日の命はどうなるか分からない戦線だからこそ、そういう歌詞がかえって流行ったのだろう。それに引き替え、「Dデイ・ダジャース」の歌詞は抜きんでている。Dデイとは、連合軍によるノルマンディ上陸作戦の実行日のことだが、ダジャース、つまり、身をかわす人というのは、生命の危険が高い上陸作戦を逃れている者、という意味で、当時膠着したイタリア戦線のイギリス軍の将兵に対して、上院のアスター夫人が浴びせた言葉である。ハミッシュ・ヘンダーソンは、それに見事に応えて詩を作った。イタリア戦線で戦死した兵士たちの十字架こそダジャースなのだ、と。

この「Dデイ・ダジャース」は、それが作曲されてから二十年後、ベトナム戦争に際して、アメリカで反戦歌として復活し、レコードにもなった。筆者が持っているのは四人の男性コーラスの歌う米国コロンビア盤で、当時真面目にこの歌を歌ったアメリカの友人に言わせれば、頂けないものだそうである。しかし、とにもかくにも「リリー・マルレーン」は実に長いそして広い、時間と空間を覆う歌だということを雄弁に物語ってくれる。

最近、「リリー・マルレーン」は、クラシックを歌う歌手によっても歌われ、毎年話題となるCDが出ている。ミルバはクラシック歌手とはいい難いかもしれないが、鮫島有美子が歌い、リリー・マルレーンの主題による変奏曲のような歌い方をするウテ・レンパーの盤も、今年になってリリースされた。まだまだ「リリー・マルレーン」は生き続けていると同時に、やはり、二十世紀の古典なのだろう。

最後に、元祖のララ・アンデルセンのCDはないのか？　実はそれを見つけた。先年、ベルリンを訪れた際、半日レコード店めぐりをしたが、クルフュシュテンダムに近いショッピングセンターのレコード店で、店員に聴いたらちゃんと店頭にララ・アンデルセンのCDが置かれているところに連れていってくれた。大喜びでその店にあるそのCDを全部買い占めた（POLYPHON盤）。といっても二枚で、同じレコードを意識的に複数求めたのはこれが唯一である。いま一枚は東京に、もう一枚は仕事柄借りている京都の仮寓に置いてある。戦後録音で、私の耳には、さっき挙げた日本ポリドール盤と同一の音源に聴こえる。しかしCDの有難さで、どれだけ聴いても摩耗する心配なく大いに楽しんでいる。

## アレグロ——CD登場

CDという新しい音源が市場に現れたのは、一九八二年秋のことである。この頃には、ワープロも手の届く値段——といっても、まだ百万円はしたが——となり、身辺がマイクロチップ製品によって取り囲まれるようになってきた。CDが発売になった年の前半、私はCD化が最も遅かったアメリカにいたこともあって、日本国内での前評判について知らなかった。また、何でもそうだが、発売当初の製品は、高価でかつ故障も多いので、しばらく様子を見ることにした。

CD登場直前期のレコード界は、ハード・ソフト両面でいろいろ改良が試みられ、入口のカートリッジは、いよいよ軽くなり、針圧一グラム以下、起電力も低くなり、それをトランスで増幅したり、アンプに付けられた専用のインプットで受けたりするようになっていた。現在、私の使っているアンプの一台は、マランツのCDとLP混用時代のものであるが、結構いい音を十年以上も出している。LPも、録音が格段によくなり、マイクを沢山使い、ミキシングをする、いかにもレコードらしい製品も出るようになった。とくに日本コロムビアが始めたPCM録音は、デジタル方式による録音で、スメタナ四重奏団の演奏などで、大いに楽しませてくれた。

CDが発売されたのは、世界で日本が最初である。CDは、ものの本によると、一九七〇年以来、ビデオ・ディスクの開発過程で出てきた副産物の由である（神尾健三『画の出るレコードを開発せよ！』草思社、一九九五）。七〇年代末から八〇年代にかけては、すでに録音がデジタル化され、コンピュータ化が進んでいたし、家電製品は日本の各社がしのぎをけずって製品の開発や改良に当たっていたので、出るべくして出たもの、といっていい。

LPも行くところまで行き、音源として、これ以上の改善はないところまで到達していた。しかし、針が溝をたどってゆく、という音を出す方式は、原理的にはエジソンの発明した方法と同じであり、そういった機械式の音を出す技術の限界はいかんとも乗り越えられなかった。

CDは、最初は、光線を読み取る方式のビデオ・ティスクを開発していたオランダ・フィリップス社が、八一年にオリジナルを発表したものである。そのときは、今のCDとは多少異なって、直径一一センチ（現在のCDは一二センチ）、収録時間六〇分（現在は七五分）だったとのことである（神尾氏、前掲書）。しかし、その商品化はソニーに始まる日本のメーカーが、ハード・ソフト両面で先陣を切った。六〇分が七五分になったのは、レコード録音に熱意を持っていた、カラヤンが自分の振る「第九」を一面に入れるように、との要求からだったという説もあるが、真偽のほどは明らかでない。

しかし、音楽家出身の大賀社長率いるソニーが、いま世界中から求められるようになったCDの商品化に大きな貢献をされたことはいろいろな意味で日本の現代史を飾る快挙である。

というのは、CDは、レコードの歴史においてまさに革命の名に値する変革だからである。SPからLPへの変化も、もちろん大きな意味を持つものだったが、技術的には、エジソンの発明を改良したもので、それ以降のステレオ化なども、一つのサイクルの中での発展としていい。しかし、CDは、外形の変化もさることながら、音を出す原理が全く異なる製品である。LP登場のころには、SPとLP共用のカートリッジもあったが、LPとCDの共用は出来ない。何しろCDは、音を目には見えない、0と1のデジタル信号で表し、それをレーザー光線が光学的処理によって拾い、音に変えるのであり、針が盤面に接触して音を出すような機械的処理とは全く異なるものである。この点、CD反対派も出てくるわけで、いまだにLP市場が根強く存在している。

私はといえば、最後に求めたLPが一九八三年、諏訪根自子のバッハの無伴奏ヴァイオリン曲のセットだった。爾来しばらく鳴りを潜めていて、CD発売以来待つこと二年余、八五年の正月にようやく値段も下がってきたCDプレーヤーを求め、CD派に転向、それ以後LPは一枚も買っていない。

最初の頃には、CD一枚の値段は三千八百円で、結構高かった。日本コロムビアが、ブルノー・ワルターの振った（コロンビア管弦楽団）盤を出し、昔のLPとの違いに驚嘆したものである。LPだと、針を盤面に降ろして、しばらく摩擦音がし、おもむろに音楽が始まるわけだが、CDだと、静寂のなかからいきなり音が出てくる。各楽器の分離が格段によく、ダイナミックレンジも広い。なるほどと思ったが、ソフトを一挙に増やすことが出来たのは、ちょうど十年前、香港大学で一学期間、講義を担当する機会を得たからだった。

香港にはまさかないだろうと思っていたクラシックレコードの店が幾つもあって、日本よりはるかに安い値段で売っている。日本製のものを含め、大体三分の二位の値段だったと思う。毎週講義が済むと、宿泊していた香港大学の学寮から二階建のバスで中環へ下り、近代的ショッピングセンターのなかにある店か、そこからフェリーで九龍側に渡り、少し行った所にある店で、一枚一枚めくりながら選んだものである。ただ、あまりゆっくりはして居られなかった。何しろ英語の講義の準備が大変で、もうその日から準備にかからないと間に合わない。

日本への最大のお土産は、英語の日本経済史の講義ノートと三〇枚ばかりのCDになった。香港にいる間には聴く事もできなかったCDを、じっくり聴き始めると、しばらく休眠状態にあったレコード熱が、また復活してきた。CDの容れ物がなぜあのように不便なものになったのか分からないが、とにかく新品のCDを抜き出すと、光沢が銀色で、虹のような色が走る。黒一色、直径三〇センチの重いLPと比べると、まことに軽薄短小で、新しい時代を象徴するかの如くである。

大部分のCDプレーヤーは、LPプレーヤーと違って、引出し式になっていて、そのうえにCDを載せる。テーブルが中に入り、スイッチを押せば、目に見えないところで、LPの一〇倍以上の早さで回転するCDの盤面に刻まれた0—1の信号を、内部から外周に向かってレーザー光線が捉え、私には全く分からない過程を経て、音の信号に変換される。LPやそのプレーヤーが、昔の蒸気機関車のように動く部分が目に見える存在だったのに対し、CDやそのプレーヤーは、それが見えないで高速で走る新幹線のようなものである。

けれどもCDは、検索が容易にできるというLPにはない特徴を持っていて、ある楽章を反復して聴きたいとか、あまり褒められた聴き方ではないが、飛ばして聴きたい場合に簡単に出来る。まさにレコードならではの聴き方である。また、針が盤面に接触するわけではないので、盤面の痛みを心配することなく、ある部分を何回聴いても一向構わない。

というわけで、私のように、レパートリーが狭く、同じ曲を何通りもの演奏によって聴き比べをすることを趣味とするタイプのリスナーにとっては、CDはLPより遥かに便利なものでもある。モーツァルトのあの曲のその部分は、どう演奏されるのかと、そこばかり聴き比べることは極めて容易で、ＬＰ時代のように、針で傷付けないか、恐る恐るやる心配もない。

日進月歩のこの分野で、ＣＤをとりまく技術もまた急速に発展し、録音、処理、製盤のそれぞれの過程で格段の進歩が進行中である。また家庭で用いるＡＶ機器も、質の高いものが、低い価格で求められるようになり、日本製品が世界中の市場に溢れている。

しかし、日本製のＣＤが新譜だと一枚三千円以上というのはなぜなのだろう。日本で海外盤を買えば、日本語の解説こそないが、二千円以上ということはない。また海外でＣＤを買うと、日本製を含めて千五百円といったところである。円高の影響もあるのかも知れないが、これでは貿易摩擦も起こるというものである。日本から遠くに輸出された商品を、買って帰った方が、同じものを国内で求めるのより安く、かつ、十数パーセントの消費税を戻してくれる国もある。

こういう問題はあるにせよ、ＳＰ時代以来のレコード愛好者としては、ＣＤ時代まで生き残れてよかったというのが実感である。ごく最近になって、原録音のリマスタリングのデジタル化の技術が進み、アナログ録音―アナログ処理―ＣＤという工程を経た製品、ＡＡＤと表示されているＣＤが、アナログ録音―デジタル処理―ＣＤ、つまりＡＤＤという表示に変わったものが出てきた。

たとえば、戦中から死去直前までのフルトヴェングラーのライヴ録音のＣＤは、当初ＡＡＤで出ていたものが、最近ではＡＤＤのマークが付いて別会社から出るようになり、格段に音がよくなった。この種のCDは、多分自身がマニアの個人またはマイナー企業で製造されているのだろう。欧米の名もない会社のレーベルで、従来よりはるかに明快な音で、フルトヴェングラーを聴くことが出来るようになった。

デジタル処理の過程で、雑音を取り去り、場合によってはレンジを広げるような作業がコンピュータ上で行われているのかもしれない。そういう手を入れることに反対する人もいるかもしれないが、レコード愛好者として敢えて言うなら、これぞレコードと叫びたくなるほどである。

## メニユエット――LDの音楽

前号に書いたように、CDがレーザーディスクの開発過程で生まれた副産物だったことを知って驚いた。そのレーザーディスクだが、この筆者、新もの食いで、レーザーディスクにもいち早く飛びつき、何台かのプレーヤーを買い替える羽目に陥り、お金を大分無駄にした。何しろパソコン・ワープロの類と並んで、AV機器は、半年と経たないうちに、安くて、しかも性能のいいものが店頭に並ぶ世の中である。

レーザーディスク（以下ＬＤと呼ぼう）のプレーヤーは、『音の出るレコードを作れ！』によると、すでに七〇年代から各社で開発に入り、結局針を使わない、光学読み取り方式が市場を制覇して今日に至ったのだが、なみなみならぬ開発競争があった由である。

もっとも、ソフトの方は、大部分が映画で、音楽もオペラが多く、器楽はそんなに多く発売されているわけではない。しかし、ＬＤをレコードの仲間に入れたのは、やはりそれが音楽の新しい媒体として私を楽しませてくれるからで、それに映画が詰め込まれていても一向構わない。

もう一つ、ＬＤと同じ目的で作成され、出回っているものにビデオテープがある。とくに貸ビデオ業は、今や溢れ返らんばかりである。「一泊〇〇円！」という珍妙な価格表示で町を賑わしている。それに何故か深夜営業の店が多い。オペラのビデオも店へ行けば安く借りてくることができる。

しかし、多少でもこだわる人は、ビデオでは満足しない。何故なら、ＬＤは、画質の安定度・鮮明性、音質のよさにおいてビデオとは比較にならない差があり、また、検索、繰り返し、飛ばし等が簡単にできるからである。もっとも、こういった機能の多くは、古典音楽を鑑賞する際には要らないのも事実だけれども。

ＬＤは画像を備えているから、ＣＤのようにかけっぱなして、何かする、というわけには行かない。あたり前のことだが、プレーヤーにのっけたら、終わるまで鮮明な画面を見入り、スピーカーから出てくるＣＤなみの音に聴き入ることになる。この点こそ、ＬＤが新しい音楽の媒体として、CDと決定的に異なる点である。

私は、以前にも書いたように、器楽が好きなので、LDもオペラを何曲か持ってはいるが、やはり交響曲や協奏曲、室内楽曲がコレクションの大半を占めている。また、音楽のドキュメンタリーものも他では得られない鮮烈な映像と音楽を提供してくれる。

たとえばフルトヴェングラー。これだけファンの多い指揮者であるにもかかわらず、一九五四年晩秋に逝ったこの巨匠の実演に接した日本人は決して多くない。われわれはレコードや文献を通じて彼を知るのみであるが、LDでは、その指揮ぶりに視覚を通じて接することができる。残念ながら一曲を通じてというのはオペラ「ドン・ジョヴァンニ」だけで、それも序曲を除いて、画面は舞台である。私の持っている器楽曲のLDでは、長いものでも、「ニュールンベルグのマイスタージンガー」前奏曲の約九分間である。だから、フルトヴェングラーのLDは、その名の通り記録映画である（ニホンモニター盤）。LDから彼の音楽を知ることは、音の貧弱さも加わって不可能といっていいし、全曲を聴かせてくれるCDの方がいいのは当然である。

しかし、遺影ともいうべき「ドン・ジョヴァンニ」をはじめ、音楽が始まる瞬間を映したものがいくつかある。私たちは、その昔、フルトヴェングラーの振った曲が他の指揮者の音楽と違って、あまりに揃わずに出るので、指揮棒を頭上で丸く回して始めるのだ、ということを真面目に信じていた。しかし、実際にはそうではなく、他のいくつかの曲でもそうだが、頭の上から両手を下ろしながら始まる、ということが分った。頭上で指揮棒を回すほどではないにせよ、これでは揃わないのは当然である。

しかし、このことの中に、彼の音楽への姿勢が反映されているように思う。たしかに、音楽の出だしは揃っていないが、その著書『音と言葉』（芳賀檀訳、新潮社）でもいっているように、混沌は彼にとってはむしろ必要なのであって、それを統一し、秩序を与えて行くのが音楽なのだから、初めから揃い過ぎていては音楽にならないのである。

けれども、そういうことより、私にとっては、戦時中、戦争直後の彼の映像を通じて、物心ついた、あの時代と、人間フルトヴェングラーの姿を通じて語りかけてくれる「歴史」の息吹を感じることが出来る。

そのなかでも、戦時中、ベルリンフィルを率いて、どこかの工場で振った「ニュールンベルグのマイスタージンガー」前奏曲と、一九四二年のヒトラーの誕生日に際して、旧フィルハーモニーで演奏したベートーヴェンの第九の合唱部（一部分）が圧倒的である。前者では仮設の会場で、工員や軍人を交えた聴衆を前に、後者では、ナチスの党旗に飾られた旧フィルハーモニーで、長身痩軀の彼が、頭や上半身を激しく動かし、当時彼を取り巻いていた狂気の政治を振り払わんばかりに渾身の指揮をする姿を見ていると、ナチスだろうが、ヒトラーの誕生日だろうが、そんなものはどこかに吹き飛んでしまって、音楽だけに集中したその姿勢が伝わってくる。人間のあるべき姿を私たちに示してくれ、まさにＬＤならではの贈り物である。

ただし、「第九」は、合唱の最後の四分間だけで、音もよくない。幸い、この時の演奏はＣＤ

で出ているものと同じかどうかは問題があるが、音楽を聴きたい時にはそちらを選べばいい。曲の終結部は、怒濤のようなテンポで、オーケストラもついて行けない早さであるが、LDのおかげで、その様子を眼で見ることができる。

戦後になって、フルトヴェングラーが非ナチ化の裁定にパスして、ベルリンに戻り、ティタニア・パラストというイギリス軍占領地区の劇場で、「運命」と「田園」を演奏し、活動を再開したことは余りに有名であるが、その時、彼が会場に到着した模様も撮られている。ただ、残念なのは、「第九」でなくても、何か一曲でもいいから、全曲を残していてくれていたら、というのは欲ばり過ぎだろうか。もっとも、スタジオでのレコード録音さえ嫌った彼だから、映像は撮らせなかったかもしれない。

さらに嬉しいことには、練習風景の場面で、肉声に接することができる。「未完成」やブラームスの交響曲の練習風景は、数分でも貴重な映像である。

そういう今では接することのできなくなってしまった往時の大指揮者の演奏ぶりだけでなく、LDのなかには、LDでなくては伝えてくれない音楽の状況を知らせてくれる盤もある。その一つに、ベルリンの壁が崩壊し、東西ドイツの人々が自由に往来できるようになった直後の、ベルリン・フィルハーモニーの演奏会で、バレンボイムがベートーヴェンのピアノ協奏曲一番と第七交響曲を振ったものがある(ソニー・クラシカル盤)。CDでも出ているが、LDだと、多分東ベルリンや東ドイツからやってきた聴衆だろう、西側の演奏会では見られない、普段着の聴衆の姿が映し出され、特別の雰囲気をつくり出している。東ドイツは、音楽の水準は決して低くなかったのだから、彼らはバレンボイムを聴きに来たのではなく、壁を越えて音楽を聴きに来ることが夢だったのだ。

しかしLDは、このようなドキュメンタリーものばかりでなく、それ自身音楽の媒体として新しい分野を開きつつある。『モーツァルト座右宝』と銘打たれた六枚組のセットは（アマデオ盤）、いかにも没後二〇〇年の企画だが、中身は結構詰まっていて、協奏曲や室内楽を中心に構成され、聴き応え、視応えのあるLDである。演奏会のライヴ録画もあるが、LDを意識して作ったのが、ホーラ・ロビンソン、マリア・ジョアン・ピリスが独奏者となっているフルート協奏曲第一番とピアノ協奏曲二一番ハ長調の面だろう。指揮者もオーケストラも明記されているが、指揮者は画面に姿を現さないし、演奏の全景も出てこない。モノクロの画面に映し出されるのはピリスのほか、弦・管・打楽器奏者が、ラフな服装で、ある時はアップで、ある時は数人で演奏している姿である。アジア系の人々の姿もかなり映っていて、スイス放送協会DRSテレビ室内管弦楽団の顔ぶれを知ることができる。もちろん、演奏と録画がそれぞれ別個に行われ、後で合成されたわけだが、決してバラバラな感じを与えない。演奏も数あるこの二つの曲のなかで、私の好みにピタリである。

こういうLDは、演出者の考え抜いた末の作品であり、こうなると、LDは演奏家と録音・録画に加えて、演出家の腕が振るえる機会を提供する場ともなる。その後、こういう試みはあまりなされていないようだが、新しいレコード芸術のジャンルになるのではなかろうか。

もっとも、他の企画で作られた『フィガロの結婚』のように、独唱部で、歌は聴こえて来るが、歌手の口は閉じられたまま、というのはいかに何でもやり過ぎで感心しなかった。

というわけで、LDは、古典音楽に関する限り発展途上にある媒体である。実際の演奏によりつつも、再現には現代の電子技術を駆使した一種の疑似音楽空間ともいっていい。ヨーロッパでLDがあまり流行らないのは、LDによらなくても、身近に演奏会やオペラがあるからかもしれないが、演奏者は断然ヨーロッパの人が多いのは皮肉というしかない。

## アダージオ——一番長く聴いた演奏家

レコードを聴き始めてから、一番長く聴き続けている演奏家は誰か。二人の名前が出てくる。一人はウィルヘルム・ケンプで、父親の持っていたSPレコードに、ベートーヴェンのピアノ協奏曲一番と、ピアノソナタ「熱情」および作品一〇一の三曲があった。ケンプは、一九二〇年代からレコード録音を始めている。私個人にとっては、唯一親子二代に亙ってレコードを求めた演奏家である。

その熱情ソナタは、戦時中最もよく聴いたので、重いピックアップと先のすり減った針のおかげで、さすがの頑丈なシェラック盤も、真っ白になってしまった。貧弱な再生装置をビリビリ震わせるような演奏が、音楽のビギナーを文字通りシビれさせた。何かで、普段はあまり音楽に関心を示さなかったゲーテが、この曲を聴いて驚嘆の言葉を吐露したことを知って、そうだろうなあ、と思ったりした。

実際、このケンプの演奏によって、私のベートーヴェンのピアノソナタへの道が開かれたといっていい。今でもその演奏の特徴が頭のどこかで響いていて時々鳴り出す始末で、最初の体験というものは恐ろしい。ケンプは、戦後初めて買ったSPレコードが「ワルトシュタイン」であったが、この方はなぜか音が貧弱で、熱情ほど感興は沸かなかった。しかし、ケンプの演奏からは戦時中求めた、何冊かのシュナーベルのベートーヴェンのソナタ全集に収められたものとは、明らかに違う何かを感じることが出来た。

LP時代になって、ケンプの演奏は盛んに録音され、来日もあり、われわれに一層身近な演奏家になった。ベートーヴェンに関しては、同時代人のバックハウスとよく比較されたが、両方とも魅力があるので、到底同じ曲を二枚買う余裕のない財布と相談して適時おり混ぜて求めたものである。最後は「熱情」はバックハウス、「ワルトシュタイン」はケンプに落ち着いた。しかし、後期の曲はケンプで、特に作品一一一の最後のソナタの神々しい演奏は、私の最も愛好する演奏である。

その後、新しい世代の演奏家が続出し、それぞれに個性のあるレコードが出回り、ケンプの影も相対的には薄くなった感があるが、いまだに時折ケースから取り出して聴いているから、最初に聴き出して以来、半世紀を越えたことになる。事実ケンプは、亡くなる一九八七年の直前まで演奏と録音を続け、終わりの頃には、ミスタッチも多いなどと批判もされたが、初録音以来戦争を挟み、それこそ半世紀に及んで活動を続けたのである。

指揮者はということになると、文句なくブルノー・ワルターの名が出てくる。いまだにそのCDを追い求めている。今にして思えば、ドイツで禁止されていたワルターを日本でよく買えたものだと思うが、当局はそこまで考えが及ばなかったのかも知れない。いずれにしても、私の最初に買ったレコードは、シューベルトの「未完成」、ついでハイドンの交響曲「軍隊」、モーツァルトの後期三大交響曲で、これらは間違いなく戦時中のレコード店の棚から見つけた。

嬉しいことに、最近の技術発達のおかげで、多くのSPが、音域は狭いが聴き苦しさを感ぜずに、結構いい音でCDに甦ることになった。また、スタジオ録音でない、つまり演奏会や、ラジオ放送録音が、マイナーレーベルの会社から発売されるようになった。これらのCDの発売状況を知るのは容易ではない。なぜかイタリアにこのようなCDを作成する会社が多く、曲の番号やデータが間違っている場合が少なくなく、油断できないが、まさかその昔、夢中になったSPが、CDで楽しめるようになるなどとは、つい数年前でも考えられなかった。これもマイクロチップ技術発達のお蔭なのだろう。有難い世の中に生まれたものだ。

先日もカナダに学会出張した際、レコード店を訪れ、この種のＣＤを捜したが、何枚か収穫があった。帰ってきて日本の店を訪ねると、結構昨年から今年にかけて出た「歴史的録音盤」が並んでいて、またまた収集熱をあおられる始末である。

ワルターについていえば、モーツァルトの三九番（ＢＢＣ交響管弦楽団、一九三四年録音）、四一番（ウィーン・フィル、一九三八年録音）が手に入り、久しぶりに興奮したものである。肝心の四〇番（ベルリン国立歌劇場管弦楽団）は、新しいデジタル・リマスタリング技術が登場する以前に発売されたものはあるが、一九二九年録音はさすがに音が悪く感興をそがれる。ハイドンの「軍隊」交響曲（ウィーン・フィル、一九三八年録音）も、上記のジュピターや、ワルターの弾き振りで有名なモーツァルトピアノ協奏曲二〇番ト短調とともに、見事に「復活」した（Preiser Records 盤）。

三九番のＣＤは、直接ＳＰからリマスタリングしたとある（Grammofono 2000 盤）。こういったＳＰ復活盤がマイナー企業によってであるにせよ、市場に出るのは、もちろん需要があるからであって、半世紀のレコード愛好者にとっては頼もしい限りである。もちろん最新の録音盤には敵わないが、ＳＰというハンデを感ぜずに比較可能な範囲に入ってきたのである。

そうすると、例えば、三九番や四一番、「軍隊」がいかに名演であったかが分かるし、録音以来六〇年近くになってなお続くワルターの名声が、本物であったことに何か心の安らぎさえ感じる。四〇番もベルリン・フィルを振った数分間の第三楽章と第四楽章の演奏を、ＬＤで知ることができ、映像から指揮ぶりを垣間みることができる。

ワルターは、ナチに追われ、ドイツからオーストリー、フランスと移り、戦争勃発と共にアメリカに住んだ。その束の間のフランスでの、フランス音楽院管弦楽団を振った二曲、ハイドンのオックスフォード交響曲、ベルリオーズの幻想交響曲がカップリングされた盤も発売されている（VAI盤）。後者は開戦の三か月ほど前の録音であるが、ともに、時折SPらしい擦音が入るが、全体として聴きづらいというには遠い。

アメリカに渡って直ぐのワルターは、宇野功芳氏によれば、荒れに荒れた演奏をした、とのことだが、いま筆者の手元にある戦時中の録音としては、ともにニューヨーク・フィルを振った一九四二年録音のベートーヴェン第八交響曲（PHONOGRAPHE盤）、および一九四四年、前線の兵士に放送されたベートーヴェンの第九交響曲（WING盤）のみである。第八は、CEDARというSPからの復刻盤だが、ソニー盤と同じ音源かも知れない。

しかし、第九は珍しいレコードで、軍隊用の放送原盤が、六〇分間の一六インチ・アセテート盤（戦争直後の日本の進駐軍放送もこれを使っていた）であることから、これに合わせて、第一楽章一六〇節以降を六十分間で演奏し、一五九節以前は別個にスタジオ録音したものをつけ加えるといった芸当をやっている。そして第一楽章の最後の方で、「カーネギー・ホールからです。ワルター（ウォルターと聞える）指揮、NYフィルのベートーヴェン第九交響曲がすでに始まっています」というアナウンスが入っている。一種の記録CDといってもいいだろうが、そもそもライヴ録音は、すべて「記録」なのだから、余り気にとめることもない。演奏は、という前に、この方は雑音が多く、録音状態も鑑賞の限界線上で、このCDからワルターを論ずるのは避けるべきだろう。電気式吹き込みのSPからの復刻、または、戦時中にドイツで開発され、フルトヴェングラーを初め、何人かのドイツの演奏家の音楽を残してくれたテープ録音の方が遥かに優れている。

ワルターの振った第九について、もう一つ珍しい盤を紹介しておこう。それは戦後一九四七年、ロンドン・フィルを振った実況放送を、ストックホルムで録音した盤である（MUSIC & ARTS盤）。私の持っているのは、デジタルリマスタリング以前のものなので、音は貧弱だし、結構雑音も多いが、逆にロンドンからの放送をよく何千キロも離れた場所で、当時の技術でここまで録音できたものだと思う。この盤で特筆すべきは、アルトのパートを、かのキャスリン・フェリアが歌っていることである。彼女については、ワルターとの共演で、四九年にはマーラー「亡き子を偲ぶ歌」を、五二年には同「大地の歌」を録音していて、薄命だったことがこの上なく惜しまれる。第九では、アルトはソプラノの陰になって余り目立たない存在だが、随所にフェリアの声を識別することができる。

LP時代に入って、当初はNYフィルを振った盤が、さらにステレオ時代になると、追い討ちをかけるように、コロンビア交響楽団が急遽編成され、メジャーの会社から名曲が数年の間隔で、重なるようにして出た。小遣い不足を嘆いたものだが、今になって聴いてみると、ワルターにとってNYフィル時代までが本気で、その後は余生を楽しんでいるといった感が深い。そんなに仕事をさせないで、ゆっくり休ませて上げたら、という気さえする。

さらに遡れば、ヨーロッパ時代の方が脂がのっていて、オーケストラとの息も合っていたように思う。そういう意味でも、ＳＰの復刻版は一種の貴重な「新盤」である。

というわけで、ワルターとのつき合いは私のレコード半世紀と重なり、これからも新しい発見が、「新盤」の出るごとにあるに違いない。ワルターの演奏すべてに感服するわけではないが、やはり彼は二十世紀に活躍し、レコードを通じ、その演奏を長く残すことになる偉大な指揮者の一人である。

## フィナーレ――「第九」の季節

事多かった今年も師走に入ってまたひとしお時間の経つのが早い。暮れといえば日本では言わずと知れたベートーヴェン「第九」の季節でもある。筆者の推測だが、毎年十二月、日本各地で開かれる「第九」の演奏会は、合計二百回に達するだろう。それ以外に、お金をとらない、アマチュアや同好会の合唱会を加えるとその回数たるや膨大なものになる。総数で何十万の人が演奏者として、あるいは聴衆として、参加していることになる。まさに歳時記の一つになったわけだが、こういう状況は世界のなかでも日本独特のもので、まさに「日本現象」である。

なぜ、いつからこういう現象が起こったのだろうか。戦前・戦中にも暮れに「第九」の演奏はあったが、何といっても演奏団体の数が少なかったし、演奏会もごく限られていた。こんなに盛んになったのは戦後のことである（鈴木淑弘『第九と日本人』音楽之友社）。「第九」を神聖視する人からすれば、このような大衆化には耳を塞ぎたくなるだろうが、「歓喜の歌」には、「何百万の人よ、同胞になれ！」という句もあるのだから文句は言えない。

一方、当のヨーロッパでは、これほど「第九」が暮れに演奏されることはない。大晦日と元日にごく限られた都市で演奏されるだけである。とすれば日本人は、何らかの理由で集団「第九」中毒を起こしているのだろうか。何しろ日本では、集団中毒がはやる。これは、危険な性向で、政治的には右を向いたり、左を向いたりしてきた。しかし、年末に「第九」を聴いて、その歳を締めるという風習は、そんなに悪くないことだ、と筆者は考えている。

「第九」を聴くと、これが一年の終わりに聴くには非常によく出来ている曲であることがわかる。年始・年末を殊のほか大事にし、ものごとの始めと終わりをはっきりさせることに意義を見いだす日本では、「第九」は打ってつけの一年のフィナーレなのである。まずそれはベートーヴェンの最後の交響曲であり、特に最終楽章の構成や旋律は誰にでもわかりやすい。聴きにいっても、独唱や合唱が入るから、視覚にうったえるものでもある。通常ドイツ語で唄われるシラーの歌詞を、一言一句理解している人は多くないかもしれないが、大体の筋は分かっていて、人類全員が同胞になろう、というのだから、一年の間にあった苦しみや悩みも小さなものになってしまう。クリスマスに代わる「忘年会」であり、たとえはよくないが、紅白歌合戦同様、歳末を何かでくくらなければ納まらない日本人の心性なのである。

前置きが長くなってしまったが、筆者も「第九」中毒患者の一人で、何回か演奏会にもいったが、この頃はＣＤやＬＤで済ませている。意識的に「第九」のＣＤを集めたわけではないが、この稿を書くために棚から引っ張り出してみたら、何とＣＤが四十六枚、ＬＤが五枚に達していることが分かった。一曲の所蔵ディスクとしては最大である。録音年代の分かるＣＤの指揮者の名前を年代順に挙げると、一番古いオスカー・フリートの一九二八年録音から始まって、一番新しい一九九三年録音のコリン・デーヴィス盤に至るまで六十五年間にも及んでいる。半世紀以上に亙り、筆者の生まれてこのかたの長さに等しい。

戦前・戦中期のものはＳＰからの復刻もあり、もちろん最新のものと比べて、録音の質は比較にならないが、端正さで有名なワインガルトナー盤など、十分鑑賞可能な音が出る。

フルトヴェングラーの「第九」は、意識的に集めたものなので、多分収集可能なものはほとんど全部揃っているはずである。一九三七年盤は、英国国王ジョージ六世の戴冠に際して、彼がベルリン・フィルを率いロンドンを訪れた際のアルバート・ホールでの録音である。因みに、フルトヴェングラーの「第九」のディスクは、全部演奏会録音である。一九四二年盤は、三月の演奏会録音で、もちろんベルリン・フィル、旧フィルハーモニーでの演奏である。これは、フルトヴェングラー最高の演奏と言われている。戦争中の緊張の糸がギリギリに張りつめた演奏は圧巻というしかない。私の持っているもののなかでは、TAHRA盤が一番いい音を出してくれる。しかし、この時の演奏だけで八種類も出ていて、全部聴いたわけではない。

四三年の盤は、戦時中、何度か出かけたストックホルムで、現地のオーケストラを振った時の録音である。高い評価は与えられていないが、ライナーノートで、彼が戦争中しばしば中立国スウェーデンを訪れたのは、そこの放送局の一室で密かに、ナチスドイツでは禁じられていたワルターらの新しい録音レコードを聴く目的もあったことを知り、疑問が一つ氷解した。

戦後のフルトヴェングラーでは、何といっても、復活なった五一年七月のバイロイト音楽祭に際しての演奏録音が光っている。この盤がLPで出る時の思い出が一つある。フルトヴェングラーが一九五四年十一月死去したことは、当時の新聞で知ったが愕然として声も出なかった。ベートーヴェンの交響曲は、HMV盤で第三から第七まで、ウィーン・フィルを指揮したスタジオ録音を何とか集めてシビれていたのだが、肝心の「第九」については何の情報も入らず、ついに録音しないで逝ったものとばかり思っていた。それが翌一九五五年に、バイロイト盤が東芝エンジェルから出るというのである。一日千秋の思いで待っていたところ、近所のレコード店から、試聴会があるから行かないか、と誘われた。住んでいた杉並から、レコード店の若旦那の運転するオートバイに乗って、銀座のヤマハまで聴きに行った。当夜は、確か同時に、ドイツ・グラモフォンから発売されるフルトヴェングラー自身の作曲による交響曲第二番も演奏された。私が、レコードの演奏会に行ったのは、それが始めてである。

それまで聴き慣れていたスタジオ録音ではなく、また、音楽祭のための臨時編成のオーケストラとあって、一抹の不安もあった。しかし会場のせいもあったのかもしれないが、その演奏のスケールの大きさには、揺れるテンポやホルンの吹き外しなどケシとんでしまう迫力で、大興奮して帰ってきた。演奏の一回性、聴衆との一体性を重んずるフルトヴェングラーは、スタジオ録音が苦手で、むしろ演奏会録音の方が本領を発揮すると知った。

戦後の彼の「第九」は、他にもいくつかあるが、一九五四年八月のルッツェルン音楽祭でフィルハーモニー・オーケストラを振った演奏も優れている。フルトヴェングラーは、その三カ月後には生涯を閉じる。その最後をかざる「白鳥の歌」として聴いている。この時の演奏も何種類か出ているが、新提供のテープにより、リマスタリングした、フランスのＴＡＨＲＡ盤が一番いい音である。

いささかフルトヴェングラーのことを書き過ぎたが、やはり二十世紀に残るベートーヴェンの、とくに「第九」の指揮者として、その右に出るものはいないだろう。最良の音質とは言えないまでも、何種ものＣＤで聴き比べることが出来るのは、幸運である。

棚にある「第九」を並べてみると、五〇年代末までは、戦前から活躍していた巨匠が並び、六〇年代の録音は一枚もなく、七〇年代も僅かしかない。巨匠たちのあとで、フリッチャイを除いて、私を満足させてくれる「第九」がなかったのだろうか。

八〇年代録音になると、がぜん枚数が増えてくる。CD録音になったからだろうか。九〇年代録音になると益々増えているが、ブリュッヘンやガーディナーの古楽器を使った小編成のオーケストラ盤が新しい境地を開いた。両盤とも感心させられるが、やはり私は大編成のオーケストラの演奏の方が好みに合う。そういう点で、ごく最近手に入れることの出来た、コリン・デーヴィス指揮、ドレスデン・シュタッツカペレの演奏はフルトヴェングラーとは違う解釈ながら、私を久しぶりに納得させてくれた。いつか書いたように、デーヴィスのベートーヴェンは、エロイカが出ただけで、文字通り音沙汰なしだったが、この秋、輸入盤で全集が一挙に発売になった。例によって、前に買ったエロイカが一枚浮いてしまったが、九三年録音の「第九」は、壁崩壊の直後のバーンスタイン盤の熱気から離れて、「第九」を正面から見据えた本格的演奏となっている。この稿が出る頃には、国内盤も出て、専門批評家がいろいろ言っているに違いない。

「第九」を構成する四つの楽章の中で、私が最も愛好するのは第三楽章である。あの神々しさは、ベートーヴェンが最晩年に到達した神聖領域で、最後の三つのピアノソナタとか、弦楽四重奏とつながっている。そこから強奏で始まる最終楽章、そのなかでのダイナミックな展開、合唱がアレグロ・アッサイの集結で steht vor Gott を長く伸ばした後、アラ・マルシアに移る前の mighty silence と呼ばれる休止の静寂。フルトヴェングラーは、バイロイト盤で、実に十秒間ここで音楽を止める。指揮台上で身じろぎひとつせず、限界まで緊張を引っ張ってやおら多彩な楽器の登場するマルカに移って行く姿が浮かんでくる。

「第九」ほどの音楽となると、誰が振っても何かしらの感動を与えるものだが、やはり、このあたりの演奏でウーンと唸らせるものでないと、私の及第点を差し上げる訳には行かない。

「第九」を聴いて困るのは、その後他の曲を聴く気がしなくなることである。つまり、「第九」の後に聴く音楽は「第九」以外ない。というわけで、私の「第九」コレクションは増え続けている。

(補記) フルトヴェングラー指揮ベートーヴェン「第九」の一九五一年七月のバイロイト音楽祭盤については、新音源の発見により議論が交わされた。それはドイツ・ミュンヘンにあるバイエルン放送局の倉庫から見つかった、バイロイト音楽祭に際しての放送用のテープである。フルトヴェングラー・センター会員の私は、幸い新録音テープ発見に関係されたセンター役員の方々の努力で、いち早く「センター盤」として会員に頒布されたCD (LP盤も制作〔表紙裏、及び扉写真参照〕) を聴くことが出来たが、明らかに市販され、大人気となってきたEMI盤とは異なるのである。どう違うのかについて、文字で示す事は私には出来ないが、本稿に書いたように、EMI盤の「第九」は、テンポは大いに揺れ、各楽器の演奏は揃わず、これはフルトヴェングラーの興奮のせいかな、と思っていた。しかし、「センター盤」は、そういった「揺れ」のない演奏である。

「センター盤」は、会員配布の非市販盤であったが、やがてORFEO盤が「センター盤」と同じ新音源を用いて、市販ＣＤを売り出した。こうなると、誰でも、二つの盤のどちらが正規の「バイロイト盤」か、という問題が起こる。ある評者はＥＭＩ盤はゲネプロを録音したもので、ある評者は逆に、ＯＲＦＥＯ盤がゲネプロ録音だと主張する。

この問題について、筆者は、その道の第一人者である檜山浩二氏の解説を聴くことが出来、大いに得るところがあった。それ以来、氏とはメールのやり取りを通じて、何事につけ教えを受け、意見を交換することが出来るようになった。氏は、自らが合唱団で「第九」を歌った経験を持っておられ、センターのレクチュア・コンサートでＥＭＩ盤では合唱がオーケストラから半拍遅れている箇所の説明をされ、それが「センター盤」では修正されている事などを実際に両盤を比較しながら説明された。となると、ＥＭＩ盤はゲネプロ録音で、「センター盤」・「ＯＲＦＥＯ盤」が本番の録音ということになる。しかし、檜山氏は、どちらが本番かという議論は些細な問題であり、一九五一年七月に、バイロイト音楽祭が復活した事、そこでフルトヴェングラーが「こけら落とし」ともいうべき「第九」を振った事、そして、その事は、ドイツの「戦後」はいつ終わったのかを考える際に、重要なベンチマークの一つとなるのではないかという事こそ重要なのだ、と述べられた。

こういった大局からの見方を提示され、歴史の学徒として、いささか「些事」に拘泥していた筆者は恥ずかしかった。檜山氏との「出会い」は、筆者にとって得難い経験となったのである。

（二〇一〇年三月記）

# リリー・マルレーンに憑かれて──戦争・歌・人間──

### ◆大戦の修羅場に咲いた一輪の花の物語

　四十年前、すなわち一九三九年九月一日の金曜日、午前四時四十五分、ナチス・ドイツ軍は各所でポーランド国境を突破し、電撃戦《ブリッツクリーク》の名の通り、機甲師団や急降下爆撃機の轟音とともに侵入を開始した。同月十七日のソ連軍によるポーランドへの東からの侵入も加わって、ほぼ一カ月のうちに同国は制圧されてしまう。しかし、この侵入は、イギリス・フランスの対独宣戦布告（九月三日）をもたらし、かくして以後六年間に及ぶ第二次世界大戦が欧州において本格的に始まったのである。

　この戦争が、いかに苛烈なものであり、人類史上、最大の愚行であったかは、その人的・物的損害をみただけでも明瞭である。主要参戦国において、兵員・市民の死者は合計二二〇〇万人、負傷者は三四〇〇万人に達したと数えられている。当時の全世界人口の二パーセント近くに達するが、死傷者の多くは、青年壮年男子であったから、この層だけをとるならば、被害の率はおそらく五パーセント、つまり二十人に一人という高さに達するものと思われる。これに、物的被害——その中には、かけがえのない文化遺産も多く含まれている——を加えれば、まさにこれは人類誕生以来の破壊的行為であった。

さて、この第二次世界大戦を真正面からとりあげ、戦史として、あるいは世界史的な意義を論ずる著作は数えきれぬほどである。筆者はここでそれらにさらに余分な一論を加えようとするものではないし、その能力を持っているわけでもない。そうではなくて、大戦の修羅場に咲いた一輪の花とでもいうべき物語を紹介したいと思うのみである。

## ◆娼婦的に歌ったものをナチスが許したのか

それは〝リリー・マルレーン〟と、その替え歌〝Dデイ・ダジャーズ〟の物語である。〝リリー・マルレーン〟についてはあらためてここに野暮を並べるまでもないかもしれない。一九七五年、突如、日本で〝リリー・マルレーン〟の歌が洪水のように聴かれることになった。多くの歌手やヴォーカル・グループによって、あちこちで歌われ、また、テレビやラジオで全国に拡がった。最盛期には一日に三回はどこかの放送局から流されていたのではあるまいか。おそらく百万枚をこすこの歌の入ったレコードがプレスされたし、年の瀬のNHK紅白歌合戦にも登場し、梓みちよが歌っている。

このような〝リリー・マルレーン〟旋風を捲き起した張本人は、鈴木明氏で、「『リリー・マルレーン』を聴いたことがありますか」(『文藝春秋』七四年五月号)、および、これを核として書かれた同名の著書が決定的な役割を演じたのである。

第二次世界大戦、とくに北アフリカ戦線について多少ルポルタージュ風に書かれている本には、大ていこの歌のことが出て来る。以下鈴木氏の著書によるところが多いが、そのとき毎晩九時五十七分、ドイツ占領下のベオグラードから、アフリカ戦線のドイツ兵向けにララ・アンデルセンによって歌われた〝リリー・マルレーン〟が、夜の地中海をこえて届けられた。そして、この歌は、そのメロディのゆえに、戦線をこえて、あるいは捕虜収容所というメディアによって、敵軍であったイギリス兵たちによっても歌われ、さらに戦争が全世界にひろがって行くにつれて、アメリカ兵やフランス兵の間にも拡がったのである。戦場という、生命の極限状況下に、自らの個人的意志、生活を抛って参加せねばならなかった兵士たちに共通する心理が、この歌を一つの国の歌から世界の歌にさせたのかもしれない。

筆者自身、仕事がら歴史のなかの一般庶民の生きざまについて日頃関心を持っているし、とりわけ、戦争という異常事態の下での人々の行動は、平和時にまとっていた衣裳をかなぐり捨てさせ、生身の人間の一面をみることのできる瞬間でもあるので、その種の文献にはなるべく目を通すことにしている。というわけで、〝リリー・マルレーン〟についても、文字の上では多少知っていた。だが、歌自身については典型的な昭和一ケタ生れのオンチで、また関心もほとんどなかった。だから、強いてその歌を音楽として知ろうとも思わなかった。それである晩、自宅へ戻ったところ、日頃は私が専らモーツァルトを聴いているステレオから、娘の買って来た加藤登紀子の〝リリー・マルレーン〟が聴えて来たときは仰天したものである。今まで文字でしか理解していなかった〝リリー・マルレーン〟に、音楽として最初に触れたのである。

日本で、〝リリー・マルレーン〟のレコードが出ているのだ！　と、早速レコード屋へ飛んで行き、同時に求めた鈴木氏の著書の巻末に附けられているディスコグラフィを頼りに、何枚かのレコードを買い込むことになる。マレーネ・ディートリッヒ、ララ・アンデルセンのものはすぐ手に入った。ララの歌は二種類である。私は、それらのレコードを、あるいはデュープしたテープをあらゆる機会に聴きこんだ。そして気がついたときには、すっかりララ・アンデルセンの魅力のとりこになっていたのである。

ところで一つ気になることが出て来た。それは、戦争のさ中、アフリカ戦線の塹壕の中で聴いた〝リリー・マルレーン〟は、どういう歌い方をしたものだったのだろうか？　フォンタナの〝オリジナル〟盤が戦時中の録音だったとは、どうしても考えられない。元来私は古典音楽を愛好するのだが、レコードでそれが戦前・戦中の録音か戦後のものかを聴き分けることぐらいはできると思っている。それに、歌い方にしてもあんなに娼婦的に一番を歌ったものの放送をナチス・ドイツが許しただろうか？　もっともこれははなはだ日本的な考えかもしれないし、また鈴木氏の著書によれば四二年には〝リリー・マルレーン〟は当のドイツでは禁止されてしまってさえいるのである。いずれにしても、そういった疑問はつのるばかりであった。

### ◆アンツィオ作戦はいかに無謀な作戦であったか

そのころ、私のところへは、近世日本の国家形成と外交という興味深い問題の博士論文を完成すべく、ロナルド・トビ君（現在イリノイ大学教授）が時々やって来ていた。たまたま私が〝リリー・マルレーン〟を鼻歌で歌うとやにわに彼は、目を輝かした。「速水さん、〝D―DAY《デイ》 DODGERS《ダジャーズ》〟という歌を知っていますか？」私はまったく知らなかったのでそう答えると、「アメリカでは、ベトナム反戦の歌として、この〝リリー・マルレーン〟の替え歌がよく歌われたんですよ」といって、早速彼の覚えている歌詞を書いてくれた。

ご承知の方も多いと思うが、〝リリー・マルレーン〟の元の歌詞はいたって単純なものである。兵営にいる兵士が、街灯の下でしばしの逢う瀬の相手、〝リリー・マルレーン〟を想うといった調子のもので歌詞としてはそんなに魅力のあるものではない。生きるか死ぬかの戦場にいる兵士にとってはともかく、冷静になって聴けば、他愛もないものである。もっとも、歌、とくに大衆化する歌には、そういう要素が大切なのかもしれない。しかし、〝D―DAY DODGERS〟の歌詞は、なかなかどうして、戦争と人間を結びつけたすぐれた一篇の詩であった。

それを紹介する前に、〝D―DAY DODGERS〟とは一体どういう意味なのかについて触れておく必要がある。D―DAY（以下、Dデイ）とは、連合軍による大陸反攻の正面作戦、すなわち、ノルマンディ上陸作戦の日のことである。実際にはこれは一九四四年六月六日になった。DODGERは、身をかわす者、それから転じてずるいやつ、卑怯者という意味にもなる。つまり、ノルマンディ上陸作戦という死傷者の多く出ることが予想される作戦に、命が惜しくて参加しないで済まそうとする野郎というような意味に理解しておけばよいだろう。

偶然というものは重なりだすとどこまで重なるのか恐ろしい。そのころちょうど、イギリス生れで、オーストラリアを経て、現在はアメリカ、フロリダ大学で教鞭をとるウィリアム・ウドラフ教授が来日された。同教授は、オーソドックスな経済史あるいは最近の〝新しい経済史《ニューエコノミックヒストリー》〟のいずれにも加担せず、独自な手法をもって論ずる独立不羈の人である。

しかし、ここで氏を持ち出すのは、その経済史の業績ゆえにではない。実は、氏の名前を高からしめたものに、"Vessel of Sadness"――『悲惨の器《うつわ》』とでも訳すべきか――という著書がある。一九六九年にフロリダで出版されたこの著書は、氏が大戦当時、モントゴメリィ麾下の英国第八軍の一将校として、アフリカ、シシリィ、イタリア各戦線で戦いぬいたうちの、最も苛烈な戦い、すなわち、連合軍によるイタリア、アンツィオ上陸作戦に参加された結果を基に、一種の限界状況下における人間について、鋭い筆致、ペーソスに満ちた文章表現で書かれた一つの文学作品である。

一書によれば、「一九四四年初頭のイタリアにおける連合軍は、一九四三年九月、イタリアに上陸した当時の期待に満ちた状況に比べれば幻滅というほかなかった」（リデル・ハート『第二次世界大戦史』上村達雄訳、フジ出版社、五八一頁)。これは、ケッセルリンク将軍麾下のドイツ軍の効果的な防衛、迫り来るDデイへ向けての連合軍の勢力分散等の条件が重なったものであり、北上する連合軍は、ローマの東南約一〇〇キロのモンテカッシノから、アドリア海にそそぐサングロ川の線で喰いとめられていた。早い時期にローマに到達し、イタリア進攻の名をあげようとする焦りも手伝って、膠着した戦線の背後に上陸を行い、これを突破しようとして立てられたのがアンツィオ(ローマの南約四〇キロ)への強行上陸作戦だった。当時、連合軍内でも、Dデイへの準備の必要もあり、多大の資材、人員、弾薬を必要とするこの種の上陸作戦へ疑義をとなえる人もいたが、ともかく一九四四年一月二十二日、この作戦は強行された。

結果は上陸軍にとってはみじめなものであった。アンツィオを中心に扇型に半径十キロ程度の橋頭堡を多大の犠牲を払って確保したものの、そこから一歩も出られず、その維持と補給に多大の出血を強いられたのである。ある部隊にいたっては七六七人の兵士の内、七六一人を失ってさえいる。そして、最終的にカッシノが陥ちたのは、ポーランド軍の勇戦も加わった五月中旬のことであり、その時になってアンツィオも漸く連合軍の〝お荷物〟ではなくなった。そして包囲を破って前進が始まり、六月四日、すなわち、Dデイの二日前に、ローマに入るのである。

したがって、アンツィオ作戦の意義というものはほとんどなかったことになる。なかったばかりか、莫大な死傷者を出し、武器弾薬、資材の損耗に終ったこの作戦に参加したウドラフ教授だからこそ、前記のような表題の著書を出版されたのだろう。

トビ君とともに、ウドラフ氏を九段の宿舎に約束なしで訪れ、教授の帰りを待った。

私たちの訪問の目的は、教授が〝リリー・マルレーン〟、そしてひょっとしたら〝D―DAY DODGERS〟についてご存じだったらその話を聞こうというものである。待つこと二時間、それから深更まで話す機会を得たが、教授は、Dデイのほうはご存じなかった。将校と兵隊の生活がはっきり分れている英国軍隊にあっては、兵隊の歌う替え歌を将校が知らないことは大いにあり得る。しかし教授は熱っぽく当時のことを回想し、語ってくれた。いかに英軍兵士たちがアフリカやイタリア戦線での戦いに飽き飽きしていたか、また、この作戦がモントゴメリィの功名心から発した無謀な作戦であったか等々。第二次世界大戦で、嚇々たる武勲をたて、英国民からはモンティの名で英雄視されているモントゴメリィへの評価は、英国生れの人の間でも必ずしも手放しの礼賛ばかりとはいえないことを知らされたのである。

**◆ララは想い出を織りまぜながら語りかける**

翌年、すなわち一九七六年の二月から三月にかけ、筆者は、カナダ・トロントにおける学会での報告、パリとブダペストの大学での講演という用件ができて、五週間ばかりで世界を一周する旅をする機会を持った。その間に、報告や講演の他、各大学にいる友人を訪れ、本来の研究主題について打ち合わさなければならないので、まったくといっていいほど息の抜けないハードスケジュールの旅となった。

しかし、リリー・マルレーン熱に冒されていた私は、何とか時間をみつけ、公的な用件の間隙を、すべてそのレコードや情報の収集に充てることにした。といっても、ニューヨーク、ロンドン、ケンブリッジで一日、途中で一泊したミュンヘンで半日、といういかにも短いものでしかなかったのであるが、学年末の多忙な中で許された出張期間ではやむえない。

ロンドンでは、オックスフォード街にあるHMV店が、〝世界最大の店〟というふれこみになっているが、特殊なものはやはりソホーあたりの店に行かなければならない。そこでは、BBCが、放送開始五十周年の企画としてその間の録音を収録したFify Years of Royal Broadcast (1974) になんと〝リリー・マルレーン〟が入っているものを見つけた (BBC REJ 187)。全部で三十一の場面が入っているが、うち二十二は王室関係のものであり、残りの九つの中に〝リリー・マルレーン〟が入っているのである。しかもこの録音は、戦争当時、ドイツのラジオ放送からとったものであり、砲弾の炸裂する効果音の間からカスカスの音で辛うじて聴きとれるといった趣向のものである。歌っているのはもちろんララ・アンデルセン。

そして、最大の収穫は、これは鈴木氏のディスコグラフィにのっているものだが、英国HMVが、レコード発売七十五周年を記念して発売したA Voice to Rememberという二枚もの (EMI. EMSP 75) である。これには、ララの歌う〝リリー・マルレーン〟がBBC盤よりはるかによい状態で入っている。レコードのナレーターは、この曲が一九四一年に録音された、といっているが、わざわざ訂正が貼られていて、これは一九三九年の録音である旨書き添えられている。だからこれこそがララが歌い、戦線の兵士たちにしばし戦いを忘れさせたオリジナルなのである。

この二枚組のセットには、全部で五十三の音楽のカットが収められているが、〝リリー・マルレーン〟の入った面には、セゴヴィアのギター、クライスラーのヴァイオリン、カザルスのチェロ、ルビンシュタインのピアノ、トスカニーニの振ったオーケストラ、ワルターの振ったシンフォニー、ランドフスカのチェンバロという戦争直前期の世界第一級の古典音楽の演奏家たちがずらりと並んでいる。ララの歌は彼らに伍して、堂々とその一画を占めているのである。ヨーロッパにおいて、いかに、ララの〝リリー・マルレーン〟が歴史の一コマとして位置づけられているのかが分るだろう。

ミュンヘンで買い求めたレコードのうちには、おそらく珍盤といっていいものがある。"Dreirote Rosen"（Electrola C 178–31341/42M）というタイトルの二枚組のセットで、この〝赤いバラ〟という題名は、〝リリー・マルレーン〟と同一の作詞・作曲家、ライプとシュルツェによる歌のタイトルなのだ。実はこれは〝リリー・マルレーン〟がレコードになったときに、裏表になって発売された曲である。鈴木氏の著書によれば、このレコードは、むしろこのほうで売れるのではないか、と考えられていたそうである（ところが、このレコードは発売当時、全く売れなかったとある）。ともかく「歴史的記録」と銘打たれたこのセットには、発売当初のレコード録音や放送録音が収められていて、ララの生涯の、とくに戦前戦時の彼女の歌を知る上ではなくてはならないセットである。ところが、なんと、これには二種類の〝リリー・マルレーン〟が歌われている！　一つは、有名な〝リリー・マルレーン〟、ライプとシュルツェのコンビによるもので、これはまさに正真正銘のオリジナル版である。ソースは、聴いた限り、さきのイギリスEM1版のものと同一であるが、そちらが二番までしか入っていないのに、こちらは全曲、つまり五番までを三分ちょっとで完全に歌っている（戦後の歌では、普通三番が省略される）。そういった意味でも、このレコードこそ、〝リリー・マルレーン〟の原点に他ならない。

ところでもう一つの〝リリー・マルレーン〟は、チンクという人が作曲したもので、有名になったほうとは似ても似つかない。シャンソン風の歌である。おそらく〝リリー・マルレーン〟が、この曲だったら、それは歴史の舞台に登場するようにはならなかっただろうし、ひょっとすると、ララその人さえも、歌手としてあれほどの名声を得なかったかもしれない。またまた鈴木氏の著書によるのだが、〝リリー・マルレーン〟の歌詞は、ハンス・ライプという一見習士官によって、第一次大戦さなか、一九一七年に東部戦線で作られたものであるという。チンクがいつこれを作曲したのかは分らないし、これが第一次大戦中に歌われたものかどうかについてもはっきりしない。しかし、いずれにしても、〝リリー・マルレーン〟は二つの大戦にかかわる歌だったのである。

ララは、その時々の想い出を織りまぜながら、私たちに語りかけてくれる。ブレーメルハーフェンの船乗りの娘として生れた彼女の一生は、ある時は場末のキャバレーの歌手として、また結婚の失敗者として、そして、〝リリー・マルレーン〟における一時的成功、ナチスによる弾圧、北海に面した孤島での生活、戦後のリバイバルと大成功というように、波瀾に満ちたものであった。一九七二年八月二十九日、旅先のウィーンでその生涯を閉じたことさえ、その激しい生涯を物語るフィナーレのような気がする。

その自伝が、ミュンヘンの書店の棚にあった。その題は直訳すれば、「天は数多くの色を持つ——一つの歌とともにあった生涯」となろうか。

## ◆戦後の歌はオリジナルと変っている

何枚かのレコードを東京へ持ち帰った私は、それまで持っていたものを含め録音の順に、ララの〝リリー・マルレーン〟をじっくり聴いた。その年は大きな学会のオーガナイザーとしての仕事もあったので、ろくに空いた時間はなかったのだが、聴いてみると、彼女の〝リリー・マルレーン〟は、一九三九年の初録音以来、大きく変って来ていることをはっきり感じとることができる。

ここでは三九年のオリジナル、すなわち、戦線に流れたあの〝リリー・マルレーン〟について感じたことを書くにとどめよう。一口にいえば、これはやはり戦争を目前にしたときの歌である。ちょっとマーチ風で、戦後のあの深さというか、微妙なひだはないといってもいい。戦争や政治についてほとんど何も知らない一人の女性歌手が、実にあどけなく歌っているのである。ひょっとしたら、そのあどけなさが、兵士たちから迎えられたのかもしれない。途中で禁止されたとはいえ、大戦初期のころ、この歌の放送はこの歌い方ならば当然許されたであろう。すると晩年の、あの独特の低い魅力的な声は、その後に生じた彼女の成長だったのだ。だから、晩年のレコードから、この歌が戦争のときに歌われたのだ、と思うのは明らかに間違いなのである。戦後の歌は、歌として十分楽しめるものだし、オリジナルよりははるかにすぐれているから、歌を聴いて楽しむためには、なにもオリジナルにまで遡る必要はない。

だが、私自身の立場、歴史を見きわめようとする立場から、〃リリー・マルレーン〃の原点を知ろうとすれば、やはりこれは遡らなければならない探索であった。

**◆卑怯者呼ばわりは我慢のならないものだった**

さて、肝腎の〃Dデイ・ダジャーズ〃はどうなったのだろうか。レコード・ハンティングとともに、私はニューヨークと、ケンブリッジでちょっとした探索をやった。まずこの曲の入っているレコードをみつけた私は、この歌詞がハミッシュ・ヘンダーソンという当時英軍に属していた人が作詞したことを知った。これを頼りに、まず全曲の詞を知るべくニューヨークで市立図書館を訪れたが、よく分らない。リファレンスで尋ねてみた。すると係の人は、ここでは分らないが、ジュリアード音楽院の図書室に行ってみたらと薦めてくれた。早速、ブロードウェイに面した著名な音楽院を訪れ、階上の図書室へ行き、歌曲別のカードを索《ひ》いて、この歌詞のついている書籍を探した。アメリカの図書館は、さすがに能率よく、ただちにこの曲がのっている図書二冊の存在を知ることができ、申しこんだら十分かそこらの内に出て来た。私は早速その箇処のコピーを頼んだのだが、一つの方は©があるのでできないというので、もう一方の方をコピーして、対照してみた。ところが、若干語句が違うのである。大体が、「千もある」といわれる替え歌なのでこういう違いはいたしかたないのかもしれないと思い、とにかく写すべきところは写して宿へ戻った。

大西洋を渡り、ケンブリッジ大学を訪れた私は、本業の用件を済ませたあと、大学の中央図書館で、今度は作詞者のヘンダーソンについて調べたのだが、許された時間内ではほとんど何も得られなかった。ただ、当時ケンブリッジで研究していたS君があとで送ってくれた新聞の切抜きで、この人がスコットランド出の反骨の士であり、やはり将校として英第八軍に属していたことを知ることになる。

東京へ戻って、求めたレコード、二冊の本、トビ君の記憶の四つを合わせてみると、Dデイ逃れの卑怯者の詩は、どれも少しずつ違っている。つまり底本がないのである。逆にいえばそれを復元しなければならないのである。一般に歌うときには、歌詞の原型はある程度崩れる場合のあるのは洋の東西を問わない。しかし、だからといってどれがオリジナルか、ということは簡単にはいえない。トビ君の援《たす》けをかりて、ともかく歌詞を復元した。軍隊用語やスラングが入っていて、歌える形に訳すことは私にはできない。意訳すると次のようになるだろう。

「Dデイ逃れの非国民」

一、わしらはDデイ逃れの非国民さ、イタリアでね
いつもブドウ酒、いつも酒盛でさあ
第八軍のいかさま野郎とタンクもね
ローマに住んでヤンキーたちも一緒さ
わしらはDデイ逃れの非国民、イタリアは太陽がいっぱい

二、サレルノ上陸は有給休暇のようなもの
ドイツ野郎はバンドでお迎えさ
観光案内もしてくれたし、お茶も出たよ
みんな可愛こちゃんがいてビールもただ
わしらはDデイ逃れの非国民、イタリアは太陽がいっぱい

三、ナポリもカッシノもひとまたぎ
戦争なんてもんじゃない、タダ乗りだよ
アンツィオもサングロ河も名前だけ
女漁りに行ったようなものさ
わしらはDデイ逃れの非国民、イタリアは太陽がいっぱい

四、わが敬愛するアスター夫人よ、あんたはお認めの通り尊大だ

演壇に立って御立派をおっしゃる
あんたはイングランドの恋人、その名誉
けれどあんたちょっと口が大きすぎるんじゃないの？
あんたのおっしゃる太陽がいっぱいの
イタリアにいる非国民からすりゃね

五、廻りの山野を見なさいよ、
泥と雨でぐっちゃぐちゃ
十字架だらけなんだよ、名前も判らないのだってあるんだよ
もう悲しみも苦しみもなくなった連中
連中はね、そこにとこしえに眠っている
彼らこそ本当のＤデイ逃れの非国民、イタリアにとどまっているんだよ

どうも慣れない英詩の訳で恐縮だが、意を汲んでいただきたい。非国民という言葉は原文にはないのだが、日本ならさしづめそういうことになろう。文中にある、サレルノはイタリア南部の上陸作戦の行われたところで（一九四三年九月九日）、激戦の上、連合軍・枢軸軍とも多大の死傷者を出した。十月一日のナポリ奪取そのものはそう困難ではなかったかもしれないが、上陸以来英軍七千、米軍五千の死傷者を出している。カッシノは、モンテカッシノの修道院の岩山に立て

籠るドイツ軍によって、グスタフラインと呼ばれた防衛線の拠点となり、連合軍は七カ月も足踏みさせられたところである。モントゴメリィの何度にもわたる攻撃命令も功を奏さなかった。アンツィオはさきに説明したとおり、そして四十三年十一月のサングロ河渡河作戦だって決して生やさしいものではなかった。

こういったイタリア戦線での連合軍の苦戦は、シシリー島への上陸から、イタリア全土の解放まで、実に一年と八カ月を費したことからも分るだろう。そういった連合軍の苦戦にもかかわらず、イギリスではアスター夫人が、イタリア戦線のイギリス軍は何をしているのか、Dデイ逃れの卑怯者じゃないか、と、どこかで大口をたたいたのであろう。その演説に対する返事が、ヘンダーソンによるこの詩だったのである。

残念ながら、問題のアスター夫人の演説がいつ、どこで、どのようなものであったかについてはいまだ調べがついてない。と同時に、ヘンダーソンの詩がいつ書かれたのか、についても、はっきりしていない。ローマ占領以降間もないころではなかったか、と想像されるのみである。ただジュリアードの図書室でみつけた一方の本には、歌詞の三番に、フローレンスへの道とか、もうすぐボローニャだとか、ゴシック線《ライン》(フローレンスの北のドイツ軍最後の防衛線)をこえてリミニへ行ったこと(四四年九月攻略)が出て来るから、もしこれがヘンダーソンの原詩にあったのだとすれば、作詞の時点はもっと遅れる。しかし、この種の歌のこととて、これらが、後でつけ加えられたものであることも十分あり得る。

では、物議をかもしたアスター夫人とは何者だろうか？　彼女は正確にはナンシィ・アスター子爵夫人であり、一八七九年のアメリカ生れだが、名家アスター家に嫁し、イギリス最初の女性下院議員となる。一九一九年以降、彼女はプリマス選挙区から連続当選し、自由党の女性解放運動家として、議会や社会で熱弁をふるい活躍をした人である（一九六四年死去）。戦時下の彼女の活動は分らないが、チャーチルの率いる戦時挙国一致内閣のもとで、おそらく愛国心をもやしてまくし立てたのではないか、と思う。Dデイ逃れの卑怯者という言葉も、そういった彼女なればこそ口に出たのだろう。

たしかに、陰うつな天気の多いイギリスからみれば、イタリアは太陽がいっぱいであり、兵士たちはワインも飲み放題だったかもしれない。敗戦国イタリアでの女遊びにはことかかなかっただろう。しかし、戦いは熾烈をきわめ、さらにノルマンディ上陸作戦もあり、イタリア戦線はいわば置き去りにされ、物資補給も十分ではなかった。

悲惨な戦いを続けていたイギリス第八軍の兵士たちにとって、卑怯者呼ばわりはまったく我慢のならないものだった。しかし、その気持を代表して、スコットランド人のヘンダーソンは見事にお返しをしたのである。

拙訳の原詩を読み返していただきたい。三番までの、さんざんふざけた調子——しかし皮肉いっぱいの——は、四番を軸としてがらっと一変し、最後の節はまさしく『悲惨の器』と化するのである。この箇処を含めてヘンダーソンの詩の何カ所かは、ウドラフの書によって見事に立証されるのだが、これ以上の例示は避けよう。

### ◆英雄をつくり同時に批判者の存在を許す

ところで、モントゴメリィに対するウドラフ教授の採点はかなり批判的であった。もちろん、一軍の指揮官としての彼の統率力を認めた上での話だが、「モンティ流のやり方」は東洋流にいえば、「一将功ナリテ万骨枯ル」とでもいうか、完璧な計画のもと、目的を達成すべく損害を省みず勇猛果敢にやるので、兵士たちにとっては、かけがえのない生命の危険をより増大させるわけである。軍人の強すぎる使命観は、時としては必要だが、また、その裏では多数の部下を傷つかせ、死にまで追いやるのである。教授が辛うじて生き延びられたアンツィオ上陸作戦、映画「遠すぎた橋」で有名な四四年九月のオランダへの降下作戦皆然《しか》りである。ただ、モンティのために一つつけ加えるならば、ナチス・ドイツの崩壊の最終時点で、彼の率いるイギリス軍は、北西ドイツの平原を突進し、ユトランド半島のつけ根の東側のハンザ都市リュベックにソ連軍より六時間前に到達することによって、デンマーク、ひいてはスカンジナヴィアに対するソ連の影響力を最小限にとどめるという役割を演じた。ことの善悪は別として、これはやはりその地の歴史をきめる一瞬だったといえるだろう。

一般に、イギリスで、モントゴメリィに対する評価の高いことは事実である。彼に対するチャーチルの信頼は絶大であったし、アメリカ軍首脳部とのやりとりも有名である。アメリカ軍の参加なくしては枢軸軍に勝てる見込みは薄く、しかもアメリカ軍の参加によって、相対的にイギリス、あるいはヨーロッパの地位が下がることを感じとっていたイギリス人にとって、アメリカ軍首脳と渡り合うモンティは、まさに一人のヒーローと映ったに違いない、と私は思っていた。ところが、当時、モンティの下で戦った人が、その批判者として登場したのである。

このことを、冷静に考えてみると、やはりこれは一つのアングロ・サクソン的思考であるともいえる。彼らは、一方で英雄をつくるが、同時に批判者の存在も許すのである。日本の場合、例外がないわけではないが、一億一心、敗戦、総ざんげ、という具合に、ことが進むのに対し、彼らはそう簡単には行かない。戦争中だからといっても個を貫こうとする。たとえば、一九四五年春、ナチス・ドイツが壊滅したVEデイのあと行われた総選挙で、首相チャーチルの率いる保守党は大方の予想を覆して敗北する。チャーチルのような権力集中型は戦争の帰趨がみえたら、さっさとひっこめということなのである。そしてアスター夫人もこの年リタイアして政界を去ることになる。

### ◆西ヨーロッパを象徴する挽歌であるように

公平にみて、シシリー島上陸以後、攻撃軍としての連合軍側の戦術的失敗は、アンツィオ作戦と、オランダへの降下作戦の二つである。そしてどうも、この二つとも、チャーチルの戦略と、モントゴメリィの戦術とから産み出されたもののように思えてならない。オランダへの降下作戦は、映画「遠すぎた橋」でご覧になった方も多いと思うが、ひどい結果を産み、かえって連合軍のドイツ進撃を遅らせてしまった。ベルリンを一九四四年のクリスマスまでに陥れ、大戦に終止符を打とうとする機略から生まれたものなのに、である。軍人と同様、政治指導者の強すぎる個性の産んだ悲劇である。

たしかに政治家としてのチャーチルの手腕は抜群である。あの硝煙のさなかに、戦後ヨーロッパの地図を描けた人が何人いただろう。モントゴメリィにしても、エル・アラメインの勝利は、まさに起死回生の一発だった。

私は彼らの手腕を高く評価していたのだし、それは今でも変っていない。しかし、ウドラフ教授との対話を通じて、そしてまた、Dデイ逃れの非国民の歌を知るに及んで、表街道の歴史、とくにその栄光が輝きに満ちたものであればあるほど、その裏にあるもの、とくに兵士や庶民の悲惨の存在を考えなければならないことを痛烈に知らされた。

〝リリー・マルレーン〟の歌は、そういった人間の愚行や憎しみ、闘いの中で、両軍の兵士たちの間にしみ通って行った。〝Dデイ逃れの非国民〟は、そのときにはもはやナチスが禁止していたあのメロディにのって、イタリア戦線の泥濘の塹壕で歌われ、そしてベトナム戦争に際して、アメリカで復活した。そういう意味では、それは支配階級《エスタブリッシュ》に対する庶民の一つの抵抗だったともいえるだろう。

〝リリー・マルレーン〟については、その後何人もの人に聞いてみた。ドイツ留学の長かった同僚のT君の話では、たまたま、ナチス・ドイツと闘ったオランダ人の運転する貸切バスに何日間か乗ったら、毎夜毎夜、この歌を口笛で吹いていたという。また、あるスイス人のトラックの運転手が、夜ドイツのドライブインでこの歌を歌ったところ、それが発端でドイツ人と、「なんで君らはヒトラーの出現を許したんだ」と大口論になったのを目撃したという。私自身もスイスのあるレストランで食事をしていたとき、ドイツ人の団体が入って来て、多分戦友たちだったのだろうか、「リリー・マルレーン」を合唱した場に居合わせたことがある。つまり、ヨーロッパの人にとって、〝リリー・マルレーン〟は未だ生きている歌なのである。もう一つつけ加えるならば、この歌は戦後、米ソという巨大国の間に入って影の薄れてしまった西ヨーロッパを象徴する挽歌であるようにも思えるのだ。

三年を経た今、〝リリー・マルレーン〟のメロディは滅多に聴かれなくなっている。なにしろ浮沈の激しいこの国の歌の世界である。所詮それは一時の流行にすぎず、生きている歌ではなかったのかもしれない。しかし、台風のように駈けぬけて行ったにしろ〝リリー・マルレーン〟は戦後三十年たって確実に日本をもまき込んだのである。

ほとんどありそうにないけれど、どこかの店のBGM（バック・グラウンド・ミュージック）で、この曲にめぐり会えるかもしれない、街を歩きながらそんな期待感が湧いて来るのを私は抑えることができない。

# 生きているリリー・マルレーン

## ◆私の中のリリー・マルレーン

毎年、木枯しが吹いて街に褐色の落葉が舞う頃になると、私の身体の中で一つの曲が鳴り出す。〝リリー・マルレーン〟である。数年前、正確には一九七五年、この曲は日本全国を席巻した。私もその年の晩秋から冬にかけて何もかも放り出してこの曲に熱中してしまった。

それより三十六年前の一九三九年、ヨーロッパにおいてまさに戦火が燃え上がらんとする直前、一人の、当時は殆んど無名に近かったドイツの歌手ララ・アンデルセンが、〝リリー・マルレーン〟と〝三つの赤いバラ〟を一枚のレコードに吹き込んだ。一枚の原盤が大戦直前のヨーロッパの緊張をくぐりぬけて、イギリスにもたらされた。しかし、本国ドイツでは発売当初全く売れず、店頭に積み重ねられていたのである。

ところが戦争に突入するとやがてこの歌は、ドイツ軍のみならず、彼らと闘った英軍や後には米軍の兵士達によっても唱われ、おそらく日本を除く第二次大戦参加国のすべての国々の兵士や人々の愛唱する歌として、歴史に刻みこまれることになるのである。この間の事情については、何よりも、この歌を戦後三十年を経た平和日本でリバイバルさせた仕掛人ともいうべき鈴木明氏による『リリー・マルレーンを聴いたことがありますか』（文藝春秋刊、一九七五年）、ならびに、筆者自身による別稿「リリー・マルレーンに憑かれて」（本書、前章）に詳しいので、ここに繰返す必要はあるまい。

ララ・アンデルセンの歌う「リリー・マルレーン」のレコード（ポリドール盤）

ともかく、一九七五年という年は、日本で当のララ・アンデルセンの歌ったもの——ただしいずれも戦後録音——だけでも三種類、また、日本のシンガーでも、梓みちよ、戸川昌子、加藤登紀子らによるレコードが発売され、大ヒットとなり、私の憶測では、百万枚に達するこの曲の入ったレコードが売れたものと思われる。そして、大晦日のNHK紅白歌合戦では、梓がこれを歌った。流行歌と云ってしまえばそれまでだが、現在でも、この曲は二十数種もの盤がレコードカタログに載っていて、購入できることになっている。

ともかく、〝リリー・マルレーン〟は、日本でも三十年の時間的ラグをおいて、記録にとどめられる歌曲となったことは云えるだろう。しかし、それ以上に、大戦のさ中に、戦線をこえて歌われただけあって、ヨーロッパやアメリカではこの歌は未だに生き続けている。

その証拠の一つを最近知った。一九七九年十月二十二日の朝日新聞（夕刊）は次のようなことを報じている。あるイタリアのカンツォーネ歌手が最近、東部ユーゴスラヴィア、スロベニアの中心都市リュブリヤナで、この曲をTVで歌った。ところが、ユーゴスラヴィアでは、この曲を歌うことはいわばタブーで、問題を惹き起し、その放映を担当したTV局のディレクターは辞職の已むなきに至ったというのである。ユーゴスラヴィアで何故この歌が〝禁曲〟なのか。それは、大戦中、ナチスドイツ軍が占領したベオグラードの放送局から、毎夜九時五十七分、地中海をこえて、アフリカ戦線のドイツ軍兵士達にこの曲が届けられていたという事実、そして、戦争中、ドイツ軍の兵士や一般のドイツ人によって愛唱されていたこの曲が、戦後も一貫して当のドイツで歌い続けられ、今やヨーロッパで、経済的にも、軍事的にも最強国になった西ドイツを脅威と感じているユーゴスラヴィア政府当局にとっては、この曲は我慢のならないものであるということから来るのであろう。

そう云った心情は、戦時、戦後のユーゴスラヴィアの歩んで来た途を省みるならば、全く理解できないものではない。だが、朝日の伝えるように、ユーゴスラヴィア内部でも、この事件に際して、「この歌は戦時中から英国兵にまで愛唱されていた。（中略）優れた歌は、だれの心も打つものだ」（スロベニア共和国の日刊紙「デロ」編集者の発言）という意見もあったほどである。このこと一つをとっても、〝リリー・マルレーン〟は、現在なおヨーロッパで生き続けているのだということが分かるだろう。

〝リリー・マルレーン〟に憑かれてしまった筆者自身は、リュブリヤナにおけるこの事件では、後者の意見を支持したい気持が強い。この曲は、たしかに一時ナチスドイツによって利用されはしたけれども、当のドイツでは一九四三年、ナチス当局はこれを禁曲にしてしまった。理由はこの曲が戦線をこえ、あまりにも国際化しすぎてしまったからである。ララ・アンデルセンも、栄光の座から追われるように北海の孤島に逃げこんでしまう。しかし、それから後も、〝リリー・マルレーン〟は、色々な形で、むしろ連合軍側で歌われ、そして戦後、ベトナム戦争に際しては、その替え歌、〝D－DAY・DODGERS〟（Dデイ逃れの非国民）として、アメリカの若者達の間で一種の反戦の歌として流行さえしたのである。

また、個人的な経験だが、数年前、ヨーロッパからの帰途、たまたま乗り合わせた東ドイツの人と、〝リリー・マルレーン〟について語り、この歌が、現在の国の体制をこえていかに愛されているかを知ったし、同様な体験をハンガリーでもした。もっとも私の接触した社会主義国の人々は、いわば民間人だったから、仮に政府の役人や党員だったらどういう反応を示したかは判らない。

## ◆ララのリリー・マルレーン

何故この歌がそれほどまでに人の心を打つのだろうか。これは音楽社会学上の一つのテーマたり得る課題だろうが、筆者には到底まともに正面からこれに取り組む能力はない。第一、多くの昭和一ケタ生れに共通する資質として、オンチであり、音符すら読めない。楽器一ついじれるわけでもない。ただひたすら聴くのみである。

しかし、あのブームの最中に買い求めたり、海外へ出たのを機にレコード店を漁ったり、また、最近のムードミュージック化されたものまで含めて、いつの間にか私のレコードケースには、二十五種類もの〝リリー・マルレーン〟が並ぶようになってしまった。元来私は古典、とくにモーツァルトにぞっこん惚れこんでいるので、レコードも断然モーツァルトが多い。一つの曲でも、最大七、八種類が最高だから、二十五種類というのはまさに破格である。近頃の学生言葉で、何かに熱中すること、あるいは凝ることを〝ビョーキ〟と称するのだが、まさに私はリリー・マルレーン病で、しかも相当の重症なのである。往復の車のステレオで、最もよく聴くのは、その二十五種類の〝リリー・マルレーン〟から作ったテープで、片面三十分の両面に二十曲の〝リリー・マルレーン〟が入っている。

このテープも、A面は全部ララ・アンデルセンで、B面はその他いろいろという構成にした。ララのものも、レコーディングの年代順に配列し、最後に元へ戻る趣向である。もっともはっきりレコーディングの時期の分らないのもあるから、多少の錯覚はあるかもしれない。また、明らかに同じソースによるものもあるので、同じ時のレコーディングが重なる場合もある。ララ・アンデルセンは云わずとしれたこの曲を持ち歌としてスターダムに登場し、フルトヴェングラーやトスカニーニと並んで、二十世紀のヨーロッパの音楽界にその名を刻み込まれたシンガーであることは、英国EMIが、A Voice to Rememberとして、レコード製作七十五周年を記念に発売した二枚組のセットに堂々とおさまっている。ララの歌う〝リリー・マルレーン〟は、私の持つ限り六種類あって、順に云うと、まず一九三九年のものが来る（これは実に三種のレコードに入っているが、一番から五番まで通して歌っているのは、「歴史的記録」と銘打たれたララの全集盤二枚組に収められたものだけである）。これこそ、あの砲弾飛びかうアフリカ戦線で両軍兵士によって毎夜九時五十七分にラジオのスウィッチをオンにさせた歌なのだ。一九四一年、ロンメルを迎えて意気大いに上がるドイツ軍とイギリス軍との死闘を書いた『砂漠のキツネ』の著者パウル・カレルは、同年六月十四日夜のハルファヤ峠のドイツ軍兵士達の状況を感動的に描いている（松谷健二訳、フジ出版社、一九六九年）。「この歌は、家を、平和を、許嫁、町、村を思いおこさせた。砂漠のキツネたちの目からも涙があふれた。ドイツ兵ばかりではない。（中略）歌は戦線を越えたのである。兵営の街燈の歌はまことに強力で……。（中略）それからというもの毎晩二一時五七分になると、ベオグラード放送局から街燈の歌が流れた。前線ばかりでなく国内でも二二時近くになると「ベオグラードに合わせる」が合言葉となった。ちゃんと、わかっていたのだ。戦線の兵がこれをきいて家郷を思っている。われわれみんながきいている――この甘ったるい歌を。しかし瞼をぬらし、単純でナイーブなあこがれをかきたてる歌を」（同書、三九―四〇頁より）。

戦後三十年、当時と同じ状況は望むべくもない。しかし、一九三九年録音のこの歌は、まことにあどけなく歌っている。政治や戦争にはおよそ背を向けた一シンガーが歌うこの歌は、歌詞は兵士の側からの、何でもないセンチメンタルなものでしかないとしても、歌い手の側からすれば、兵士達の一時の慰めの相手たること、そしてそのことの運命を甘受しなければならない自分という感じで歌われている。このことが、ナチスドイツの下に組み入れられてしまったドイツ人の、さらには自ら望んだわけでもないのに、死と直面しなければならない宿命を担うことになった両軍の兵士達の心を捉えたのであろう。

さて、次に来るのは一九四八年録音という盤である。その十年間、ララの周辺では色々なことが起った。ララのみではない、世界中に、である。鈴木明氏の著書によれば、一九四二年の秋、〝リリー・マルレーン〟があまりに国際的になりすぎた件でララは演奏先でゲシュタポに逮捕され、〝リリー・マルレーン〟の原盤の破棄が命じられている。ユダヤ人の夫を持つ彼女は、自殺さえ図るのだが、BBC放送の誤った放送——ララが強制収容所で死んだという——が、逆にナチによってBBC放送のデマ放送の証明として利用さるべく、ララは〝リリー・マルレーン〟に触れないことを条件にマイクの前に立つことになった、と（鈴木明氏、前掲書、一一一―一一二頁）。一九四四年、破局の近づいたベルリンからララは、北海の孤島ランゲウォングに逃れ、戦火のおさまるのを待つ身となる（章末参照）。

戦争は終った。人類史上最大の愚行としか云い様のないこの戦争による被害は、人的損害だけでも、死傷者合計五六〇〇万人に達している。しかし幸いララは生き延びた。ドイツへ駐留した各国の軍隊、ジャーナリストは競ってララを探し出し、おそらく戦後ドイツで最も早く脚光を浴び、アメリカへの演奏旅行すら行われている。私のテープの三番目には、一番を英語で、二番をフランス語で、三番をドイツ語で歌った盤からの収録が入っているが、これなど、その当時のラをめぐる環境を物語っていると云っていいだろう。

しかし、一つの歌として聴いた場合、どうもこの二番目と三番日のものは私にとって好ましい歌い方とは云えない。とくに、英語やフランス語のものは、当時の状況下で無理やりに歌わされたという感じがしてならない。これではララがあまりに可哀想である。

ステージでララの歌唱力が豊かになって来たのは、四番目の録音からで、日本ではフォンタナのレーベルで出ている一枚である。ただし、このレコードは大戦中のドイツ軍歌集とでも云うべきもので、ホルスト・ヴェッセル（ナチス党の歌）やら、戦意昂揚の曲が一緒に入っていることを我慢しなければならない。〝リリー・マルレーン〟は、その種の歌とは全く違う性質のものなので、ひどく場違いのところへ押し込められてしまったものだ。おまけに、レコードのジャケットには、この〝リリー・マルレーン〟を〝オリジナル〟としてあるので、私は最初迂闊にも、これこそ戦前録音のものだと思いこんでしまったほどである。しかし、これは明らかに戦後録音のものと思われるし、そうなると、何が〝オリジナル〟なのか、今もって分らない。

いきなり序奏の管が飛び出すのは録音か製盤のミスか故意であるとして、ともかくララは、この盤では、各節に陰影をつけて何かを訴えようとしている。一番は腰に手を当てた娼婦を感じさせるが、二番では、心に？と何かの変化が起り、三番では娼婦という人類最古の職業を貫いた人間の「生」が、そして四番では一種の諦観と、その中に静かに湧き出して来る明日への希望が美事に歌い分けられている。もっともこういった歌の表現の理解は、自らもフルートを奏し、オンチとは程遠い同僚のTさんからのサジェスチョンによるところが大きい。

ララの円熟は、次のポリドール盤で、“Wie einst Lili Marleen”（リリー・マルレーンよもう一度）と銘打たれた盤で示される。これはシングル盤でも発売された。ステレオ直前、おそらく五〇年代から六〇年代への境目あたりの録音と思われる。ここでは、ララは、声もやや低目に、十分の余裕をもって歌うとともに、その前の歌い分けも含みながら一つの芸術として完成させた、といっていいだろう。

それに、録音や製盤の技術も格段に向上していること、また、ＬＰ盤では収められている他の歌に絶品のあること——とくに、〃リリー・マルレーン〃に続く〃風は気まぐれ〃、裏面の〃港の青い夜〃——を考えれば、この盤は持っていて後悔しない一枚である。ブレーメルハーフェンの船乗りを父として生れ、海をこよなく愛し、北海の孤島に住んだ彼女には、海や港に関する歌が多いが、これらの二つはその代表と云ってもいいだろうし、また、もう一つつけ加えれば、〃愛の夢〃も実に可愛らしい歌で、ララを聴くには欠かせない。

ララの最後の〃リリー・マルレーン〃は、ステレオ時代に入ってからのもので、「私の生涯と私の歌」と題された一枚に入っている。古典で云えば通奏低音として〃リリー・マルレーン〃が流れ、ララが生涯をふり返りつつ語りの間に歌うという趣向がある。ここでは、ララは、〃リリー・マルレーン〟をうんと低い声でゆっくり歌い、三十年近くに及ぶこの歌の終着駅に静かに到着した。

ララの〝リリー・マルレーン〟について何故縷々と並べ立てて来たのか。勿論、私自身がララにすっかり魅せられてしまったからであるが、やはりこの三十年間を生きた同時代人の一人として、その歌い方の変化がまさに歴史を物語り、歴史を構成していたからである。それに、もう一つ、つけ加えるならば、現在、日本のレコード店では、二十種類以上もの〝リリー・マルレーン〟がカタログにのっていながら、何とララの盤は一枚だにない！——つまり新品としては買えないのである。少なくもララの歌う三種類のレコードは、一九七五年のあのブームのさ中に発売され、筆者自身のレコード棚におさまっているのにである。ララの歌は、いつの間に、〝禁曲〟となってしまったのだろうか。

理由は分かるような気がする。現在求めうる〝リリー・マルレーン〟は、多くはムード音楽としてアレンジされたもの、吹奏楽団やトランペットやチター、中にはバグパイプによる楽器演奏、梓みちよ、戸川昌子、加藤登紀子、倍賞千恵子ら邦人女性シンガーによるもの、ダークダックス等のヴォーカル・グループによるものによって占められている。この数年間、命脈を保った本格派（?）は、マレーネ・ディートリヒぐらいのものである。レコードの最大の顧客である若い年齢層の男女にとって、ララの歌は迎えられなかった、と云っていいだろう。筆者自身も、何人もの人々からララを聴くと疲れるという言葉を耳にした。マレーネ・ディートリッヒはその名前があまりに有名であるが、ララは日本では無名に近かったこともあろう。そういうわけでいつの間にか、売れないララのレコードはカタログから姿を消してしまったのではあるまいか。

**◆数々のリリー・マルレーンから**

私のテープのB面には、ララ以外の演奏が十二種類ばかり収められている。その大部分は、上記のものから成っている。ムード音楽としては、太田恵子自身によって自ら編曲されたものが一番いい。化物のようなヤマハGXIがかなでる〝リリー・マルレーン〟は、エレクトーン音楽としても冴え、この種の演奏の極致とでも云うべきであろう。また、ロイ・エッツェルというトランペット奏者によるものもいい。筆者はある冬の朝、学校へ急ぐ車の中で偶然これを聴き、早速レコード屋へ行って求めたのだが、新宿副都心の高層ビル群を眺めながら、冬の朝、高速道路を走る時これを聴くのは最高の悦楽の一つでもある。

しかし、いかにそれらが演奏としてすぐれ、音楽としてすぐれたものであろうとも、あの、歴史とともに歩んだララの歌に秘められた〝ひだ〟は持っていない。BGMも大いに結構、著名人に群がる日本人の性癖もちっとやそっとでは矯正されないだろう。だが、若い人々にララの歌をたとえ聴かなくても、この歌の持つ〝歴史性〟とでもいうべきものは是非知っていてほしいものだと思う。戦後三十数年、成長と繁栄に酔いしれている現在の日本では所詮は無理な望みなのだろうか?

B面の最後には一寸変った演奏が入っている。手製のカタログによると、演奏者は速水融、使用楽器は、カシオML―七二〇、備考にナマロクとある。つまり筆者自身による、メロディ電卓による演奏である。ことここに至った経緯を披露するのはいささか気がひけるが、一寸説明すると以下の如くである。七九年の夏休みの始めの頃、筆者は全くの端役としてＮＨＫ教育ＴＶのある番組に出た。主役が、さきに述べた同僚のＴさんであったところなど、まさに偶然の連鎖だと思うのだが、ともかくＮＨＫは私にお礼にと、小型軽量のポケットサイズの電卓を置いていった。数量経済史・人口史研究が本業の私にとって、電卓は必需品であり、ＮＨＫの担当ディレクターのＵさん――実は数年前、筆者自身が主役の一人となった教育番組のディレクターでもあったのだが――は、そのことを十分承知していて、電卓を、ということになったのだろう。ところが、私の研究室には、やや高級なものを含めると、現在稼動中の電卓は五台、家にも二台あって、設備過剰である。そうかと云ってＵ氏の折角の好意を拒んで何か別のものを、と云うわけにも行かない。結局その電卓は、ちょうど講義等の関係で手頃なものを欲しがっていた娘のものになってしまった。私のリリー・マルレーン病の責任の一端は、四年前彼女の買って来た、加藤登紀子のシングル盤にあったことは先稿でも述べた通りなのでこれで借りが済んだことになる。ところが、夏休みも終る頃になって、私は急にこの夏遂に海を見なかったことに気付き、海を眺めるべく九州までの旅に出た。そして、旅の途中や旅先であのポケット電卓を渡してしまったことを後悔することになる。諸々の一寸した計算にあれがあったらと、何回か思ったものである。

　東京へ戻った私は、早速、次の旅行に備えて、ポケットサイズの電卓を求めるべく秋葉原へ行った。世界最大の電卓生産国だけのことはあって、あるわあるわ、目もくらむ思いである。しかし、その中で、メロディ電卓というのが眼に入った。1、2、3のキイがDo、Le、Miの音階になっているものである。C社の三種類の内、私は最も小型軽量のものを手にして……あとは分っている、当然のこととして、〝リリー・マルレーン〟を弾いてみた。何と、十一音階の内に、この曲はちゃんと収まるではないか！　この曲の愛される理由の一つが分ったような気がしたが、それよりも何よりも〝リリー・マルレーン〟の弾ける電卓がある！　それを求めることを決めるのに要した時間は、一秒の何分の一かであった。かくしてカシオML―七二〇は、常時私の上衣のポケットに入ることになり、ある場合は計算用具として、ある場合には、私の弾き得る唯一の楽器として――但し〝リリー・マルレーン〟専用の、何故なら殆んどの場合、他の曲ではオクターヴを変えなければならないし、半音も出せないから――愛用されるところとなった。このことを知った年来の友人のM君がカシオにそれを伝え、カシオの方々とも知己になることができた。

**◆わが愛艇もリリー・マルレーン**

最後は、もう一つ私の〝リリー・マルレーン〟病についてつけ加えたい。とかく、私のような者は、運動不足に陥りがちなので、思い切ってマリーン・スポーツを始めた。と云っても、私の可処分所得でできることは、ヨットハーバーに高価な艇を繋留させることでもないし、またこの年齢ではホッパーやサーフィンは激しすぎる。いろいろカタログをくった末、落ち着いた先は、車のルーフキャリアで運べ、ヨットにもなり、小型の船外機の取り付けもできる、多目的セール

ララ・アンデルセンの墓石

ボートの購入であった。付帯の設備に若干の費用を要したが、何とか秋のシーズンの最後に間に合って重さ四〇キロあまりの小型ヨットは水面を走り出した。そして船の名を〝リリー・マルレーン〟号と付けた。

この命名は、我ながらうまいものだと思っている。ララと海とは結びつくし、Marleen の Mar はラテン語の海とも結びつく。長年ヨーロッパに住み、最近ドイツから帰って来たIさんは、大いにこの命名をほめてくれた。

ただ、同名の船がすでにあることは、鈴木氏の著書で明らかである。それによれば、ララの眠るランゲウォング島とドイツ本土のベンゼルジールの町を結ぶポンポン蒸気は、〝リリー・マルレーン〟と名付けられているそうだから、私の艇は、世界で少なくとも二隻目の〝リリー・マルレーン〟である。

クリーム色の船体に、これも鈴木氏の著書で知ったのだが、ドイツで交配されて造り出されたバラ〝リリー・マルレーン〟の花の色、濃い暗紅色のストライプを入れたわが〝リリー・マルレーン〟は、ララの大好きだった海を、風を一杯に受けて傾きながら走る。どんなにそれがはげちょろけになろうとも、ストライプの色を他の色に塗りかえる気は毛頭ない。

（補記）二〇〇〇年夏、筆者は英文著書の執筆、国際会議への出席などを兼ね、一カ月半ばかりヨーロッパに滞在した。その際、ララ・アンデルセンが最後の生活を送ったドイツ・フリースラントのランゲウォング（Langeooĝ）島を訪れたが、そこはもう北海の孤島ではなく、すっかりレジャーランドになっていた。行くのは厄介で、ララの生まれたブレーメルハーフェンには近いが、鉄道で、ブレーメン（Bremen）―オルデンブルグ（Ordenburg）―エセンス（Esens）ときてバスに乗り換え、ベンゼルジーゲル（Bensersiegel）という島の対岸に着き、大きな連絡船で島に渡る。島では、遊園地の汽車のような乗り物で北海側に出て歩くと、海水浴場になっていた。歩いていると、"*Lala Andersen Haus*"という看板の出ている軽食店があり、メニューには"Lili Marleen,"とか、歌の出だしの"Vor der Laterne"と名付けられたアイスクリームが見られた。また、小さなよろずやには、ララの写真が額に入れて貼られ、リリー・マルレーンのＣＤも置いていたので求めたが、人々は全くララには無関心の様子であり、もう風化したのだろうかという思いがした。ところが、歩いているうちに、写真のようにバラに囲まれたララの墓石を発見（右ページ参照）。しばし佇み、リリー・マルレーンを口ずさんで帰路に着いた。

また、ごく最近のことだが、慶應義塾、それも同じ経済学部に、リリー・マルレーンに憑かれた人がもう一人いる事も知った。飯野靖四名誉教授である。氏から、ご自分で録音されたこの曲のＣＤを頂戴した。この場を借りて御礼申し上げたい。

（二〇一〇年五月記）

# 鬱期の〝リリー・マルレーン〟号

わが国の自動車運転免許保有者数は、四千万人をこえたそうである。全人口の四割弱が免許を持っていることになるが、法的に持つことができる年齢に限るならば、免許を持っている者の方がいない者よりも多いことは確実だし、二十歳台、三十歳台あたりでは、持っていないことに稀少価値がある程である。従って自動車の運転免許のことは、話題とならなくなってしまった。

しかし、私は、少なくも今日までのところ、まだまだ持っていることに稀少価値のある乗物の運転免許証を持っている。といって、カラヤンのようにジェット機のそれではなく、海技免状、つまり船の運転免許証である。船といっても大は数十万トンのマンモスタンカーもあり、遊園地の手漕ぎボートもあり、乗物の中では一番大小の違いがかけ離れているのだが、これが同一の法規によって運航されているのが面白い。それはともかく、私の持つのは、四級小型船舶操縦士といった資格で、トン数五トン未満の沿岸小型船を操縦しうることになっている。小型のモーターボート、船外機つきの船ならば沿海五カイリ以内ＯＫである。海技免状はすべて運輸大臣発行で、おそらく通しナンバーだと思うのだが、八桁の数字が用意されているものの、最初の二つがゼロであるから、六桁しか用いられていない。その所持者は数十万人、自動車の場合の百分の一ということになる。

私がこの免許をとろうと思い立ったのはごく単純な動機からであった。元来私には躁鬱の気がある。その道の権威であるH先生からは病人と認めて貰えないが、自分では〝病〟とまではいえぬまでも〝症〟ぐらいかなと思ったりしている。躁期になるとやたらにお金を使いたくなって、周囲をはらはらさせる。といっても、北杜夫氏に較べれば桁がいくつも少ないのだが、それでも躁期に買いこんだつけが、鬱期を通りこして、次の躁期まで持ちこされたりすることもある。一昨年だったかの躁鬱の末に、一隻のセール・ボートを買ってしまった。日頃の運動不足、ストレスの解消というのが購入動機を正当化させる理由である。スポーツは生来得意ではないのだが、強いていうなら水のスポーツは嫌いではない。また、無類の乗物好きと来ているので、ヨットにもなり、小さな船外機を取りつけられ、車の屋根にのっけて運べるうってつけの艇が売り出されていることを知ってとびついた。重量〇・〇四トン、全長七フィート十一インチ（セブン・イレブンという――ただし、同名のコンビニ店とは関係ない）、強化プラスチック製のセール・ボートである。遊園地のボートを一廻り大きくし、それに帆走やエンジン取りつけられる装置を附したものと思っていただければよい。これに〝リリー・マルレーン〟という命名をして、我ながら悦に入っているのだが、それは、購入資金の一部がリリー・マルレーンに関するエッセイの印税から出ていることにもよる。

ところが、これをヨットとして使う分には構わないのだが、たとい小馬力でも、エンジンをつけて走らせるとなると免許が要る。帆走の方がスリルもあるし面白いのだが時にはエンジンで走りたかったり、走らされたりすることもあるので、周囲のあきれ顔もものかは、免許をとることを宣言、受験の講習会へ行く始末となった。

ところで、わが〝リリー・マルレーン〟号は、何しろ小艇で、船尾にエンジンを取りつけると、ともの方は水面から二十センチも浮んでいず、へさきは立ってしまうのでバランスをとるべく一種の文鎮役が要る。大海へ出るのはいささか危険なので、専ら湖沼で楽しむことにした。逆に、小型で持ち運びが容易であることを利用して、日本全国の湖沼をこれから一生かかって征覇しようという野望を抱くに至った。だが、この種のスポーツを楽しむには色々障害がある。大ていの湖沼には艇をおろす場所がなかったり、業者が占有したりしている。勿論、頼んで使わせて貰うことはできるが、整ったハーバーは数えるほどしかない。また、艇をおろして走り出すと途端に鈴なりの釣客から罵声が飛んで来る。汚濁してよく見えない水面下の突起物に当って驚いたことも二度あった。まさか相手は原子力潜水艦ではなかったろうが、日本の湖沼には何の標識もないぶっそうな場所がいくつもある。

観光地化した湖沼へ行くと、高速のモーターボートが走り廻り、わが艇は引き波を喰ってひっくり返りかねない。そんな目にあいながらも、〝リリー・マルレーン〟号はよき私の遊び相手となってくれ、おかげで鬱期を回避できた。

今年は日曜というと天気が悪かったり、何かと用事ができ、しかも文鎮役をつとめてくれる筈のO君が関西へ転勤してしまったので、〝リリー・マルレーン号航海日誌〟は一向埋まらない。この季節に彼女は物置で私にかわって鬱期をかこっているに違いない。

# あとがき

酒も呑まず*、人付き合いも下手な筆者は、ある人に言わせると、「人間嫌い」だそうである。当たらずといえども遠からずで、一人で好きな音楽を聴いていたり、文学にのめりこんだり、はたまた時刻表を繰ったりする事に幸福感を感じているから間違ってはいない。しかし、誰かと話すことを特に避けているわけでもない。現在、筆者は、三田の慶應義塾大学の傍に一部屋借りて、オフィスとしているが、誰も来ない日には、誰かに会うことを期待し、大学のファカルティ・クラブに出かけて昼食をとる。まる一日、オフィスで一言もしゃべらずに、黙々と仕事をするのはむしろ苦手である。駄洒落やジョークは、得意な方であるが、これは話し相手あってのことで、一人では出てこない。

年齢を重ねると、つい病気の話になるが、最近になって、二度手術を受けた。一度は心臓冠動脈バイパス手術で、虚血性狭心症の発作を起こし、その治癒のためである。朝八時半に手術室に入り、看護婦さんの「速水さーん」という声で目が覚めたのが十二時間後、私自身は意識不明で寝たままだったが、執刀医はその間、飲まず、食わずで大変だったに違いない。衷心から感謝している。通常なら脚の静脈をバイパスに使うのだが、私の場合、お酒を呑まないため肝臓が肥大していず、胃に行っている動脈一本を方向転換し、心臓冠動脈の詰まっているところ三か所に繋いだとの事である。二十年は大丈夫です、と言われ退院したが、もう十年経ってしまった。

もう一回は、前立腺肥大の手術で、オシッコの出が悪くなり、ついに出なくなってのたうち、病院に駆け込み、結局手術を受けた。開通した時の快さは忘れられない。さらに二〇〇八年のことだが、海外に出かけたとき、帯状疱疹（ヘルペス）を起こしてしまった。いまだに完全治癒していないが、療法は背骨の根っこの硬膜下に麻酔薬を注入するというもので、痛いわけではないがバリバリと硬膜が破られ、注射針が入るのは気持ちのよいものではない。

遡ると、五十歳前後のとき、かなりの躁鬱に襲われた。一つ大きな学会を組織し、そのため非常に忙しかったのだが、同時に躁状態で、蒸気機関車の動輪を庭に飾ろうと、当時の国鉄から承諾も得て、古レールや枕木まで探して準備したのだが、求めたい動輪（九六〇〇型の主動輪）が重さ十五トンと聞いてあきらめざるを得なかった。最大のトラックでも十一トン積みだし、十五トンのものを運ぶにはトレーラーを用いるか、自宅まで鉄道を引くしかない事が分かったのである。

それはいいとして、その反動でやってきた鬱期には参った。夏の初めに学会も終り、一つの達成感からか虚脱状態になり、まず文章が書けなくなり、思考能力が低下し、講義が苦痛になってきた。人に会うのがますます苦手になり、どこか山奥の温泉にでも引きこもろうと病院に行ったが、「外から見ると何にも分かりませんよ、山奥に籠るのはいけません。むしろ、普段通りに外へ出て下さい。何か好きなスポーツでもやったらいかがですか」と言われた。といって、やりたい、あるいはやれるスポーツはない。ただ、昔から海で船を操るのは好きだったから、マリン・スポーツでもやるか、と考えている内に鬱症状は進んで、秋には、耳鳴りが嵩じ、音楽が頭中に響いて聴けなくなる、はては講義していても、自分でない者がしゃべっている感じになってきた。「離心症」という精神的疾患だそうである。この時の苦しみは、かかった者でないと理解していただけないだろう。

仕方がないので、マリン・スポーツを始めるべく、まず小型船舶操縦士免許というのを取得した。そして、セーリングも、船外機をつけて航走もでき、車の屋根に乗る小さなボートを求め、東京周辺の湖に持って行って「大航海時代」が始まり、そちらに夢中になることで、一年半ほどで復帰できた。「陸上」と「水上」の運転免許はとったので、「空」もと考えたが、周囲の猛反対で断念した。

しかし、「リリー・マルレーン」と名付けたこのボートは、霞が浦、桧原湖、西湖、野尻湖、浜名湖等を制覇した。小さなセンター・ボードによって可能になった間切り航法も覚えたし、風をいっぱいに受けたとき、船は水上を滑るように進み、いわゆる「お椀ボート」でも相当のスピードを楽しめた。

その後も躁鬱は時折経験するが、その波は最初ほど激しいものではなく、この年齢までくると、多分それから解放されたのではあるまいか。

「鬱」は最近とみに話題になっているが、人間だれでもが大なり小なり躁と鬱があり、鬱状態になったからといって悲観する必要はない。時間がくれば必ず治るものなのだ、と考えるべきである。実際には、最初の「鬱」は未経験なので、どうしていいのか分からない場合が多い。日本に自殺者が多いのは、最初の「鬱」にうまく対応できない方が多いからではないだろうか。周辺の者も、叱るのはもちろん、励ますのも禁物である。鬱の経験者からいえば、人との応接がこの上ない負担になるので、適当なカウンセラー以外からは、ほうっておいて貰いたい、というのが本音である。

というわけで、心の病を含め、昔「漢文」の科目で暗誦した「身体髪膚是ヲ父母ニ受ク、敢テ毀傷セザルハ孝ノ初メ也」の倫理からいえばかなりの不孝者だが、もうこの年齢になれば親も許してくれるだろう。

本書の出版にあたって、慶應義塾大学出版会社長の田谷良一氏、担当の及川健治氏、それに書き散らかした拙文を、とりまとめ、さらに校正を助けて下さった小嶋美代子さんに心から感謝申し上げたい。

二〇一〇年五月

速水　融

＊（後補機）　この事については、興味深い話を聞いた。私の両親、さらにその両親は、皆三重県出身である。簡単にいえば、三重県は、日本の真ん中にある。各都道府県には北から順に番号が付いているが、三重県は二十四番、つまり四十七の都道府県の真ん中である。日本を構成する民族が、北から来た民族と、南からきた民族からなり、それぞれが酒に強い遺伝子を持っているとすれば、三重県はそれから外れてしまう。そういえば、確か三重県には銘酒はない。

この事をもう少し説明すると、アルコールが身体に入った場合、それを分解するアセトアルデヒド脱水素酵素2という物質が分泌される。ところが、これが何らかの変異によって活性が弱いと分解力がなくなり、アルコールは直接内臓を侵し、ひどい場合は死亡に追いやられる、という事である。全世界的には、コーカソイドやネグロイドではアセトアルデビド脱水素酵素の活性は強いが、モンゴロイドでは、半数近くが弱い。日本を対象とした調査では、酒に強い人の割合は最も低く、四〇％と言う事である（『Wikipedia』アセトアルデヒド脱水素酵素）。どうやら私は、飲酒しても気分が悪くなるだけなので、飲酒を一切やめ、今日まで生きながらえたらしい。

## 初出一覧

贋作 阿房列車（『三田評論』、一九九二年八・九月合併号〜一九九三年七月号［No.939〜949］連載、慶應義塾）

東京発シンガポール行特別阿房列車（『泉』、No.42、一九八三年十二月、文化総合出版）

三人閑談「時刻表」（『三田評論』、一九七九年五月号［No.792］、慶應義塾）

蒸気機関車9600は死なず――日本の経済発展を体現した〝老兵〟の生涯（『文藝春秋』、一九七六年四月号、文藝春秋）

通いつめて五年半――私の新幹線物語（『日文研』、一二号、国際日本文化研究センター、一九九五年二月）

『坂の上の雲』の謎

その一　山下大佐は佐世保まで何時間で着いたのか（『三田評論』、二〇〇四年十二月号［No.1074］、慶應義塾）

その二　秋山真之の乗った列車（書き下ろし）

モーツァルトとの出会い（『続 私のモーツァルト』所収、帰徳書房、一九七七年）

モーツァルト愛好家の統計的観察（『中央公論』、第九五年三号、中央公論社、一九八〇年三月）

わがレコード音楽半世紀（『三田評論』、一九九五年一月号〜一九九五年十二月号［No.965〜975］連載、慶應義塾）

リリー・マルレーンに憑かれて――戦争・歌・人間――（『歴史と人物』、第九年一一号、中央公論社、一九七九年十一月）

生きているリリー・マルレーン（『泉』、No.27、一九八〇年二月、文化総合出版）

鬱期の〝リリー・マルレーン〟号（『中央公論』、第九六年一〇号、中央公論社、一九八一年八月）

速水　融（はやみ　あきら）
慶應義塾大学名誉教授
1929 年生まれ。1950 年慶應義塾大学経済学部卒業、日本常民文化研究所研究員を経て 1953 年慶應義塾大学経済学部助手、同助教授、教授を歴任。経済学博士。1989 年国際日本文化研究センター教授、1995 年麗澤大学教授、2005 年に定年退職。国際日本文化研究センター名誉教授、麗澤大学名誉教授。日本学士院会員。フランス人文・社会科学学士院準会員。2009 年に文化勲章を受章。専攻は経済史・歴史人口学。
著書に『近世農村の歴史人口学的研究――信州諏訪地方の宗門改帳分析』（東洋経済新報社、1973 年）、『近世濃尾地方の人口・経済・社会』（創文社、1992 年）、『歴史人口学で見た日本』（文春新書、2001 年）、『歴史人口学研究――新しい近世日本像』（藤原書店、2009 年）、『近世初期の検地と農民』（知泉書館、2009 年）ほか多数。

汽車とレコード

2010 年 7 月 15 日　初版第 1 刷発行

著　者――――速水　融
発行者――――坂上　弘
発行所――――慶應義塾大学出版会株式会社
〒 108-8346　東京都港区三田 2-19-30
TEL　〔編集部〕03-3451-0931
〔営業部〕03-3451-3584〈ご注文〉
〔　〃　〕03-3451-6926
FAX　〔営業部〕03-3451-3122
振替　00190-8-155497
http://www.keio-up.co.jp/
装　丁――――鈴木　衛
印刷・製本――中央精版印刷株式会社
カバー印刷――株式会社太平印刷社


Printed in Japan ISBN 978-4-7664-1756-2

慶應義塾大学出版会

# 歴史学との出会い

速水融 著

歴史人口学の第一人者として世界的に知られる著者による、歴史学をめぐるエッセイ集。恩師や研究者仲間、古典、新しい研究手法などとのさまざまな「出会い」から、つねに歴史学のあり方を問い直してきた自身の研究のあゆみを振り返る。講演や書評、世界的碩学との対談などを収録。

四六判／上製／258頁
ISBN978-4-7664-1743-2
本体2,400円


◆目次◆



表示価格は刊行時の本体価格(税別)です。